최신개정판

JPT 점수를
확 올려주는

5가지 시험요령 &
30가지 급소포인트

세상을 발칵 뒤집은 바로 그 책!

저자 서경원

제가 JPT라는 시험과 인연을 맺은지도 꽤 많은 시간이 흐른 것 같습니다. 매일 문제와 씨름하면서 몇 년을 보내는 동안 JPT의 출제 유형이나 패턴에 대한 분석은 상당히 이루어졌지만, 나름대로 아직까지도 부족한 부분이 많다고 느낄 때가 많았습니다.

그런 부족한 저이지만 많은 분들의 도움으로 이번에 이렇게 개정판이 나오게 되었습니다.

이번 개정판은 기존의 교재에서 다소 부족하다고 생각되었던 문제를 비롯, 문법이나 예문 등을 대폭 보완한 책으로, 학습자들의 이해가 한층 깊어질 것을 믿어 의심치 않습니다.

시중에는 수많은 JPT 문제집이 나와 있습니다. 그 중에는 유형을 정확하게 분석해 학습자들에게 올바른 방향을 제시하는 문제집이 있는가 하면, 단순히 문제를 나열한 책도 있습니다.

JPT를 비롯해 모든 시험이 마찬가지겠지만, 시험은 그 시험의 유형에 맞춰서 공부를 해야 단기간에 고득점을 올릴 수 있습니다. 일본 드라마를 많이 보고 소설책을 많이 읽는 것이 JPT 시험에 도움이 되느냐… 물론 도움이 전혀 안 된다고는 볼 수 없겠지만, 실질적인 점수의 향상을 기대하기에는 다소 시간이 많이 걸리지 않나 생각됩니다.

시험은 그 시험의 유형에 딱 맞춰서 공부하는 것이 가장 중요합니다.

이 책에 나오는 문제는 어려운 문제가 거의 없습니다. 그래서 간혹 어떤 분들은 문제가 너무 쉬운 것이 아니냐고 반문하기도 합니다. 하지만 문제는 어려울 이유가 없습니다. 100% 동일한 문제가 나오지 않는 이상, 가장 이해하기 쉬운 문제로 정확한 유형을 제시해주는 것이 문제집의 역할이라고 생각합니다.

이 책을 보시는 분들은 부디 문제의 정답에 연연해 하지 마시고 각 문제의 출제 유형을 정확하게 파악해 두시기 바랍니다. 그렇게 유형만 파악해 두시면 실제 JPT 시험에서 어떤 식으로 응용이 되더라도 당황하지 않고 충분히 맞출 수가 있을 것입니다.

끝으로 이 자리를 빌어 이번 개정판이 나오기까지 많이 수고해 주신 시사일본어사의 엄호열 회장님을 비롯해 편집부 여러분들께도 감사하다는 말씀을 드리면서 이 글을 끝맺고자 합니다.

저자 서경원

차 례

제1장   이것도 모르면서 990점을?

제2장   뭉치면 맞추고 흩어지면 틀린다

제3장　외우면 무조건 맞추는 문제

JPT 시험에 관한
일반적인 질문

JPT가 왜 중요합니까?

제가 대학에 입학했던 96년도만 하더라도 JPT 시험을 아는 사람은 거의 없었습니다. 심지어 전공을 하는 저희 선배들조차 극소수만이 알고 있었습니다. 그런데 지금은 일본어능력시험과 함께 대학 입학의 기준으로도 활용되고 있고, 각종 승진 시험에도 적용되고 있습니다. 이러한 추세로 비추어 보아 올해부터 JPT 시험의 비중은 더욱 커지리라 생각됩니다. 왜냐하면, 일본 유학을 가려면 예전에는 일본어능력시험이 필수였기 때문에 JPT는 상대적으로 그 비중이 크지 않았지만, 2002년도부터는 유학시험이 별도로 생겨, 일본어능력시험의 비중은 상대적으로 줄어들고 대신 JPT의 비중이 점점 증가할 것이기 때문입니다. 일본에서 JPT 취득점수를 활용하는 일은 아마 없겠지만, 학습의 성취도 고취와 객관적인 실력 검증을 위해서 JPT를 응시하는 사람은 점점 늘어날 것이라고 생각합니다.

JPT가 토익과 다른 점은 무엇입니까?

토익은 시중에 나와 있는 많은 분석집을 통해 유형 접근이 용이하지만, JPT는 문제집은 많으나 제대로 된 유형 분석집은 거의 없다고 해도 과언이 아닙니다. 시험 응시자들 중에는 토익과 문제 방식이 유사하다는 이유로 토익의 문제 푸는 요령을 JPT 시험에 적용하는 사람이 있습니다. 그러나 그런 방식으로는 절대 고득점을 올릴 수 없습니다. 문제 방식이 유사하다고는 하나 언어면에서 분명한 차이가 있기 때문에 JPT는 접근 방식을 달리 해야 합니다. 구체적인 것은 각 장을 통해서 다시 설명하겠습니다.

토익은 만점자가 많은데 왜 JPT는 만점자가 적을까요?

우선 그것은 영어와 일본어의 언어적 차이라고 생각합니다. 영어는 동음이의어가 일본어에 비해 상대적으로 적기 때문에 청취가 용이하지만, 일본어는 동음이의어가 많아 한 번 청취해서 의미를 파악하기란 쉽지 않습니다. 또 한자의 특수성으로 인해 의미나 발음면에서 상당히 많은 어휘가 나오기 때문에, 이것 또한 점수가 쉽게 올라가지 않는 이유 중의 하나입니다. 그런데 대부분의 시험 응시자들은 이런 언어적인 특수성을 이해하지 못하고 토익을 공부하는 방식으로 JPT를 공부하기 때문에 점수가 단기간에 올라가지 않는 것입니다.

JPT 고득점의 비결은 무엇입니까?

우선 대부분의 학습자들 중 청해와 독해를 따로 생각하는 분들이 많은데 실제로는 그렇지 않습니다. 언어학자들의 연구에 의하면 말할 수 있는 단어는 그렇지 못한 단어보다 훨씬 잘 들린다고 합니다. 즉, 자신이 읽고 발음을 할 수 있다면 청해에 그다지 큰 어려움은 없으리라 생각합니다. JPT도 마찬가지입니다. 우선은 많은 단어를 외워서 쓸 수 있도록 해야 합니다. 또 평소에 꾸준히 외운 단어를 응용하는 습관도 필요합니다. 어휘를 늘리는 방법에는 개인에 따라 여러 가지가 있을 수 있는데, 장면이나 상황마다 사용되는 어휘를 모아서 외우는 방법이 가장 효과적이라고 생각합니다. 그렇게 어휘를 외워 두면 나중에 비슷한 장면이 나오면 관계되는 어휘가 바로 기억이 나기 때문입니다. 물론 자신만의 더 좋은 방법이 있다면 그 방법을 적극 활용하시기 바랍니다. 거듭 말씀드리지만 풍부한 어휘는 실제 점수와 연결됩니다. 많은 어휘를 아는 사람이 JPT 시험에서 절대적으로 유리하다고 생각합니다. 고득점을 얻기 위해서 평소에 꾸준히 어휘를 늘려 두시기 바랍니다.

이것만 알아도 점수가 50점이상 올라간다

수험자들마다 시험을 준비하는 요령이 나름대로 있겠지만, 어떻게 하면 정해진 시간을 효과적으로 잘 활용하여 자신의 능력을 최대한 끌어낼 수 있을까요? 그 대답은 의외로 간단합니다.

시험 전날 밤새워 공부하지 마라.

시험 전날에도 밤늦게까지 공부하는 사람들이 간혹 있는데, 수면이 부족하면 두뇌회전이 느려지기 때문에 문제에 집중을 할 수 없습니다. 특히 청해는 자신이 평소에 테이프로 듣던 속도보다 훨씬 빠르게 느껴지기 때문에, 시험 전날 밤새워 공부하는 것은 청해를 포기하는 것과 마찬가지입니다.

아침밥은 꼭 먹고 가자.

간단하게라도 아침밥은 꼭 먹고 시험에 응하시기 바랍니다. 아침밥을 거르면 시험 중에 배가 고파서 문제에 집중할 수 없습니다. JPT 시험은 집중력이 생명입니다. 문제에 집중하지 못해서 점수가 100점 이상 떨어진 사람도 있습니다. 부디 우유 한 잔이라도 꼭 마시고 시험장에 가시기 바랍니다.

연필을 뾰족하게 깎는 사람은 고득점을 포기한 사람이다.

'이게 무슨 말이냐'라고 반문하실 분이 계실지도 모르지만, 연필은 절대 뾰족하게 깎지 마십시오. 왜냐하면 정답을 기입할 때 시간이 많이 걸리기 때문입니다. 한 문제당 시간을 1초씩만 줄여도 200문항이면 200

초입니다. 한 문제당 배정된 시간을 감안하면 200초는 상당한 시간입니다. 지금 당장 연필 앞부분의 뾰족한 부분을 없애기 바랍니다.

파본 검사 시간을 잘 활용하면 5분은 벌 수 있다.

JPT 시험은 시험이 시작되기 전에 반드시 파본 검사를 합니다. 이 파본 검사를 소홀히 해서는 안 되겠지만 우리나라의 출판 기술을 믿고, 눈으로 독해 문제를 풀기 바랍니다. 100번부터 시작되는 독해 문제는 앞부분이 상당히 쉽기 때문에, 그것을 눈으로 대충 풀어 두면 꽤 많은 시간을 절약할 수 있습니다.

마지막 독해 지문은 과감히 버리자.

이 사항은 대체로 중급자에게 해당된다고 생각하는데 독해의 마지막 지문에서 상당히 많은 시간을 허비하는 사람이 있습니다. 객관적으로 판단했을 때 자신의 실력이 중급 정도라면 마지막 독해 지문을 과감히 포기하고 알쏭달쏭한 문제에 더 많은 시간을 투자하십시오. 왜냐하면, 독해 지문의 앞부분은 내용도 쉽고 간단한 문제가 나오지만 뒤로 갈수록 지문 내용이 상당히 어려워지기 때문입니다. 독해를 다 한다고 해도 쉽게 풀 수 있는 문제가 아닙니다. 독해에 자신이 없다면 엉뚱한 곳에서 시간을 버리지 마시고 다른 문제에 조금 더 충실하시기 바랍니다. 간혹 시중에 나와 있는 책을 살펴보면 독해 부분은 쉽기 때문에 오문정정 문제에서 시간을 허비하지 말라고 주장하는 책들이 있습니다. 그러나, 실제 매번 시험을 응시하는 경험자의 입장에서 오히려 오문정정 문제가 점수 올리기에는 더 쉽다고 생각합니다. 거듭 강조하지만 독해의 마지막 지문은 절대 쉽게 풀 수 없다는 것을 명심하시기 바랍니다.

이 책의 구성 및 특징

매번 실제 시험을 응시하는 사람이 만들기 때문에 시험에 대한 요령을 익힐 수 있다.

대부분의 문제집을 보면 실제 유형과는 거리가 먼 문제들이 많습니다. 실제 유형과 비슷하다고 하더라도 문제만 나열해 놓았을 뿐 실제 시험에서 어떻게 해야 하는가는 쓰여 있지 않습니다. 이 책은 매 번 시험을 응시하는 응시자 입장에서 만들어졌으므로, 누구나가 공감하는 내용으로 구성되어 있으며, 학습자의 입장에서 가장 효과적인 접근 방식을 시도하고 있습니다.

무조건적인 암기는 이제 가라!

이 책의 도입 부분에서는 각 과에서 다루게 될 내용에 대한 학습 방향을 제시합니다. 무조건적인 암기는 학습 의욕을 저하시키며 기억에도 오래 남지 않습니다. 따라서, 이 책은 '학습자가 어떻게 하면 보다 쉽게 표현이나 어휘를 익힐 수 있을까'라는 의문에서 시작하여 실제 시험과 유사한 문제를 충분히 풀어봄으로써 학습자의 실력을 향상시킬 수 있도록 구성하였습니다. 또 그것에서 그치는 것이 아니라, 각 과와 장이 끝나는 부분에서는 배운 부분의 복습은 물론이고, 미처 다루지 못한 문제까지 제시해 학습자의 실력을 최대한으로 끌어올릴 수 있게 하였습니다.

문제는 실제 유형에 맞추어야 한다.

JPT시험은 각 파트마다 요구하는 것이 있습니다. 가령 접속을 묻는 문제는 파트 7의 '정답 찾기'에서 주로 출제되고 있음에도 불구하고 시중의 JPT 대비 문제집은 이런 것들을 무시하고 있는 실정입니다. 그러한 문제점을 보완하기 위해 이 책은 실제 유형과 최대한 비슷하게 문제를 만들었습니다. 즉 '오문 정정' 파트에서 자주 출제되는 문제는 '오문 정정'의 형식으로만 집중적으로 문제를 만들어, 학습자가 완벽하게 그 유형에 적응할 수 있도록 했습니다. 최근의 JPT 경향을 분석해 보면 단순한 문법 찾기보다는 비슷한 의미로 사용되는 표현이나 단어를 구분해 내는 수준까지 요구하고 있습니다. 이처럼 실제 시험 경향에 맞추어 공부를 해야 JPT 시험에서 고득점을 올릴 수 있습니다.

문제는 어려울 이유가 하나도 없다.

시중에 JPT관련 책은 수십 권이 나와 있지만, 대부분의 책이 점수를 정해놓고 그 점수대의 학습자들을 대상으로 하고 있습니다. 그런데 그런 책을 다 풀었다고 해서 책에 쓰여진 점수대로 점수가 나오는 것은 절대 아닙니다. 이것이 시중에 나와있는 JPT 수험서의 가장 큰 문제점이 아닐까 생각합니다. 결론부터 말하면 문제집은 절대 어려울 필요가 없습니다. 그냥 유형만 익히면 그 다음은 자신의 어휘 실력에 달려 있다고 해도 과언은 아닐 것입니다. 문제가 너무 어려워 책을 덮었던 적은 없습니까? 이 책에는 어려운 문제가 거의 없습니다. 일본어 중급 정도의 실력이라면 누구나가 쉽게 접근할 수 있는 문제입니다.

풍부한 유제로 실제 시험을 완벽하게 대비할 수 있다.

이 책에는 실제로 JPT시험에 출제된 기출문제를 바탕으로 한 유제가 많이 수록되어 있습니다. 비단 JPT 시험 뿐 만이 아니라 다른 어떤 시험도 마찬가지겠지만, 실제 출제된 문제와 비슷한 유형의 문제를 많이 풀어봄으로써 다음 시험을 완벽하게 대비할 수 있습니다. 또 출제될 가능성이 높은 문제들은 따로 정리해 두었기 때문에 어떤 문제가 출제되어도 쉽게 풀 수 있을 것입니다. 이것이 기존의 JPT 수험서들과는 근본적으로 다른 이 책만의 특징이라고 할 수 있습니다.

한 번 풀어 본 문제는 뒤에 또 나온다.

한 번만에 모든 것을 기억할 수는 없습니다. 그런 학습자들을 위해 앞에서 배운 내용이 뒤에서 유사하게 활용되는 문제를 많이 만들었습니다. 그런 방법을 통해 앞에서 배운 것을 잊어버린 학습자라도 쉽게 기억해낼 수 있고, 거기에서 그치는 것이 아니라 새로운 유형에 응용할 수도 있는 것입니다.

해설을 이해해도 문제를 다 맞출 수는 없다.

이 책의 문제는 각 파트에 대한 해설을 완벽하게 이해한 사람이라도 다 맞출 수는 없게 만들었습니다. 왜냐하면 기존의 문제집은 대부분 해설을 읽으면 쉽게 답을 찾을 수 있도록 구성되어 있지만, 그것은 진정한 실력 향상을 위한 것이 아니라 해설에 구애되어 답을 찾게 만드는 것이기 때문입니다. '해설에 이런 내용이 나오니까 답은 당연히 이것일 것이다'라고 생각하여 답을 체크하면 틀리기 쉽습니다. 해설과 일치하는 문제도 있지만, 한 단계 더 발전하여 그 표현을 응용한 문제까지 수록함으로써 학습자들의 완벽한 이해를 돕도록 하였습니다.

쉬면서도 공부가 된다.

각 과의 문제가 끝나는 부분에는 요점 정리와 함께 「쉬어가기」코너가 있는데, 이 책에서는 틀에 박힌 일본에 관한 이야기보다는 실제 회화나 시험에 도움이 될 만한 관용구나 속담 등을 적극 활용하였습니다. 유래를 통해 익힌 관용구나 속담은 쉽게 잊어버리지 않습니다. 즉 이 책은 쉬면서도 공부하게 만드는 철저히 학습자를 위한 책입니다.

제 **1** 장

이것도 모르면서 990점을?

점수를 거저 주는
기본 조사 1

조사는 초보자나 틀리는 문제라고 생각하는가? 조사를
만만하게 보다가는 큰코다친다.

　　　　　　　우리들이 일상적으로 사용하는 말에는 조사의 생
략이 많다. 하지만 이것을 잘못 사용하면 어색한 문장이 되기 쉽다. 이러한 조사
의 정확한 용법에 대한 이해는 JPT 시험에서도 요구하는 문항 중의 하나이므로 정
확히 숙지할 필요가 있다. 그런데, 한국인의 경우 이런 조사를 조금 경시하는 경
향이 있다. 그것은 일본어가 우리말과 어순이 같고 조사의 기본 의미대로 문장을
만들면 문장의 의미가 대충은 비슷하기 때문에 그런 오류를 범하는 것이다. 다음
예문을 통해 그것을 확인해 보자.

 예 窓で海が見える。 창문에서 바다가 보인다.

　　　　　　　위의 예문에서 틀린 점을 찾지 못했다면 조사에
대한 이해가 아직 부족한 사람이라고 할 수 있다. 우리말의 '~에서'는 보통 「～
で」로 번역되는 경우가 많은데, 위의 문장은 '창문으로부터(창문 너머로) 바다가
보인다'라는 경유점을 나타내므로, 올바른 조사는 「で」가 아니라 「から」이다. 이
처럼 한국인이 지나치기 쉬운 조사의 쓰임새를 좀 더 공부해 보도록 하자.

 예 あの人が加藤さんです。 저 사람이 가토 씨입니다.
　　あの人は加藤さんです。 저 사람은 가토 씨입니다.

　　　　　　　일본어를 처음 배울 때 주격으로 사용되는 조사
「が」와 「は」에 대해 배운다. 그런데, 이것이 주격으로 사용된다는 것만 알고 있지
의미상 어떤 차이가 있는지는 의외로 모르는 사람이 많다. 위의 예문에서 두 문장
의 차이를 설명할 수 있는가? 만약 없다면 조사를 무시할 자격이 없다. 처음에 나
오는 조사 「が」가 사용된 문장은 가토 씨는 이미 알고 있는데 누가 가토 씨인지 묻
는 질문에 대한 대답이라고 할 수 있다. 밑에 있는 조사 「は」가 사용된 문장은 '저
사람은 누구인가'라는 질문에 대한 대답으로, 두 문장은 질문에서부터 차이가 난
다. 이처럼 같은 주격으로 사용되더라도 의미상의 차이는 분명히 존재하는 것이
다. 자! 이제 처음 시작하는 기분으로 출제 빈도가 높은, 꼭 알아야 할 조사에 대
해서 공부해 보도록 하자.

점수와 바로 연결되는 조사 1

1 か | 의문이나 불확실함을 나타낸다.

의문조사 「か」는 보통 오문정정 문제에 자주 나온다. 특히 「なにか(무언가)」와 「なにが(무엇이)」의 확실한 의미 구분이 필요하다. 또 「か」앞에 붙는 「どこ(어디)」, 「いつ(언제)」, 「なぜ(왜)」 등의 의문사에 따라 의미가 달라지므로 기본적으로 의문사의 의미도 파악하고 있어야 한다.

> 例
> 教室の中にだれかいますか。교실 안에 누군가 있습니까?
> いつ出発するかわかりません。언제 출발할지 잘 모르겠습니다.

암기 「～かどうか」라는 표현은 '～인지 아닌지, ～일지 어떨지'라는 의미로 일의 실현여부나 적합성 여부를 묻는 경우에만 사용하는 표현이다.

2 が | 격조사로 사용되며 문장의 주어를 나타낸다. 「できる」, 「聞(き)こえる」, 「わかる」, 「見(み)える」 등의 자동사와 「好(す)きだ」, 「きらいだ」, 「上手(じょうず)だ」, 「下手(へた)だ」 등의 형용동사 앞에 사용한다.

접속조사 「が」는 실제 시험에도 출제된 적이 많으므로 반드시 숙지할 필요가 있다. 단순한 암기보다는 「すみませんが～」처럼 구문으로 외워 두는 것이 좋다.

> 例
> 今日は朝から雨が降っています。오늘은 아침부터 비가 내리고 있습니다.
> 私は刺身がきらいです。저는 회를 싫어합니다.

암기 접속조사 「が」에는 내용연결, 역접, 완곡의 용법이 있다.

3 は | 주체, 대비, 강조를 나타낸다.

「は」는 주격으로 사용되는 「が」와의 차이만 이해하면 쉽게 풀 수 있다.

> 例
> あの人は中村です。저 사람은 나카무라 씨입니다. (주체)
> 果物は好きですが、お菓子はきらいです。
> 과일은 좋아합니다만, 과자는 싫어합니다. (대비)
> 思ったより高くはなかった。생각했던 것보다 비싸지는 않았다. (강조)

암기 조사 「は」와 「が」의 차이는 반드시 알아 두자. 자세한 것은 앞 장의 예문 참고.

4 **から** | 사물이 시작되는 순서나 범위 / '~을 통해서, ~으로'(사물의 경유점) / '~으로 부터'(원료나 재료의 화학적인 변화) / 접속조사로 원인 · 이유를 나타낸다.

경유점을 나타내는 「から」에 특히 주의해야 한다. 한국인은 모어 간섭에 의해 대부분 작문을 할 때, 도입에서 말한 예문처럼 「窓で海が見える(창에서 바다가 보인다)」라고 하기 쉬운데 이것은 틀린 표현이다. 경유점을 나타낼 때는 반드시 조사 「から」를 사용해야 한다. 그리고 접속조사 「から」가 형용동사에 접속할 때에는 「ので」와의 접속 차이를 구분할 수 있어야 한다.

今日から夏休みに入る。 오늘부터 여름방학에 들어간다. (기점)
豆腐は豆から作る。 두부는 콩으로 만든다. (화학적인 변화)
明日はせっかくの休みだから、公園でも行こう。
내일은 모처럼의 휴일이니까, 공원에라도 가자. ('~이기 때문에'라는 의미의 접속조사)

암기 접속조사 「から」는 종지형에 접속하며 원인 · 이유를 나타낸다. 연체형에 접속해 원인 · 이유를 나타내는 「ので」와의 접속 차이에 주의하자.

真子はきれいだから、好きです。
마사코는 예쁘기 때문에 좋아합니다. (종지형에 접속)

真子はきれいなので、好きです。
마사코는 예쁘기 때문에 좋아합니다. (연체형에 접속)

5 **で** | 동작이 이루어지는 장소 / 원인 / 수단 · 방법 / 재료 / '~로(서)'라는 의미로 주어의 상태를 나타낸다.(한정의 용법)

시험에 자주 나오는 것이 한정을 나타내는 조사 「で」의 용법이다. 우리말과는 다소 차이가 있기 때문에 반드시 숙지해 두어야 한다.

ここでたばこを吸ってはいけません。 여기서 담배를 피워서는 안 됩니다. (장소)
中村さんは風邪で学校を休みました。
나카무라 씨는 감기로 학교를 쉬었습니다. (원인)
志願者は全部で10人です。 지원자는 전부해서 10명입니다. (한정)

암기 조사 「で」는 용법을 반드시 숙지해 두어야 하며, 최근에는 각 용법의 구별까지 묻고 있으므로 내용으로 용법구분까지 가능해야 한다.

점수를 마구마구 올려 주는 문제

【01. 7. 유제】

1. 図書館<u>は</u>今日<u>も</u>多<u>く</u>の人<u>が</u>混んでいた。
          (A)   (B)   (C)   (D)

□ 포인트	충만(充満)의 의미를 나타내는 술어는 채우는 대상을 조사 「で」로 나타낸다.
□ 어구	多(おお)くの人(ひと) 많은 사람 混(こ)む 붐비다
□ 해석	도서관은 오늘도 많은 사람으로 붐비고 있었다.

2. 野菜<u>は</u>好きです<u>が</u>、肉<u>も</u>あまり好き
       (A)   (B)   (C)

<u>で</u>はありません。
(D)

□ 포인트	대비를 나타내고 있으므로 조사 「は」를 사용한다.
□ 어구	野菜(やさい) 야채 肉(にく) 고기
□ 해석	야채는 좋아합니다만, 고기는 그다지 좋아하지 않습니다.

【02. 3. 유제】

3. 室内<u>へ</u>は禁煙<u>だ</u>から、たばこ<u>を</u>吸っ
       (A)   (B)   (C)

<u>て</u>はいけません。
(D)

□ 포인트	장소를 나타내는 조사는 「で」이다.
□ 어구	たばこを吸(す)う 담배를 피우다 ~てはいけません ~해서는 안 됩니다.
□ 해석	실내에서는 금연이기 때문에, 담배를 피워서는 안 됩니다.

4. このパン屋<u>には</u> <u>いろいろな</u>種類のパ
              (A)   (B)

ン<u>を</u>作っ<u>て</u>います。
  (C)   (D)

□ 포인트	'가게'라는 장소를 나타내므로 조사 「で」가 필요하다.
□ 어구	パン屋(や) 빵가게 種類(しゅるい) 종류
□ 해석	이 빵가게에서는 여러 종류의 빵을 만들고 있습니다.

5. 風邪<u>気味</u> だから、<u>早く</u> <u>薬を</u> <u>食べた方</u>
    _(A)   _(B)   _(C)   _(D)

がいいと思います。

【04. 7. 유제】【07. 1. 유제】
6. <u>どんな原因で</u>失敗<u>した</u>のか<u>どうか</u>、
   _(A)   _(B)   _(C)

<u>よく</u>わかりません。
_(D)

7. 私は音楽を聞くの＿＿＿＿＿ 好きです。

  (A) に   (B) を
  (C) か   (D) が

【02. 1. 유제】
8. 試験の志願者は全部＿＿＿＿＿ 15人

ですか。

  (A) から   (B) か
  (C) も   (D) で

□ 포인트	'약을 먹다'는 관용적 표현으로 「薬(くすり)を飲(の)む」라고 한다.
□ 어구	～気味(ぎみ) ～한 기운(기색) ～た方(ほう)がいい ～하는 것이 좋다
□ 해석	감기 기운이 있기 때문에, 빨리 약을 먹는 편이 좋다고 생각합니다.
□ 포인트	단순 의문과 실현성을 묻는 의문의 구분. 단순 의문은 「か」를 사용한다.
□ 어구	原因(げんいん) 원인 失敗(しっぱい) 실패 ～かどうか ～인지 아닌지
□ 해석	어떤 원인으로 실패한 것인지 잘 모르겠습니다.
□ 포인트	'～을 좋아하다'는 「～が好(す)きだ」로 표현한다.
□ 어구	音楽(おんがく) 음악
□ 해석	나는 음악을 듣는 것을 좋아합니다.
□ 포인트	한정을 나타낼 때는 조사 「で」를 사용한다.
□ 어구	志願者(しがんしゃ) 지원자 全部(ぜんぶ)で 전부해서
□ 해석	시험 지원자는 전부해서 15명입니까?

【02. 3. 유제】

9. 私の先生は毎朝車_____学校へ
行きます。

(A) の   (B) で
(C) と   (D) に

□ 포인트	수단이나 방법을 나타내는 조사는 「で」이다.
□ 어구	**毎朝(まいあさ)** 매일 아침 **~で行(い)く** ~로(~을 수단으로 하여) 가다
□ 해석	저의 선생님은 매일 아침 자동차로 학교에 갑니다.

【02. 3. 유제】

10. すみません_____、新橋駅はど
ちらですか。

(A) に   (B) を
(C) が   (D) か

□ 포인트	'~입니다만' 으로 해석되는 접속조사를 찾는 문제.
□ 어구	**すみませんが** 죄송합니다만, 실례합니다만
□ 해석	죄송합니다만, 신바시(新橋)역은 어느 쪽입니까?

11. 先ほど、取引先の田中さん_____
__ 電話がありました。

(A) と   (B) は
(C) から   (D) で

□ 포인트	기점을 나타낼 때에는 조사 「から」를 사용한다.
□ 어구	**取引先(とりひきさき)** 거래처 **電話(でんわ)** 전화
□ 해석	조금 전에 거래처의 다나카 씨로부터 전화가 왔습니다.

12.

体の調子が悪くて、＿＿＿＿＿＿食べ
られませんでした。

(A) なにを   (B) なにか
(C) なにが   (D) なにも

□ 포인트   문장의 의미상 '몸이 좋지 않아 아무 것도 먹지 못했다' 라는 의미가 되므로 정답은 「なにも」가 된다.

□ 어구   体(からだ)の調子(ちょうし)が悪(わる)い 몸 상태가 좋지 않다

□ 해석   몸 상태가 좋지 않아서, 아무 것도 먹을 수 없었습니다.

13.

天気予報によると、今日の午後＿＿＿
＿＿＿＿明日の朝までずっと雨が降る
そうです。

(A) で   (B) に
(C) も   (D) から

□ 포인트   '~로부터' 라는 시점을 나타낼 때에는 조사 「から」를 사용한다.

□ 어구   ~によると ~에 의하면
~から~まで ~부터~까지
동사의 종지형+そうだ ~라고 한다

□ 해석   일기예보에 의하면, 오늘 오후부터 내일 아침까지 계속 비가 온다고 합니다.

14.

山田さんは不注意＿＿＿＿＿事故を
起こしてしまった。

(A) で   (B) か
(C) は   (D) へ

□ 포인트   원인을 나타내는 조사. 원인을 나타낼 때에는 조사 「で」를 사용한다.

□ 어구   不注意(ふちゅうい) 부주의
事故(じこ)を起(お)こす 사고를 내다

□ 해석   야마다 씨는 부주의로 사고를 내어 버렸다.

15. ビールは何<u>で</u>作られますか。

(A) 私は最近仕事<u>で</u>忙しい。
(B) 名前は漢字<u>で</u>書いてください。
(C) 日本では自転車<u>で</u>通学する学生が多い。
(D) 子供の頃よく紙<u>で</u>飛行機を作ったものだ。

□ 포인트	조사「で」의 용법구분. (A)는 원인, (B)와 (C)는 수단이나 방법으로 사용되고 있다. 문제와 (D)가 재료를 나타내는 용법이다.
□ 어구	名前(なまえ) 이름 通学(つうがく) 통학 ~たものだ ~하곤 했다
□ 해석	맥주는 무엇으로 만들어집니까?

16. お金を財布<u>から</u>取り出した。

(A) 普通9時<u>から</u>学校が始まる。
(B) 水は水素と酸素<u>から</u>なる。
(C) 会社<u>から</u>休暇をもらうつもりだ。
(D) 泥棒は台所の窓<u>から</u>入ったらしい。

□ 포인트	조사「から」의 용법구분. (A)는 동작이나 상태가 시작되는 때, (B)는 재료, (D)는 경유점을 나타낸다. 문제와 (C)가 나오는 곳이나 출처를 나타내는 용법이다.
□ 어구	取り出す(とりだす) 꺼내다 休暇(きゅうか) 휴가 泥棒(どろぼう) 도둑
□ 해석	돈을 지갑에서 꺼냈다.

정답

1. (D) 2. (C) 3. (A) 4. (A) 5. (D) 6. (C) 7. (D) 8. (D) 9. (B) 10. (C)

11. (C) 12. (D) 13. (D) 14. (A) 15. (D) 16. (C)

이것만은 확인하고 넘어가자

1. 「～かどうか」라는 표현은 일의 실현여부나 적합성 여부를 묻는 경우에만 사용한다.

2. 접속조사 「が」는 바로 뒷문장에 상반되는 내용이 오거나 두 가지 사실을 열거할 때 사용한다.

3. 주격으로 사용되는 조사 「は」와 「が」의 차이는 반드시 알아 두자. 모르면 다시 처음으로 돌아가서 확인하기 바란다.

4. 원인이나 이유를 나타내는 접속조사 「から」와 「ので」는 접속 형태를 반드시 외워 두자. 종지형+から / 연체형+ので

5. 시험에 자주 출제되는 조사 「で」의 용법으로는 원인·수단이나 방법·재료의 용법 등이 있다.

쉬 . 어 . 가 . 기

● **ら抜き言葉** ┃ 'ら' 생략말

「これ、食べれますか?」이 문장은 언뜻 보면 틀린 문장처럼 보이지만, 사실 일상 회화에서 자주 들을 수 있는 말이다. 이것이 「ら抜き言葉」라는 것이다. 「ら抜き言葉」란, 말 그대로 상·하 1단 동사의 가능형에 접속하는 조동사 「られる」에서 「ら」가 생략된 말이다. 일본의 국어학자나 언어학자들은 젊은이들의 이러한 언어 습관에 대해 우려의 목소리를 내고 있다. 하지만 별 소용은 없는 듯……

조사한 바에 의하면 지금 「ら抜き言葉」는 일본인의 절반 정도가 사용하고 있다고 한다. 언어라는 것이 원래 변하는 것이지만, 머지않아 일본어를 처음 공부할 때 우리들의 머리를 아프게 했던 「られる」도 「れる」로 바뀌는 것은 아닌지 모르겠다.

● **ハッピーマンデー(happy monday)** ┃ 행복한 월요일

2000년도에 국민의 휴일에 관한 법률(国民(こくみん)の祝日(しゅくじつ)に関(かん)する法律(ほうりつ))이 개정되었다. 이것은 국경일이 일요일인 경우에 월요일을 쉬게 하는 제도를 말한다. 이 제도는 일본의 관광업계를 중심으로 법률 개정이 추진되어 마침내 시행된 제도이다.

점수를 거저 주는 기본 조사 2

**쉽다고 자만하면 틀리기 쉬운 것이 조사 문제이다.
이젠 더 이상 틀리지 말자.**

앞 장에서 기본 조사를 조금 살펴 보았다. 그 외의 조사들 중에서도 의미 파악이 힘들고 잘 틀리는 조사가 몇 가지 있다. 우선 다음 예문을 보자.

> 鈴木さんはどこの会社で勤めていますか。

언뜻 보기에는 틀린 곳이 없는 문장처럼 보이지만, 이 문장은 분명히 조사를 잘못 사용하고 있다. '~에서 근무하다'라고 할 때 「勤(つと)める」라는 동사는 앞에 조사 「に」를 수반한다. 아직도 조사가 쉽다고 생각하는가? 그렇다면 다음 예문을 보자.

> 今朝に、窓を開けるといい香りがしてきた。

위 문장의 오류를 찾았는가? 찾았다면 중급자 이상일 것이다. 위의 문장은 조사 「に」를 잘못 사용하고 있다. 조사 「に」는 구체적이고 정확한 시간에만 사용할 수 있으며, 막연한 시간에는 사용할 수 없는 조사이다. 오늘 아침이라면 구체적으로 언제를 말하는가? 이처럼 막연한 시간에는 조사를 사용하지 못함에도 불구하고 대부분의 학습자들의 회화에서 적잖이 들을 수 있는 것이 조사 「に」의 오용이다. 이 정도는 맞춘다고 생각하는가? 그렇다면 마지막으로 다음 예문을 보도록 하자.

> 報告書は遅くても3時まで提出してください。

위의 문장에서는 어디가 잘못되었을까? 아무리 보아도 틀린 곳이 없는 문장인 듯하지만 이런 문장이 시험에서는 시간을 다 빼앗고 머리를 혼란스럽게 만든다. 하지만 다시 잘 보면 분명히 틀린 곳이 있다. '~까지'라는 표현을 일본어로는 어떻게 표현할까? 초급자도 바로 「まで」라고 대답할 수 있을 것이다. 그런데 이 「まで」에 조사 하나가 더 붙어 의미를 혼동시킨다. 즉, 「までに」가 되면 '늦어도 그 시점까지는'이라는 의미가 되며, 「まで」와는 의미면에서 조금 차이가 나는 것이다.

이제는 조사를 만만하게 보지 않을 것이다. 출제자는 점수를 거저 주는데 틀리고만 있을 수는 없다. 다음의 문법 사항을 잘 읽어 보고 문제를 통해 실전 감각을 익히도록 하자.

점수와 바로 연결되는 조사 2

1 **ながら** | '~하면서'(동시 동작) / '~하면서도, ~이면서도'(역접) / '~대로'(상태) 를 나타낸다.

시험에서는 병행이나 연속을 나타내는 「ながら」의 용법보다는 역접 조건을 나타내는 「ながら」가 자주 출제된다. 이 역접 조건은 기타 다른 시험에서도 빈도수가 상당히 높게 출제되고 있기 때문에 숙지해 두기 바란다.

> **예** 普通、ご飯を食べ**ながら**、テレビを見ます。
> 보통, 밥을 먹으면서 텔레비전을 봅니다. (동시 동작)
>
> 彼は老人**ながら**すごい力を持っている。
> 그는 노인이지만 굉장한 힘을 가지고 있다. (역접)
>
> 昔 **ながら**の家には 趣 がある。 옛날 그대로의 집에는 정취가 있다. (상태)

2 **まで** | 어느 시점까지 어떤 동작이나 상태가 계속되는 것을 나타낸다.

「まで」와 「までに」의 의미상의 차이점을 확실히 구분할 수 있어야 한다.

> **예** 学校から家**まで**は遠いようですね。학교에서 집까지는 먼 것 같군요. (계속)
>
> 終 了レポートは明日**までに**提 出 してください。
> 종료 레포트는 내일까지 제출해 주십시오. (최종 기한)

암기 「までに」는 동작의 최종 기한에 중점을 두는 표현으로 '늦어도 어느 시점까지'라는 의미를 나타낸다.

3 **も** | '~도', '~씩이나'라는 강조의 의미로 사용된다.

조사 「も」는 주로 수량이나 숫자를 나타내는 표현과 함께 출제되는 경우가 많다. 의미만 정확히 알고 있으면 크게 어렵지 않은 표현이다.

> **예** あなたが行くなら、私 **も**行きます。당신이 간다면 저도 갑니다.
>
> お酒が弱いのに、木村さんは今晩、ビールを三本**も**飲みました。
> 술이 약한데도, 기무라 씨는 오늘 밤에 맥주를 3병이나 마셨습니다.

암기 조사 「も」는 수량을 나타내는 말 뒤에 붙어 정도를 나타낸다. 해석에 주의하자.

④ **に** | 동작성 명사 또는 동사의 「ます」형에 「に」가 접속되어 동작의 목적을 나타낸다. '~에서 일하다'는 「~に勤める/~で働く」로 표현하며, 이 경우 조사의 사용에 주의하자.

시험에서 가장 많이 출제되는 조사가 바로 「に」이다. 이 조사는 상당히 쓰임새도 많고 어렵기 때문에 반드시 이해하고 있어야 한다. 주로 목적을 나타내는 「に」나 구체적인 시간에 「に」를 붙여서 틀린 문장을 찾는 문제가 자주 출제되었으므로 용법을 하나도 빠짐없이 완전히 외우기 바란다.

> **예**
> あした やす えいが み
> 明日は休みなので、映画を見に行くつもりです。
> 내일은 휴일이기 때문에, 영화를 보러 갈 생각입니다.
> きょう かいぎ じ はじ
> 今日の会議は8時に始まります。
> 오늘 회의는 8시에 시작됩니다.

암기 조사 「に」는 구체적이고 정확한 시간에만 붙인다. 「昨日」「今日」「明日」「今朝」「来年」 등 막연한 시간을 나타낼 때에는 조사 「に」를 붙이지 않는다.

⑤ **ほど** | 대략적인 범위나 한도를 나타낸다. '~만큼'이라는 비교의 의미로도 사용되며, 주로 뒤에는 부정의 말을 수반한다. 「~ば~ほど」의 구문은 '~(하)면 ~(할)수록'이라는 의미이다.

「ほど」는 비교를 나타내는 표현과 「~ば~ほど」의 용법이 간혹 출제된다. 빈도수가 그다지 높지는 않지만 출제 가능성이 있는 표현이기 때문에 익혀두기 바란다.

> **예**
> やまだ せんせい おも きび ひと
> 山田先生は思ったほど厳しい人ではなかった。
> 야마다 선생님은 생각보다 엄한 사람이 아니었다.
> うた れんしゅう じょうず
> 歌は練習すればするほど上手になる。
> 노래는 연습하면 할수록 능숙해진다.

암기 「ほど」는 '~면 ~수록'이라는 의미의 「~ば~ほど」와 '~만큼 ~(은) 아니다'라는 의미인 「~ほど~(は)ない」를 반드시 숙지해 두도록 하자.

【01. 11. 유제】【07. 9. 유제】

1. 私は普通、音楽を聞き<u>ながら</u>勉強します。

(A) 残念<u>ながら</u>その仕事は私には無理です。

(B) テレビを見<u>ながら</u>ご飯を食べる習慣はよくないです。

(C) 京都には昔<u>ながら</u>の建物がたくさん残っています。

(D) 子供<u>ながら</u>そんな犯罪を犯すとは。考えたこともありません。

□ 포인트	문제에서는 동작의 연속을 나타내는 「ながら」의 용법인데, (A)는 관용적 표현이고, (B)는 동작의연속, (C)는 상태, (D)는 역접을 나타낸다.
□ 어구	習慣(しゅうかん) 습관 犯罪(はんざい)を犯(おか)す 범죄를 저지르다
□ 해석	나는 보통, 음악을 들으면서 공부합니다.

【01. 7. 유제】

2. 先生であり<u>ながら</u>そんな簡単な問題も解けないとは。

(A) もう二度とやらないと言い<u>ながら</u>、またやっている。

(B) あの店はまだ昔<u>ながら</u>の作り方でパンを作っている。

(C) 昼にアルバイトをし<u>ながら</u>お金を貯めている。

(D) ギターを弾き<u>ながら</u>歌を歌ってください。

□ 포인트	역접을 나타내는 「ながら」의 용법으로, 역접을 나타내는 「ながら」는 보기 (A)이다.
□ 어구	お金(かね)を貯(た)める 돈을 모으다, 돈을 저축하다
□ 해석	선생님이면서 그런 간단한 문제도 못 풀다니.

3. もうビールを10本も飲んだ。

    (A)　あの店には今日一人も来なかった。
    (B)　外国には一度も行ったことがない。
    (C)　雨がもう5日も降っている。
    (D)　そんなことは考えもしなかった。

□ 포인트	강조를 나타내는 조사「も」는 '~이나'로 해석된다. 여기에서는 수량을 강조한 보기 (C)가 답이다.
□ 어구	店(みせ) 가게 考(かんが)えもしなかった 생각지도 못했다
□ 해석	이미 맥주를 10병이나 마셨다.

【02. 3. 유제】

4. <u>もし</u>明日<u>に</u>雨が降ったら、遠足<u>は</u>延
    (A)　　　(B)　　　　　　　　　(C)

期<u>に</u>なります。
 (D)

□ 포인트	막연한 시간을 나타낼 때 조사의 접속 유무. '내일'이라는 것은 막연한 시간을 나타내기 때문에 조사「に」는 올수 없다.
□ 어구	遠足(えんそく) 소풍 延期(えんき) 연기
□ 해석	만약 내일 비가 내린다면, 소풍은 연기합니다.

【01. 11. 유제】

5. 私は明日<u>の</u>朝早く図書館<u>に</u>行って勉
       (A)　　(B)　　　　　(C)

強する<u>ところ</u>です。
   (D)

□ 포인트	예정을 나타낼 때에는「つもり」를 사용한다.
□ 어구	~つもりだ ~할 생각이다, ~할 예정이다
□ 해석	나는 내일 아침 일찍 도서관에 가서 공부할 생각입니다.

6. レポートは遅くても午後3時まで_____提出してください。

    (A) には   (B) にも

    (C) では   (D) へは

□ 포인트	「まで」와 「までに」의 구분. 문맥상 '늦어도 어느 시점까지'라는 의미이므로 정답은 「には」가 된다.
□ 어구	レポート 보고서, 레포트 提出(ていしゅつ) 제출
□ 해석	보고서는 늦어도 오후 3시까지는 제출해 주십시오.

7. 유제】【06. 12. 유제】【07. 8. 유제】

ご飯を_____ながらテレビを見るのはよくないです。

    (A) たべ   (B) たべる

    (C) たべよう   (D) たべた

□ 포인트	동시동작을 나타낼 때에는 「ながら」를 사용하는데, 이 표현은 동사의 ます형에 접속한다.
□ 어구	ご飯(はん)をた(食)べる 밥을 먹다
□ 해석	밥을 먹으면서 텔레비전을 보는 것은 좋지 않습니다.

8. 運動はすればする_____上手になります。

    (A) ぐらい   (B) ごろ

    (C) しか   (D) ほど

□ 포인트	관용구문에 대한 이해. '~(하)면 ~(할)수록'은 「~ば~ほど」로 나타낸다.
□ 어구	運動(うんどう) 운동
□ 해석	운동은 하면 할수록 능숙해집니다.

【04. 4. 유제】

9. 熱があるから、下がる＿＿＿＿＿寝た方がいいです。

(A) まで　　　　　(B) までに
(C) うちに　　　　(D) あいだ

□ 포인트	「まで」와 「までに」의 구분. 단순히 '~까지'라는 의미만 나타내므로 「まで」가 적당하다.
□ 어구	下(さ)がる 내려가다 ~た方(ほう)がいい ~하는 것이 좋다 ~うちに ~하는 동안에
□ 해석	열이 있기 때문에, 열이 내려갈 때까지 자는 것이 좋습니다.

【01. 9. 유제】

10. 悪いことでもあったのか、田中さんはビールを10本＿＿＿＿＿飲んだ。

(A) から　　　　　(B) も
(C) に　　　　　　(D) で

□ 포인트	강조를 나타내는 조사를 찾는 문제로 수량에 대한 강조는 조사 「も」를 사용한다.
□ 어구	ビール 맥주
□ 해석	나쁜 일이라도 있었는지, 다나카 씨는 맥주를 10병이나 마셨다.

【04. 1. 유제】【07. 2. 유제】

11. 父が帰ってくる＿＿＿＿＿少々待ってください。

(A) までに　　　　(B) までも
(C) まで　　　　　(D) までを

□ 포인트	「まで」와 「までに」의 구분. 단순히 '~까지'라는 의미만 나타내므로 「まで」가 적당하다.
□ 어구	帰(かえ)る 돌아오다 少々(しょうしょう) 잠시
□ 해석	아버지가 돌아오실 때까지 잠시 기다려 주십시오.

12.

海外旅行 _____ 行こうと思って、
こつこつ貯金している。

(A) に   (B) も
(C) を   (D) は

□ 포인트	동작의 목적을 나타내는 조사. 동작의 목적을 나타낼 때에는 동작성 명사 다음에 조사 「に」를 사용한다.
□ 어구	海外旅行(かいがいりょこう) 해외여행 こつこつ 꾸준히 貯金(ちょきん) 저금
□ 해석	해외여행을 가려고 생각해서, 꾸준히 저금하고 있다.

13.

<u>今年の冬は去年ほど寒くはなかった。</u>

(A) 去年の冬の方が寒かった。
(B) 今年の冬は去年より寒かった。
(C) 去年の冬は全然寒くなかった。
(D) 去年と今年は同じ寒さだった。

□ 포인트	「ほど」를 사용한 구문. 「~ほど~はない」는 '~만큼 ~은 아니다'라는 의미의 표현이므로, 정답은 (A)가 된다.
□ 어구	寒(さむ)い 춥다
□ 해석	올해 겨울은 작년만큼 춥지는 않았다.

정답

Ⅰ. (B)   2. (A)   3. (C)   4. (B)   5. (D)   6. (A)   7. (A)   8. (D)   9. (A)   10. (B)
Ⅱ. (C)   12. (A)   13. (A)

이것만은 확인하고 넘어가자

1. 「～ながら」는 '동작의 연속, 역접, ～대로(상태)'라는 세 가지 의미가 있다.

2. 「まで」는 어느 시점까지 동작이 계속됨을 나타내는 표현이고, 「までに」는 동작의 최종 기한에 중점을 두는 표현으로 '늦어도 어느 시점까지'라는 의미를 나타낸다.

3. 조사 「も」는 수량을 나타내는 말 뒤에 붙어 정도를 나타낸다. 해석에 주의하자.

4. 조사 「に」는 구체적이고 정확한 시간에만 사용한다. 막연한 시간을 나타낼 때에는 사용할 수 없다.

5. 「～ば ～ほど」 구문은 '～(하)면 ～(할)수록'이라는 의미를 나타낸다.

쉬·어·가·기

● ネタ | 특종감

田中さんは最近、いいネタを見つけたようですね。
다나카 씨는 최근 좋은 기사거리를 발견한 것 같군요.

위의 문장에서 「ネタ」라는 말은 과연 무슨 뜻일까? 이 말의 어원은 「種(たね)」라는 말이다. 즉, '씨, 씨앗'을 의미하는 「たね」를 뒤집어서 「ネタ」라고 하면, '신문이나 뉴스의 기사거리, 특종감'이라는 뜻이 된다. 일상 회화에서도 많이 사용되며 일본 연예 잡지에도 자주 나오는 말이다.

● いい男 | 잘생긴 남자

일본 잡지를 보면 자주 나오는 말이 「いい男」인데 단순히 '좋은 남자'라는 뜻일까? 「いい男」라고 하면 '좋은 남자'라는 뜻도 있지만 대부분의 경우에는 '잘생긴 남자'를 말한다. 물론 문맥에 따라 의미가 달라지므로 전후 문장을 잘 읽어 봐야 한다. 이 외에 미남을 나타내는 말로는 「かっこいい男」, 「美男子(びだんし)」, 「二枚目(にまいめ)」 등이 있다.

참고로 「二枚目」는 일본의 전통 예술인 「歌舞伎(かぶき)」에서 나온 말인데, 옛날 극장의 간판에 두 번째로 이름이 실린 배우가 미남이었다는 것에서 유래한 말이다. 관용구를 묻는 시험에 자주 나오는 표현이므로 외워두기 바란다.

이보다 쉬울 수는 없다!
조수사

숫자를 세기 위해서 올바른 단위는 기본!
그 단위를 어떻게 하면 쉽게 외울까?

최근 한창 금연바람이 불고 있다. 용감한(?) 우리의 김골초는 일주일 동안은 금연에 성공했지만, 결국 도저히 참을 수가 없어 저금통에 있는 동전을 모두 끌어모아 담배를 사러 편의점에 급히 달려간다. 들어가자마자 하는 말.

> 골초   담배 한 켤레 주세요.
>
> (점원은 이해를 하지 못한다.)
>
> 점원   예? 다시 한 번 말씀해 주시겠습니까?
>
> (너무나 담배가 피우고 싶었던 김골초는 재차 같은 말을 반복한다.)
>
> 골초   담배 한 켤레 달라구요!!
>
> 점원   도저히 무슨 말인지 잘…….

왜 이런 일이 생기는 것일까? 그것은 김골초가 숫자를 세는 단위를 잘못 사용했기 때문이다. 우리말과 마찬가지로 일본어에도 무언가를 세는 단위인 조수사라는 것이 있다. 그런데 이것은 물건의 숫자에 따라 발음이 변하는 경우가 많기 때문에 학습자를 힘들게 만든다. 구분도 잘 안 되고 발음도 변하는 이 조수사를 어떻게 하면 한 방에 보내 버릴까? 방법은 간단하다. 30초만 투자해서 다음 페이지의 글을 두 번 정도 읽으면 저절로 외워진다. 참고로 실제 시험에서 발음 문제도 출제된 적이 있으니 발음도 함께 외워두기 바란다.

조수사를 대표하는 4대 조수사

1 枚(まい)

얇은 종이나 손수건을 셀 때는 우리말로 '~매'라고 한다. 일본어는 한자의 발음을 풀어서 생각하면 대충은 맞아들어간다. '매'는 마+이 → 「まい」. 따라서 종이, 손수건 등을 세는 조수사는 일본어로 「枚」이다.

> 友達の誕生日のプレゼントに、ハンカチを2枚買った。
> 친구의 생일 선물로 손수건을 두 장 샀다.
>
> 切手を3枚ください。 우표를 세 장 주십시오.

2 台(だい)

남자라면 당구장에 안 가본 사람은 없을 것이다. 그런데 당구장에서는 의외로 많은 일본어를 접할 수 있다. 예를 들어, 당구대를 흔히들 당구다이라고 부른다. 자동차 등과 같이 큰 물체를 셀 때 한 대, 두 대라고 세는 것에서 '대'는 다+이 → 「だい」라고 한다.

> 学校の前に車が2台止まっています。 학교 앞에 자동차가 2대 멈추어 있습니다.
> 私の家にはテレビが3台もあります。 우리 집에는 텔레비전이 3대나 있습니다.

3 本(ほん)

일본열도는 두껍고 짧은가? 가늘고 긴가? 당연히 가늘고 긴데, 이런 일본을 일본어로는 「日本」이라고 한다. 일본처럼 가늘고 긴 우산이나 담배, 연필 등을 세는 조수사가 바로 「本」인 것이다.

> 冷蔵庫の中にビールが4本あります。 냉장고 안에 맥주가 4병 있습니다.
> 庭に大きな木が3本あります。 정원에 큰 나무가 세 그루 있습니다.

❹ 冊（さつ）

전국시대 무림을 평정한 권법은 사람을 죽이는 사츠(殺)권이 아니라 책으로 다스리는 사츠(冊)권이었다는 전설이 중국 어딘가에서 전해져 온다. 노트나 책을 세는 단위는 한 권, 두 권, 즉 그 유명한 권법인 「冊」권은 책이나 노트를 세는 단위라고 외워 보자.

> わたし まいつきほん さつ か
> 私 は毎月本を3冊買います。 나는 매달 책을 3권씩 삽니다.
>
> きのう ぶんぼうぐ や さつ か
> 昨日文房具屋でノートを4冊買いました。
>
> 어제 문방구 가게에서 노트를 4권 샀습니다.

一枚 (~매, ~장)	台 (~대)	本 (~자루, ~병)	冊 (~권)
いちまい 一枚	いちだい 一台	いっぽん 一本	いっさつ 一冊
に まい 二枚	に だい 二台	に ほん 二本	に さつ 二冊
さんまい 三枚	さんだい 三台	さんぼん 三本	さんさつ 三冊
よんまい 四枚	よんだい 四台	よんほん 四本	よんさつ 四冊
ご まい 五枚	ご だい 五台	ご ほん 五本	ご さつ 五冊
ろくまい 六枚	ろくだい 六台	ろっぽん 六本	ろくさつ 六冊
ななまい 七枚	ななだい 七台	ななほん 七本	ななさつ 七冊
はちまい 八枚	はちだい 八台	はっぽん 八本	はっさつ 八冊
きゅうまい 九枚	きゅうだい 九台	きゅうほん 九本	きゅうさつ 九冊
じゅうまい 十枚	じゅうだい 十台	じゅっぽん／じっぽん 十本	じゅっさつ／じっさつ 十冊
なんまい 何枚	なんだい 何台	なんぼん 何本	なんさつ 何冊

점수를 마구마구 올려 주는 문제

【02. 3. 유제】

1. A　今何時ですか。

　　B　四時六分です。

　　(A) ろくふん　　　(B) ろくぶん
　　(C) ろっぷん　　　(D) ろっぶん

□ 포인트	시간을 정확하게 읽는 법. 「六分」은 「ろっぷん」이라고 발음한다.
□ 어구	何時(なんじ)ですか 몇 시입니까?
□ 해석	A 지금 몇 시입니까? B 4시 6분입니다.

2. 冷蔵庫の中にビールが六本あります。

　　(A) ろくほん　　　(B) ろっぽん
　　(C) ろくぼん　　　(D) ろっぼん

□ 포인트	병을 세는 조수사로, 가늘고 긴 것은 「本(ほん)」으로 센다. 「六本」은 「ろっぽん」이라고 한다. 발음에 주의하자.
□ 어구	冷蔵庫(れいぞうこ) 냉장고
□ 해석	냉장고 안에 맥주가 6병 있습니다.

【01. 11. 유제】

3. 机の上にノートが三冊おいてあります。

　　(A) さんさつ　　　(B) さんぼん
　　(C) さんまい　　　(D) さんだい

□ 포인트	노트는 조수사 「冊(さつ)」를 사용한다.
□ 어구	～てある ～해져 있다
□ 해석	책상 위에 노트가 3권 놓여져 있습니다.

4. 友だちの誕生日のプレゼントを買い
に、文房具屋へ行ってノートを<u>八冊</u>
買いました。

   (A) はちだい　　(B) はちほん
   (C) はちまい　　(D) はっさつ

□ 포인트	조수사의 발음. 「八冊」은 「はっさつ」로 발음한다.
□ 어구	誕生日(たんじょうび) 생일 文房具屋(ぶんぼうぐや) 문방구 가게
□ 해석	친구 생일 선물을 사러, 문방구 가게에 가서 노트를 8권 샀습니다.

5. 木村さん<u>の</u>机<u>の</u>うえには本が<u>三本</u>あ
    (A)   (B)   (C)   (D)
ります。

□ 포인트	조수사에 대한 이해. 책을 세는 단위는 「冊(さつ)」이다.
□ 어구	机(つくえ) 책상 三冊(さんさつ) 세 권
□ 해석	기무라 씨의 책상 위에는 책이 세 권 있습니다.

6. A　ノート<u>二冊</u>と鉛筆<u>三本</u>、<u>全部で</u>
        (A)   (B)   (C)
     <u>いくつ</u>ですか。
      (D)
   B　千円になります。

□ 포인트	가격을 물을 때에는 「いくらですか」라고 한다.
□ 어구	全部(ぜんぶ)で 전부해서 いくつ 몇 개, 몇 살 いくら 얼마
□ 해석	A 노트 2권과 연필 세 자루, 전부해서 얼마입니까? B 천엔입니다.

7. 昨日は東京<u>に</u>住んでいる姉に手紙を
　　　　　(A)
　　　<u>出そうと</u>　<u>思って</u>、郵便局へ行って切
　　　　(B)　　　　(C)
　　　手を<u>三本</u>買った。
　　　　　(D)

□ 포인트	올바른 조수사 찾기. 우표를 세는 단위는 「枚(まい)」이다.
□ 어구	〜に住(す)む 〜에 살다
□ 해석	어제는 동경에 살고 있는 누나에게 편지를 보낼 생각으로 우체국에 가서 우표를 세 장 샀다.

8. <u>せっかく</u>日曜日だった<u>ので</u>、本屋に
　　　　(A)　　　　　　　　(B)
　　　<u>行って</u>新しい本を<u>一冊</u>買いました。
　　　　(C)　　　　　　　(D)

□ 포인트	접속에 대한 이해. 「せっかく」 뒤에 명사가 오면 「せっかくの」가 되어야 한다.
□ 어구	せっかくの 모처럼의 本屋(ほんや) 서점, 책방
□ 해석	모처럼의 일요일이었기 때문에, 서점에 가서 새로운 책을 한 권 샀습니다.

9. 庭に大きな木が _____ あります。

　　　(A) 一匹　　　　(B) 一台
　　　(C) 一冊　　　　(D) 一本

□ 포인트	올바른 조수사 찾기. 나무를 세는 단위는 「本(ほん)」이다.
□ 어구	一匹(いっぴき) 한 마리
□ 해석	정원에 큰 나무가 한 그루 있습니다.

10. 私は両親と一緒に住んでいます。上には姉が一人、下に妹が二人います。ですから、私は＿＿＿＿＿＿兄弟です。

(A) 三人   (B) 四人
(C) 五人   (D) 六人

□ 포인트	형제는 자신까지 포함시켜야 하므로 정답은 「四人(よにん)」이다.
□ 어구	両親(りょうしん) 양친 兄弟(きょうだい) 형제
□ 해석	저는 부모님과 함께 살고 있습니다. 위에는 누나가 한 명, 밑에는 여동생이 두 명있습니다. 따라서 저는 4형제입니다.

11. 私は革のくつを＿＿＿＿＿＿持っています。

(A) よんまい   (B) よんさつ
(C) よんぼん   (D) よんそく

□ 포인트	조수사 「足(そく)」는 구두를 셀 때만 사용하는 조수사이다. 따라서, 「四足(よんそく)」가 정답이 된다.
□ 어구	革(かわ) 가죽
□ 해석	나는 가죽 구두를 네 켤레 가지고 있습니다.

12. せっかくの休日のこととて、洋服＿＿＿＿＿＿をクリーニングに出した。

(A) 二本   (B) 二着
(C) 二頭   (D) 二羽

□ 포인트	의복을 세는 조수사. 의복을 셀 때에는 「～着(ちゃく)」라는 조수사를 사용한다.
□ 어구	せっかく 모처럼 ～こととて ～이기 때문에 洋服(ようふく) 양복
□ 해석	모처럼의 휴일이라서, 양복 두 벌을 세탁소에 맡겼다.

13. 彼は質素な生活をしているが、実はビルディングを10 _____ も持っているそうだ。

    (A) 個   (B) 基
    (C) 軒   (D) 棟

□ 포인트	빌딩을 세는 조수사. 일반적으로 건물을 셀 때는 「〜軒(けん)」으로 세지만, 빌딩의 경우에는 조수사 「〜棟(とう)」를 사용한다.
□ 어구	質素(しっそ) 검소 기본형+そうだ ~라고 한다
□ 해석	그는 검소한 생활을 하고 있지만, 실은 빌딩은 10동이나 가지고 있다고 한다.

14. 夕方、空を見上げると、渡り鳥十数 _____ が飛んでいた。

    (A) 羽   (B) 頭
    (C) 足   (D) 台

□ 포인트	새를 세는 조수사. 조류를 셀 때에는 「〜羽(わ)」라는 조수사를 사용한다. 참고로 「〜頭(とう)」는 소나 말 등의 동물을 세는 조수사이다.
□ 어구	夕方(ゆうがた) 저녁때 見上(みあ)げる 올려다 보다 渡り鳥(わたりどり) 철새
□ 해석	저녁때 하늘을 올려다 보니, 철새 십수마리가 날고 있었다.

정답

1. (C) 2. (B) 3. (A) 4. (D) 5. (D) 6. (D) 7. (D) 8. (A) 9. (D) 10. (B)
11. (D) 12. (B) 13. (D) 14. (A)

이것만은 확인하고 넘어가자

I. 조수사는 직접 조수사를 묻는 문제도 출제되지만, 발음을 묻는 문제도 간혹 출제되므로 발음까지 외워 두자.

2. 종이나 손수건 등과 같이 얇고 넓은 물건을 셀 때는 조수사 「枚(まい)(~매)」를 사용한다.

3. 자동차, 텔레비전 등과 같이 큰 물건을 셀 때는 조수사 「台(だい)(~대)」를 사용한다.

4. 담배, 우산 등과 같이 가늘고 긴 물건을 셀 때는 조수사 「本(ほん)(~자루, ~병)」을 사용한다.

5. 책이나 노트 등과 같은 물건을 셀 때는 조수사 「冊(さつ)(~권)」를 사용한다.

6. 기타 조수사도 출제 빈도는 적지만 함께 알아 두도록 하자.

쉬·어·가·기

● サービス残業(ざんぎょう) | 서비스 잔업

昨日(きのう)はサービス残業で一晩中(ひとばんじゅう)仕事(しごと)をやったんだよ。
어제는 서비스 잔업으로 밤새 일을 했었어.

퇴근 시간이 지나도 퇴근하지 않고 남아서 일을 하는 것을 일본어로는 「残業をする」라고 한다. 그런데 그 중에서도 수당을 전혀 받지 않고 일하는 것을 「サービス残業」라고 한다. 늦게까지 일을 하면서도 수당을 전혀 받지 못하다니……, 왠지 슬픈 현실이다.

● ヤンキー | 불량한 사람

なんだ! あのヤンキーらは! 뭐야! 저 미국인들은!(?)

「ヤンキー」는 원래 미국인을 나타내는 말이었는데, 지금은 속어로 '불량스러운 학생'이란 뜻으로 쓰인다. '불량배'라는 말은 원래 「不良(ふりょう)」라는 말을 썼는데, 이 말은 현재 거의 사용하지 않는 죽은 말이 되었다. 아마도 머리를 「金髪(きんぱつ)」나 「茶色(ちゃいろ)」로 물들인 것이 서양인의 머리색깔과 비슷하기 때문에 생긴 말이라고 생각된다. 주로 학원물 드라마나 폭력 만화에 자주 나오는 말이다. 절대 미국사람을 뜻하는 말이 아니라는 것을 명심하자.

시소게임에는
경어가 숨어 있다

시소게임을 안다면 경어에 대한 이해는 끝난다.
그 다음은 그냥 외우면 된다.

우리나라만큼 경어가 잘 발달된 나라도 없을 것이다. 자기보다 나이가 많거나 지위가 높으면 무조건 경어를 사용한다. 그렇다면 일본어의 경우는 어떨까? 일본어의 경어는 우리나라와는 접근방식이 조금 다르다. 나이가 많다고 해서 무조건 높이는 것도 아니고, 자신의 영역을 기준으로 해서 영역 안의 사람들에게는 경어를 사용하지 않는다. 이것이 무슨 말인지 아직 이해가 안 되는 사람은 다음 예문을 보자.

예 <ruby>私<rt>わたし</rt></ruby> の <ruby>両親<rt>りょうしん</rt></ruby>は<ruby>今<rt>いま</rt></ruby><ruby>家<rt>いえ</rt></ruby>にいらっしゃいます。

한국어로는 전혀 이상이 없는 문장처럼 보이지만 일본어를 조금만 열심히 공부한 사람이라면 금새 틀린 곳을 찾을 수 있을 것이다. 일본어 경어의 특징 중의 하나는 자신의 가족에게는 경어를 사용하지 않는다는 것이다. 복잡하다고 해서 경어를 무조건 외워서 사용하면 안 된다. 우선은 이해를 하고 있어야 한다. 자, 그럼 다음 예문은 어떻게 해석할까?

예 そこまでは私が<ruby>案内<rt>あんない</rt></ruby>させていただきます。

위의 예문은 경어의 특수한 용법 중의 하나이다. 즉, 겸양어라는 것인데, 자신을 낮춤으로써 상대방을 높이는 경어의 한 가지 방법이다. 그럼 이 존경을 나타내는 존경어와 자신을 낮추는 겸양어는 무엇이 다를까? 이해가 잘 되지 않는 사람은 시소게임을 떠올려 보자. 두 사람이 시소를 타고 있는데 만약 몸무게가 같다면 당연히 시소는 균형을 유지할 것이다. 그런데, 자신이 몸무게가 더 나간다면 당연히 시소는 자신 쪽으로 기울게 될 것이다. 우선 이것이 겸양어이다. 자신을 낮추면 당연히 상대방은 올라가게 된다. 이 외에 정중하게 말할 때 사용하는 정중어라는 것도 있는데, 이것은 우리가 흔히 사용하는 「です」, 「ます」형을 말한다. 그럼 구체적으로 경어의 공식 및 대표적인 경어에 대해서 알아보도록 하자.

경어의 일반적인 공식

① 尊敬語(존경어) | 상대 또는 화제에 등장한 사람의 동작 등을 존경하여 나타내는 말.

접두어	お ▶ お体, お名前, お考え, お宅, お客, お休み
	ご ▶ ご恩, ご成功, ご存じ, ご家族, ご案内, ご心配
접미어	さん、さま ▶ 山田さん, 皆さま
	どの ▶ ○○株式会社殿, 部長殿
동사	お + 동사의 ます형 + になる ▶ 書く➡お書きになる
	동사의 ない형 + れる·られる ▶ 本を書く➡本を書かれる
	ご + 한자어 + になる ▶ 乗車する➡ご乗車になる
	お + 동사의 ます형 + ください ▶ 座る➡お座りください
	ご + 한자어 + ください ▶ 利用➡ご利用ください

② 謙譲語(겸양어) | 자기의 동작을 낮추어 말함으로써, 간접적으로 상대를 올려주는 어법.

· お + 동사의 ます형 +
- する ▶ お会いする(お目にかかる)
- 致す ▶ お願い致します
- 申す ▶ お知らせ申します
- いただく ▶ お教えいただく

· ご + 동사성 명사 +
- する ▶ ご一緒する
- 致す ▶ ご案内致します
- 申す ▶ ご紹介申します
- いただく ▶ ご利用いただく

· ～(さ)せていただく　休みます(쉬겠습니다) ▶ 休ませていただきます

③ 丁寧語(정중어) | 상대방에게 공손한 인상을 주는 말.

· 高い(높다) ▶ 高いです(높습니다)
· 行く(가다) ▶ 行きます(갑니다)

존경어	보통어	겸양어
なさる	する 하다	いたす
ご覧(らん)になる	見(み)る 보다	拝見(はいけん)する
くださる	やる 주다	さしあげる
お借(か)りになる	借(か)りる 빌리다	拝借(はいしゃく)する
おぼしめす	思(おも)う 생각하다	存(ぞん)じる
ご存(ぞん)じだ	知(し)っている 알다	存(ぞん)じている
おっしゃる	言(い)う 말하다	申(もう)す／申(もう)し上(あ)げる
お聞(き)きになる	聞(き)く 듣다, 묻다	承(うけたまわ)る／うかがう
召(め)し上(あ)がる	食(た)べる 먹다／飲(の)む 마시다	いただく／頂戴(ちょうだい)する
お会(あ)いになる	会(あ)う 만나다	お会(あ)いする お目(め)にかかる
おられる いらっしゃる おいでになる	いる 있다	おる
いらっしゃる おいでになる お見(み)えになる お越(こ)しになる	行(い)く 가다／来(く)る 오다	まいる

お昼(ひる)は何(なに)に**なさいます**か。 점심은 뭘로 하시겠습니까?
昨日(きのう)の事故(じこ)について、何(なに)か**ご存(ぞん)じ**ですか。
어제의 사고에 대해서, 뭔가 알고 계십니까?

フロントにABC工業(こうぎょう)の鈴木様(すずきさま)が**お越(こ)しになって**います。
프런트에 ABC공업의 스즈키 씨께서 와 계십니다.

申(もう)し訳(わけ)ありませんが、この本(ほん)、**拝借(はいしゃく)して**もよろしいでしょうか。
죄송합니다만, 이 책 빌려가도 괜찮겠습니까?

【01. 9. 유제】

I. お<u>口</u>に<u>合い</u>ますか。冷めない<u>前に</u>早
　　(A)　　 (B)　　　　　　　(C)

　く<u>召し上がって</u>ください。
　　 (D)

□ 포인트	'~하기 전에'는「~ないうちに」라고 표현한다.「前(まえ)に」는 우리말로는 '~하기 전에'가 되지만 앞에 부정형이 올 수 없다는 제약이 있다.
□ 어구	口(くち)に合(あ)う 음식이 입에 맞다 召し上がる(めしあがる) 드시다 ~ないうちに ~하기 전에
□ 해석	입에 맞습니까? 식기 전에 빨리 드십시오.

2. <u>お</u>たずねの件<u>に関しては</u>、私<u>から</u>ご
　　(A)　　　　　　 (B)　　　 (C)

　説<u>明し</u>ていただきます。
　　 (D)

□ 포인트	겸양 표현에 대한 이해. 올바른 겸양 표현이 되려면「~させていただく」가 되어야 한다.
□ 어구	~に関(かん)して ~에 관해서 説明(せつめい) 설명
□ 해석	물으신 건에 관해서는 제가 설명 드리겠습니다.

【01. 7. 유제】

3. 東京に<u>お越し</u>の時は<u>きっと</u>本社に<u>お</u>
　　　　 (A)　　　　 (B)　　　　 (C)

　寄り<u>ください</u>。
　　 (D)

□ 포인트	경어 공식과 조사의 쓰임. 화자의 희망을 나타낼 때에는「ぜひ」를 사용한다.
□ 어구	~にお越(こ)しの時(とき) ~에 오실 때 本社(ほんしゃ) 본사 お+동사의 ます형+ください ~해 주십시오
□ 해석	동경에 오실 때는 꼭 본사에 들러 주십시오.

4. 申し訳ありません<u>が</u>、<u>あいにく</u>
　　　　　　　　　　(A)　　　　　(B)

<u>ご主人</u>は朝から出かけ<u>ております</u>。
　(C)　　　　　　　　　　　　　　　(D)

□ 포인트	경어 표현에서의 접두어 접속 유무. 자신의 남편에게는 「ご」를 붙이지 않는다.
□ 어구	あいにく 공교롭게도 主人(しゅじん) 남편
□ 해석	죄송합니다만, 공교롭게도 남편은 아침부터 외출했습니다.

【04. 8. 유제】【05. 5. 유제】

5. 明日、先生のお宅へ _____ 。

(A) もうします
(B) うかがいます
(C) いたします
(D) ご覧になります

□ 포인트	'방문하다' 의 겸양어는 「うかがう」이다.
□ 어구	ご覧(らん)になる 보시다
□ 해석	내일 선생님 댁에 찾아뵙겠습니다.

6. では、私から発表 _____ いただきます。

(A) されて　　　　(B) して
(C) させられて　　(D) させて

□ 포인트	겸양 표현에 대한 이해로 대표적인 구문인 「〜させていただく」를 묻는 문제이다.
□ 어구	発表(はっぴょう) 발표
□ 해석	그럼, 저부터 발표하겠습니다.

7. この時計は故郷を出る時、先生に

_____ ものです。

(A) くださった　　(B) いただいた

(C) いたした　　　(D) くれた

□ 포인트	'받다'의 겸양어는「いただく」이다.
□ 어구	時計(とけい) 시계
□ 해석	이 시계는 고향을 떠나올 때, 선생님께 받은 것입니다.

【01. 7. 유제】

8. その事件について、山田先生はなん

と _____ か。

(A) おっしゃいました

(B) もうしました

(C) ご覧になりました

(D) いたしました

□ 포인트	'말하다'의 존경어는「おっしゃる」이다.
□ 어구	～について ～에 대해서, ～에 관해서
□ 해석	그 사건에 대해서 야마다 선생님께서는 뭐라고 말씀하셨습니까?

【04. 3. 유제】

9. ご都合がよろしければ、私の家にも

一度ぐらいは _____ ください。

(A) いらっしゃって

(B) まいって

(C) なさって

(D) いかれて

□ 포인트	존경어에 대한 이해. '오시다'는「いらっしゃる」라고 표현한다.
□ 어구	都合(つごう)がよろしい 형편이 좋다, 상황이 좋다
□ 해석	형편이 괜찮으시다면, 저의 집에도 한 번 정도는 방문해 주십시오.

【02. 3. 유제】【07. 4. 유제】

10. A お父様はいらっしゃいますか。

B はい、＿＿＿＿＿＿＿＿＿。

(A) いらっしゃいます
(B) ございます
(C) なさいます
(D) おります

□ 포인트	자신의 가족에게는 경어를 사용하지 않는다. 따라서 「いる」의 겸양어인 「おります」가 정답이 된다.
□ 어구	なさる 하시다
□ 해석	A 아버님은 계십니까? B 예, 있습니다.

11. 今日は体調が悪いので、＿＿＿＿＿いただけますか。

(A) 休ませて　　(B) 休まれて
(C) 休み　　　　(D) 休まされて

□ 포인트	겸양 표현에 대한 이해로 「休(やす)ませて」가 정답이다.
□ 어구	体調(たいちょう)が悪(わる)い 몸 상태가 나쁘다, 컨디션이 나쁘다
□ 해석	오늘은 몸 상태가 안 좋기 때문에 쉬어도 되겠습니까?

【02. 3. 유제】

12. A 鈴木先生は会場へ＿＿＿＿＿になりましたか。

B いいえ、まだなんです。

(A) 拝見　　　　(B) おいで
(C) ご覧　　　　(D) まいり

□ 포인트	올바른 경어 표현으로 '오시다'는 「おいでになる」라고 표현한다.
□ 어구	会場(かいじょう) 회장
□ 해석	A 스즈키 선생님께서는 회장에 오셨습니까? B 아니오, 아직입니다.

13. 日増に寒くなっています。お元気で

　　　＿＿＿＿＿＿＿＿＿。

(A) ございますか

(B) うかがいますか

(C) なさいますか

(D) いらっしゃいますか

□ **포인트**　경어 표현의 이해. 「お元気(げんき)ですか」의 정중한 표현은 「お元気でいらっしゃいますか」가 된다.

□ **어구**　日増(ひまし)に 나날이

□ **해석**　나날이 추워지고 있습니다. 건강하십니까?

14. ステーキの焼き具合はどう ＿＿＿＿＿。

(A) なさいますか　(B) いたしますか

(C) おりますか　　(D) もうしますか

□ **포인트**　경어 표현의 이해. 스테이크를 굽는 것은 가게의 사람이기 때문에, 「する」의 겸양어인 「いたす」를 사용해야 한다.

□ **어구**　焼(や)き具合(ぐあい) 구운 정도

□ **해석**　스테이크의 구운 정도는 어떻게 해 드릴까요?

15. 無償修理の際は、製品保証書が必要
　　　　　　(A)

になりますので、あらかじめご用意
　(B)　　　　　　　　　　(C)　　　　(D)

してください。

□ **포인트**　존경 표현의 오용. 「ご用意(ようい)して」는 상대의 동작을 나타내는 표현으로, 존경 표현을 써야할 상대방에게 겸양 표현을 사용해 버렸다. 따라서 「して」를 삭제하거나 「用意なさってください」 정도가 되어야 한다.

□ **어구**　無償修理(むしょうしゅうり) 무상수리
製品保証書(せいひんほしょうしょ) 제품보증서
あらかじめ 미리

□ **해석**　무상수리를 받으실 때는 제품보증서가 필요하므로, 미리 준비해 주십시오.

정답

1.(C)　2.(D)　3.(B)　4.(C)　5.(B)　6.(D)　7.(B)　8.(A)　9.(A)　10.(D)

11.(A)　12.(B)　13.(D)　14.(B)　15.(D)

이것만은 확인하고 넘어가자

I. お＋동사의 ます형＋になる ▶ ~하시다(존경 표현)

2. お＋동사의 ます형＋ください ▶ ~해 주십시오(존경 표현)

3. お＋동사의 ます형＋する ▶ ~하다(겸양 표현)

4. ~(さ)せていただく ▶ ~하다(겸양 표현, 의미파악에 주의!)

쉬·어·가·기

● 受ける ┃ 인기가 좋다

田中さんの歌はいつも受けがいい。다나카 씨의 노래는 항상 인기가 좋다.

「受ける」는 회화에서 '인기가 있다' 라는 의미로 자주 사용된다. 윗사람에게 사용하는 것보다는 친한 사이에서 무리없이 쓸 수 있는 표현이라고 할 수 있다. 참고로 「受けがいい」라고 하면 '인기가 좋다' 라는 뜻으로 어떤 사람의 성품, 행동, 동작 등이 좋은 평을 들을 때 사용한다. 반대말은 「受けが悪(わる)い」이다.

● 決まっている ┃ 잘 차려 입다

先生! 今日決まってますね。선생님! 오늘 멋지시군요.

'결정되다' 라는 뜻의 「決まる」에는 '옷을 잘 차려입다' 라는 뜻이 있다. 따라서 뭔가 평소와 다른 분위기로 옷을 입었는데 그것이 잘 어울릴 경우에 「決まっているね」라고 하면 '오늘 멋진데…' 라는 뜻이 된다.

5 접속 형태를 알면 답이 보여요

접속 형태만 알면 바로 답을 찾을 수 있는 문제들! 이런
문제에는 시간을 줄일 수 있는 요령이 숨어 있다.

JPT는 시간과의 승부가 점수를 좌우한다. 어떻게
하면 시간을 줄이고 효율적으로 문제를 풀 수 있을까? 그 해답은 의외로 간단하
다. 접속 형태만 알아도 시간을 상당히 줄일 수 있다는 것을 알고 있는가? 접속 형
태를 묻는 문제에서 문제를 끝까지 읽는 사람은 바보이다. 시험을 보는 목적이 자
신의 일본어 성과 측정을 위해서라면 이야기는 다르겠지만, 단순히 고득점을 목표
로 하는 사람이라면 접속 형태에 관한 문제는 답만 체크하고 넘어가도 시간을 1분
이상 줄일 수 있다. 다음 예문을 통해서 그것을 확인해 보도록 하자.

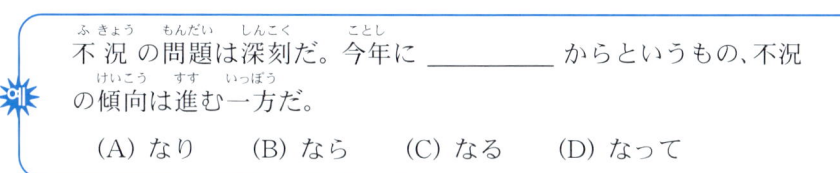

不況の問題は深刻だ。今年に ＿＿＿＿＿ からというもの、不況
の傾向は進む一方だ。

　(A) なり　　(B) なら　　(C) なる　　(D) なって

위의 예문을 전부 읽는데 걸리는 시간은 학습자의
능력에 따라 다르겠지만, 적어도 10초는 걸릴 것이라고 생각한다. 그런데 「～てか
らというもの」라는 표현을 알고 있는 학습자라면 1초만에 정답이 (D)라는 것을 바
로 찾을 수 있다. 이처럼 JPT에는 접속 형태만 알아도 시간을 단축할 수 있는 문제
가 자주 출제된다. 예문을 하나 더 보도록 하자.

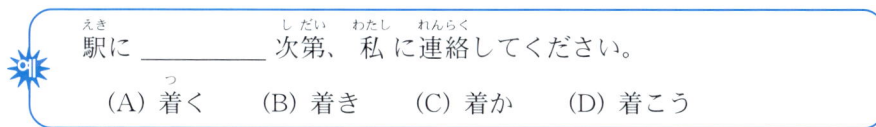

駅に ＿＿＿＿＿ 次第、私に連絡してください。

　(A) 着く　　(B) 着き　　(C) 着か　　(D) 着こう

위의 예문을 해석하면 '역에 도착하는 대로 저에
게 연락을 주십시오'가 된다. 그런데 지금 이 문제에서는 접속 형태에 대해 묻고
있다. 어떤 형태가 접속될까? 동사의 기본형에 접속될 것처럼 보이지만 「次第(し
だい)」는 ます형에 접속되는 표현이다. 이처럼 접속 형태를 알면 바로 답이 보이
는 표현들이 몇 개 있다. 이 장에서는 그것에 대해 알아보도록 하자.

자주 출제되는 접속 형태들

1 多<small>おお</small>く・近<small>ちか</small>く・遠<small>とお</small>く + の + 명사

「多く, 近く, 遠く」는 명사의 역할을 하는 전성명사로써, 뒤에 명사가 오면 명사와 명사의 연결에 필요한 조사인 「の」가 있어야 한다.

> **예** 私<small>わたし</small> は駅<small>えき</small>の<u>近く</u>のアパートに住んでいます。
> 저는 역 근처의 아파트에 살고 있습니다.
> 広場<small>ひろば</small>は<u>多く</u>の人<small>ひと</small>で賑<small>にぎ</small>わっていた。 광장은 많은 사람들로 흥청거리고 있었다.
> ひばりの鳴<small>な</small>き声<small>ごえ</small>が<u>遠く</u>から聞<small>き</small>こえてくる。
> 종달새 우는 소리가 멀리서 들려 온다.

2 동사의 기본형 + 時<small>とき</small> | ~할 때
동사의 과거형(た) + 時 | ~했을 때

「時」는 앞에 오는 동사가 과거형이냐 현재형이냐에 따라 의미가 달라지므로, 만약 오문정정 문제에서 「時」에 밑줄이 있다면 반드시 문장 전체의 의미를 파악해 보고 과거형이 맞는지 현재형이 맞는지 따져 보아야 한다.

> **예** 家を<u>出る時</u><small>いえ で い</small>、「行ってきます」と言<small>い</small>います。
> 집을 나올 때 '다녀오겠습니다'라고 말합니다.
> 日本<small>にほん</small>に<u>行った時</u>の 話<small>はなし</small> をちょっとしてください。
> 일본에 갔었을 때의 이야기를 조금 해 주십시오.

3 동사의 ます형 + 次第<small>しだい</small> | ~하자마자, ~하는 대로

「次第」는 '~하자마자, ~하는 대로, ~에 따라, ~라는 결과이다'라는 다양한 의미로 사용된다.

例
東京に着き次第、駅から連絡します。 동경에 도착하는 대로 역에서 연락하겠습니다.
私はその日の天気次第で、一日の計画を立てます。
나는 그 날의 날씨에 따라 하루의 계획을 세웁니다.
誠に申し訳ありませんが、そういう次第でございます。
정말로 죄송합니다만, 그러한 결과입니다.

암기 「次第」는 접속 형태의 이해와 함께 다양한 의미의 구분도 함께 해 두자.

④ 종지형 + し | ~고(열거)

오문정정 문제에서는 대부분 형용사와 형용동사의 접속 형태를 묻는 경우가 많다. 열거를 나타내는 「し」 앞에는 항상 종지형이 온다는 것을 기억해 두자.

例
あの店はきれいだし、味もいいです。 저 가게는 깨끗하고, 맛도 좋습니다.
韓国は食べ物が美味しいし、人々がみんな陽気で楽しいです。
한국은 음식이 맛있고, 사람들이 모두 밝아 즐겁습니다.

암기 형용동사 뒤에 접속할 때는 반드시 종지형 「だ」 뒤에 「し」가 접속한다.

⑤ 종지형 + から | ~기 때문에
연체형 + ので | ~기 때문에

원인이나 이유를 나타내는 「から」와 「ので」는 의미상의 차이는 분명히 존재하나, 시험에서는 묻는 경우가 거의 없다. 두 표현의 접속 차이만 이해하고 있으면 된다.

例
私は歌が下手だから、あまり歌いません。
저는 노래가 서툴기 때문에, 그다지 부르지 않습니다.

私は歌が下手なので、あまり歌いません。
저는 노래가 서툴기 때문에, 그다지 부르지 않습니다.

암기 형용동사가 앞에 접속할 때의 접속 형태의 차이는 반드시 비교해서 알아두자.

점수를 마구마구 올려 주는 문제

I. 中村先生<u>の</u>授業は<u>面白くて</u>、いつも
　　　(A)　　　　　　　(B)

　　　<u>多い</u>学生が<u>聞いて</u>います。
　　　(C)　　　　　　(D)

□ 포인트	특수활용 형용사. '많은 학생'은 「多(おお)くの学生(がくせい)」라고 표현한다.
□ 어구	授業(じゅぎょう) 수업 面白(おもしろ)い 재미있다
□ 해석	나카무라 선생님의 수업은 재미있어서, 항상 많은 학생이 듣고 있습니다.

【02. 3. 유제】【04. 3. 유제】

2. <u>初めて</u>彼の絵を<u>見る</u>時、これ<u>こそ</u>私
　　　(A)　　　　　　(B)　　　　　(C)

　　　が<u>求めて</u>いた絵だと思いました。
　　　(D)

□ 포인트	「時(とき)」 앞에 과거형과 현재형이 접속될 때의 의미 차이. 의미상 그림을 본 것이 과거가 되므로 「見(み)た」로 되어야 한다.
□ 어구	初(はじ)めて 처음으로 求(もと)める 구하다, 원하다
□ 해석	처음으로 그의 그림을 봤을 때, 이것이야말로 내가 원했던 그림이라고 생각했습니다.

3. <u>ひまの</u>時、私は音楽を<u>聞いたり</u>本を
　　　(A)　　　　　(B)　　　　(C)

　　　<u>読んだり</u>します。
　　　(D)

□ 포인트	형용동사의 연체 수식. 형용동사가 명사를 수식할 때에는 「~な」의 형태가 되어야 한다.
□ 어구	音楽(おんがく) 음악
□ 해석	한가할 때, 나는 음악을 듣거나 책을 읽거나 합니다.

【01. 11. 유제】

4. 彼女に 会う時、この書類を 渡してく
    _(A)   _(B)   _(C)   _(D)
ださい。

□ 포인트	내용상 (B)는 '~한다면'이라는 의미인 「会(あ)ったら」가 되는 것이 가장 자연스럽다.
□ 어구	～に会(あ)う ～를 만나다 渡(わた)す 건네주다
□ 해석	그녀를 만나면, 이 서류를 건네주십시오.

【02. 1. 유제】【03. 4. 유제】

5. 休日には家でテレビを見たり昼寝を
    _(A) _(B)   _(C)
寝たりします。
 _(D)

□ 포인트	관용 표현에 대한 이해. '낮잠을 자다'는 「昼寝(ひるね)をする」라고 표현한다.
□ 어구	休日(きゅうじつ) 휴일
□ 해석	휴일에는 집에서 텔레비전을 보거나 낮잠을 자거나 합니다.

6. 会議に遅れないように早く行った方
    _(A)   _(B)   _(C)
がいいだと思います。
  _(D)

□ 포인트	형용사의 형태. 인용을 나타내는 「と」앞에 형용사가 접속되면 기본형 그대로 접속한다.
□ 어구	～ないように ～하지 않도록 ～た方(ほう)がいい ～하는 것이 좋다
□ 해석	회의에 늦지 않도록 빨리 가는 것이 좋다고 생각합니다.

7.

息子も<u>もう</u>大人だ<u>し</u>、彼の立場もあ
　　(A)　　　　　　　　(B)
る<u>のから</u>、いちいち口出しする<u>もの</u>
　　(C)　　　　　　　　　　　　(C)
<u>ではない</u>。
　(D)

□ 포인트	접속조사 「から」는 앞에 명사가 오면 「だから」의 형태가 되어야 한다.
□ 어구	息子(むすこ) 아들 立場(たちば) 입장 口出(くちだ)し 말참견
□ 해석	아들도 이제 어른이고 그의 입장도 있으니, 일일이 말참견할 게 아니다.

8.

人は健康<u>の</u>時<u>には</u> <u>何でも</u>美味しい
　　　　　(A)　　(B)　　(C)
<u>もの</u>です。
　(D)

□ 포인트	형용동사의 연체 수식. 「健康(けんこう)」는 명사로도 사용되고 형용동사로도 사용되는 단어이다. 여기서는 '건강할 때'라는 의미가 되므로 「の」가 아니라 「な」가 되어야 한다.
□ 어구	美味(おい)しい 맛있다 〜ものだ 〜인 법이다
□ 해석	사람은 건강할 때에는 뭐든지 맛있는 법입니다.

9.

彼は <u>まだ</u>子供<u>から</u>、わからない<u>のも</u>
　(A)　(B)　　(C)　　　　　　　(D)
当り前です。

□ 포인트	접속조사 「から」는 앞에 명사가 오면 「だから」의 형태가 되어야 한다.
□ 어구	当り前(あたりまえ) 당연함
□ 해석	그는 아직 어린아이이기 때문에, 모르는 것도 당연합니다.

【02. 1. 유제】

10. <u>もし</u>火事<u>や</u>地震が<u>起こる</u>時にはエレ
　　　_(A)　　　_(B)　　　　_(C)
ベーターを使わ<u>ないでください</u>。
　　　　　　　　_(D)

□ 포인트	「時」 앞에 과거형과 현재형이 접속될 때의 의미 차이. 의미상 '발생했을 때'가 되므로, 과거형인 「起(お)こった」가 되어야 한다.
□ 어구	もし 만약　火事(かじ) 화재 地震(じしん) 지진
□ 해석	만약 화재나 지진이 발생했을 때에는 엘리베이터를 사용하지 말아 주십시오.

11. 決勝戦で優勝して故郷へ帰ると、
＿＿＿＿＿人々が歓迎してくれました。

(A) 多くの　　　　(B) 多い
(C) 多くに　　　　(D) 多いの

□ 포인트	특수활용 형용사. '많은 사람'은 「多(おお)くの人(ひと)」라고 해야 한다.
□ 어구	決勝戦(けっしょうせん) 결승전 優勝(ゆうしょう) 우승
□ 해석	결승전에서 우승하고 고향에 돌아가니, 많은 사람들이 환영해 주었습니다.

【01. 7. 유제】

12. 迎えに行きますから、東京に＿＿＿＿＿
＿＿＿次第私に連絡してください。

(A) 着く　　　　(B) 着き
(C) 着いた　　　(D) 着いて

□ 포인트	「次第(しだい)」는 동사의 ます형에 접속하며 '~하는 대로'라는 의미이다.
□ 어구	迎(むか)えに行(い)く 마중하러 가다 連絡(れんらく)する 연락하다
□ 해석	마중하러 갈테니, 동경에 도착하는 대로 저에게 연락해 주십시오.

13.

みんなの意見も取り入れて、このように決定した<u>次第</u>だ。

(A) この仕事が終わり<u>次第</u>、そちらにうかがいます。

(B) あなたの努力<u>次第</u>で合格するかしないかが決まる。

(C) スケジュールが決まり<u>次第</u>、私に知らせてください。

(D) 彼も出席したがっていたが、事情があって欠席する<u>次第</u>だ。

□ 포인트 「次第(しだい)」의 용법 구분. 문제의 「次第」는 결과로써 '~ 하게 되었다' 라는 의미로 사용되고 있다. (A)와 (C)는 '~하는 대로' 라는 의미이며, (B) 는 '~에 따라' 라는 의미이다. 정답은 결과를 나타내는 (D)이다.

□ 어구 取り入れる(とりいれる) 받아들이다
決定(けってい) 결정
事情(じじょう) 사정

□ 해석 모두의 의견도 받아들여서, 이처럼 결정하게 되었다.

I. (C) 2. (B) 3. (A) 4. (B) 5. (D) 6. (D) 7. (C) 8. (A) 9. (C) I0. (C)

II. (A) I2. (B) I3. (D)

이것만은 확인하고 넘어가자

1. 「多く」, 「近く」, 「遠く」는 전성명사로 뒤에 명사가 오면 반드시 「の」를 붙여야 한다.

2. 「時」는 앞에 오는 동사의 시제에 따라 의미가 달라지므로 주의해야 한다.

3. 「次第」는 동사의 ます형에 접속한다는 것을 반드시 외워 두자.

4. 열거를 나타내는 「し」가 형용동사 뒤에 접속할 때는 반드시 종지형 「だ」 뒤에 「し」가 접속한다.

5. 「～から」, 「～ので」가 형용동사에 접속할 때는 「～だから」, 「～なので」가 된다.

쉬·어·가·기

● 上がる(あ) ┃ 긴장하다

今日が初講演(きょう　はつこうえん)なので、ちょっと上がっています。

위의 예문을 제대로 번역할 수 있는가? 만약 사전없이 가능하다면 당신은 상당한 수준!! 과연 예문에서 「上がる」는 무슨 의미일까? 사전을 잘 찾아보면 알겠지만, 「上がる」는 '무대나 연설장 따위에서 긴장하여 얼다'라는 뜻이 있다. 따라서 윗문장은 '오늘이 첫강연이어서 조금 긴장해 있습니다'라는 뜻이 된다. 흔히 '긴장하다'라고 하면 「どきどきする」나 한자를 사용해 「緊張(きんちょう)する」라고 하기 쉬운데 격식없는 사이에서는 「上がる」도 상당히 많이 사용한다. 덧붙여서 「どきどき」, 「わくわく」, 「うきうき」의 차이점에 대해서 공부해 보기로 하자. 사전적인 의미는 다음과 같다.

· どきどき 운동, 흥분, 공포, 불안 등으로 아주 심하게 긴장하는 모습
· わくわく 기대, 기쁨 등으로 흥분해서 마음이 안정되지 않는 모습
· うきうき 마음이 들떠서 진정되지 않는 모습

모두 흥분을 나타내는 말이라도 쓰임새가 다르다는 것을 염두해 두자.

● だふ屋(や) ┃ 암표상

このチケットはだふ屋から買(か)ったんだ。이 표는 암표상에게 산 거야.

일본어로 '표, 표찰'은 「札(ふだ)」라고 한다. 그런데 이 「ふだ」를 뒤집으면 「だふ」, 즉 '암표'가 된다. 뒤에 있는 「～屋」는 단어 뒤에 붙어서 '~하는 사람, ~가게'라는 뜻을 나타낸다. 예를 들어, 꽃가게는 「花屋(はなや)」, 빵가게는 「パン屋」가 된다.

가는 게 있으면
오는 게 있어야지

인간관계에서는 주고 받는 것이 중요하다. 그런데
일본어에서는 꼭 받으려고만 하는 녀석이 있다.

일본어를 공부하다 보면, 나름대로 어려운 부분이 있겠지만 초급자에게는 수수(授受) 표현만큼 어려운 것은 없으리라 생각한다. 즉, 일본어는 주고 받는 관계를 나타내는 말이 우리말과는 달리 조금 복잡하기 때문에 많은 어려움을 느끼는 것이다. 예문을 한번 살펴 보도록 하자.

 昨日私は友達に本を貸してもらいました。

위의 예문을 해석할 수 있다고 해도 상관 관계를 잘 이해하지 못하는 사람들이 있다. '친구에게 빌려 줘서 받았다?' 이것은 일본어의 특징 중의 하나인 간접화법을 모르기 때문에 일어나는 현상이다. 위의 문장은 다음과 같이 쉽게 바꿀 수 있다.

 昨日友達は私に本を貸してくれました。

아마도 두 번째 예문이 훨씬 해석하기도 쉽고 이해도 빠를 것이다. 일본어의 수수 표현은 기본적으로 세 가지 정도가 있는데, 겸양이나 존경 표현은 못 외우더라도 이 세 가지만은 반드시 외우고 있어야 한다. 특히 「〜てくれる」는 무조건 자기 방향으로 오는 것에만 사용할 수 있다는 것만 알아두어도 절반은 끝난다. 그럼, 각 수수 표현의 의미와 용법에 대해 알아보도록 하자.

주고 받는 대표적 수수 표현

① ～てやる・～やる | ～해 주다, ～을 주다 / 자기보다 낮은 사람이나 사물에게

출제 빈도는 낮은 편이지만 기본적으로 알아 둘 필요가 있는 표현이다.

> **예**
> 私は犬に餌を<u>やりました</u>。 나는 개에게 먹이를 주었습니다.
> 来年 小学校へ入る 長男に勉強部屋を作っ<u>てやった</u>。
> 내년에 초등학교에 입학하는 장남에게 공부방을 만들어 주었다.

② ～てくれる(くださる) | ～해 주다(～해 주시다) / 남이 나와 관계되는 사람에게

주로 오문정정 문제에서 많이 출제되며, 다른 수수 표현과의 의미 차이를 묻는 문제도 간혹 출제된다.

> **예**
> 母は美味しい料理を作っ<u>てくれました</u>。
> 엄마는 맛있는 요리를 만들어 주었습니다.
> 山田先生は教え方がとても上手で、分かりやすく教え<u>てくださった</u>。
> 야마다 선생님은 가르치는 방법이 매우 능숙해서, 알기 쉽게 가르쳐 주셨다.

암기 수수 표현 중에 가장 출제 빈도가 높은 표현인데, 무조건 자신의 영역으로 오는 것에만 사용할 수 있다는 것을 명심해 두자.

③ ～てあげる(さしあげる) | ～해 주다(～해 드리다) / 내가 남에게, 혹은 남이 남에게

「～てあげる」는 내가 남에게 무엇을 해주다라고 표현할 때도 사용하고, 제3자가 제3자에게 무엇을 해줄 때도 사용한다.

> **예**
> 田中さんは木村さんのために、本を買っ<u>てあげました</u>。
> 다나카 씨는 기무라 씨를 위해서 책을 사 주었습니다.
> 昨日一日中弟の宿題を手伝っ<u>てあげました</u>。
> 어제는 하루 종일 남동생의 숙제를 도와 주었습니다.

④ ～に～てもらう | ～에게 ～해 받다, (다른 사람이) ～해 주다

「～てもらう」는 직접적인 표현이 아니라 간접적인 표현이므로 해석에 주의하기 바란다.

> 友人にCDを貸してもらった。 친구에게 CD를 빌렸다.
>
> 知らない人に道を教えてもらいました。 모르는 사람이 길을 가르쳐 주었습니다.

점수를 마구마구 올려 주는 문제

【02. 3. 유제】

1. 市内で財布を落としたんですが、
　　　(A)　　　　　(B)

だれかが交番まで届けてあげました。
(C)　　　　　　　　　　　　(D)

□ 포인트	상대방이 나에게 주는 표현으로 자신 쪽으로 오는 것은 「～てくれる」를 사용해야 한다.
□ 어구	財布(さいふ)を落(お)とす 지갑을 잃어 버리다 交番(こうばん) 파출소
□ 해석	시내에서 지갑을 잃어 버렸습니다만, 누군가가 파출소까지 갖다 주었습니다.

2. だれも助けてくれない。もう一人で
　　　(A)　　　(B)　　　　　　(C)

がんばるだけない。
　　　　(D)

□ 포인트	'～할 수밖에 없다'는 「～しかない」라고 한다.
□ 어구	一人(ひとり)で 혼자서 ～しかない ～할 수밖에 없다
□ 해석	아무도 도와 주지 않는다. 이제 혼자서 분발할 수밖에 없다.

3. あの壁にかけている絵は友人が私の
　　　　　(A)　　　　　　　　(B)

ために描いてくれたものだ。
(C)　　　(D)

□ 포인트	타동사의 상태 표현은 「～てある」가 된다.
□ 어구	描(えが)く 그리다
□ 해석	저 벽에 걸려 있는 그림은 친구가 나를 위해서 그려 준 것이다.

4. 私の誕生日<u>に</u>友達<u>が</u>プレゼント
<u>（A）</u>　　　　<u>（B）</u>

<u>として</u>手袋を買<u>ってあげました</u>。
（C）　　　　　　　　（D）

□ 포인트	상대방이 나에게 주는 표현. 친구가 사 준 것이 되므로 「〜てくれる」를 사용해야 한다.
□ 어구	誕生日(たんじょうび) 생일 手袋(てぶくろ) 장갑 〜てくれる 〜해 주다
□ 해석	내 생일날 친구가 선물로 장갑을 사 주었습니다.

5. <u>昼</u>は本当に忙しい<u>ので</u>、<u>だれにもい</u>
（A）　　　　　　　（B）　　　　（C）

いから助け<u>てもらい</u>たいです。
（D）

□ 포인트	'〜라도' 라는 표현은 「〜でも」라고 표현한다.
□ 어구	忙(いそが)しい 바쁘다 〜てもらう 〜해 받다
□ 해석	낮에는 정말로 바쁘기 때문에, 아무라도 좋으니 도와 주었으면 좋겠습니다.

【01. 9. 유제】

6. 両親<u>が</u>よく面倒を<u>見て</u> <u>あげた</u>ので、
（A）　　　　　（B）　　（C）

<u>なんとか</u>一人暮しすることができた。
（D）

□ 포인트	상대방이 나에게 주는 표현. 부모님이 자신을 돌보아 주는 것이므로 당연히 「〜てくれる」가 와야 한다.
□ 어구	面倒(めんどう)を見(み)る 돌보다 なんとか 어떻게든, 그럭저럭
□ 해석	부모님이 잘 돌봐 주셨기 때문에, 그럭저럭 혼자 생활을 할 수 있었다.

7. 私は毎日花に水を _____ 。

(A) くれます
(B) もらいます
(C) やります
(D) くださいます

□ 포인트	일반 사물에게 주는 수수 표현으로 사물에게 무엇을 줄 때에는 「やる」를 사용한다.
□ 어구	花(はな) 꽃 水(みず)をやる 물을 주다
□ 해석	나는 매일 꽃에 물을 줍니다.

8. この店は山田さんに紹介して _____ 。

(A) いただきました
(B) くださいました
(C) やりました
(D) くれました

□ 포인트	'~해 받다' 라는 표현. 야마다 씨에게 소개를 받은 것이므로 「~てもらう」의 겸양어인 「~ていただく」가 정답이 된다.
□ 어구	紹介(しょうかい) 소개
□ 해석	이 가게는 야마다 씨에게 소개 받았습니다.

9. 私は日本で撮った写真を友達に見せて _____ 。

(A) さしあげました
(B) くださいました
(C) あげました
(D) くれました

□ 포인트	상대방에게 주는 표현. 사진을 친구에게 보여 주는 것이므로 「あげる」가 정답이 된다.
□ 어구	写真(しゃしん)を撮(と)る 사진을 찍다 見(み)せる 보여 주다
□ 해석	나는 일본에서 찍은 사진을 친구에게 보여 주었습니다.

IO.

いい時計を持っていますね。だれに
_____んですか。

(A) もらった   (B) くれた
(C) あげた   (D) くださった

□ 포인트	'받다' 라는 의미의 동사. 의미상 단순히 받는 것을 나타내므로「もらった」를 사용한다.
□ 어구	くれる (상대방이 나에게) 주다
□ 해석	좋은 시계를 가지고 있군요. 누구에게 받은 것입니까?

【04. 4. 유제】

II.

マリーさんに日本の料理を作って__
_____、とても喜んでくださいました。

(A) くれたら
(B) いただいたら
(C) さしあげたら
(D) もらったら

□ 포인트	'~해 드리다' 라는 표현이므로「さしあげる」가 정답이 된다.
□ 어구	料理(りょうり) 요리
□ 해석	마리 씨에게 일본 요리를 만들어 드렸더니, 아주 기뻐해 주셨습니다.

I2.

先生、どうか息子にピアノを教えて
_____ください。

(A) やって
(B) くれて
(C) さしあげて
(D) いただいて

□ 포인트	수수 표현의 이해. 선생님이 화자의 아들에게 피아노를 가르쳐 주는 것이 되므로, '윗사람이 아랫사람에게 뭔가를 해 준다' 라는 의미의 표현인「~てやる」를 사용해야 한다.
□ 어구	どうか 부디 息子(むすこ) 아들
□ 해석	선생님, 부디 아들에게 피아노를 가르쳐 주십시오.

13.

私は昨日友達 _____ 誕生日のプレゼントをもらいました。

(A) へ　　　　　　(B) で
(C) が　　　　　　(D) から

【04. 9. 유제】

14.

この仕事は私が<u>やる</u>から、邪魔しないで。

(A) 今度こそ100点をとって<u>やる</u>。
(B) 子供に箸の使い方を教えて<u>やる</u>。
(C) どうせ<u>やる</u>なら、最後まで頑張ろう。
(D) 毎日金魚にえさを<u>やる</u>のは本当に面倒くさい。

□ 포인트　수수 표현의 조사. 어떤 사람으로부터 뭔가를 받을 때는 일반적으로 조사 「に」를 사용하지만, 나오는 곳이나 출처를 강조하고 싶을 경우에는 조사 「から」를 사용하기도 한다.

□ 어구　誕生日(たんじょうび) 생일

□ 해석　나는 친구에게 생일 선물을 받았습니다.

□ 포인트　「やる」의 의미 구분. 문제의 「やる」는 '~하다' 라는 의미이다. (A)는 '~해 주겠다' 는 다짐이나 결의의 의미이고, (B)는 보조동사로 '~해 주다' 라는 의미이며, (D)는 사물에게 뭔가를 '주다' 라는 의미로 사용되고 있다. 정답은 '하다' 라는 의미인 (C)가 된다.

□ 어구　邪魔(じゃま) 방해
使い方(つかいかた) 사용방법
面倒(めんどう)くさい 귀찮다

□ 해석　이 일은 내가 할테니, 방해하지 말아줘.

정답

1. (D)　2. (D)　3. (A)　4. (D)　5. (C)　6. (C)　7. (C)　8. (A)　9. (C)　10. (A)
11. (C)　12. (A)　13. (D)　14. (C)

이것만은 확인하고 넘어가자

I. ～てやる・～やる ▶ ～해 주다, ～을 주다 / 자기보다 낮은 사람이나 사물에게

2. ～てくれる(くださる) ▶ ～해 주다, ～해 주시다 / 남이 나에게

3. ～てあげる(さしあげる) ▶ ～해 주다, ～해 드리다 / 내가 남에게, 혹은 남이 남에게

4. ～に～てもらう ▶ ～에게 ～해 받다, (다른 사람이) ～해 주다

쉬 . 어 . 가 . 기

● いやらしい | 야하다

いやらしい 話 はやめて!
싫은 듯한 이야기는 그만 둬!(?)

「いやらしい」는 직역하면 '싫은 듯 하다'가 되지만, 보통 '야하다, 음란하다'라는 뜻으로 많이 쓰이는 말이다. 회화에서는 보통 줄여서 「やらしい」라고도 한다. 따라서 윗 문장의 올바른 해석은 '야한 이야기는 그만 둬!'이다. 일본어로 성인물은 「AV(Adult Video)」라고 하고, 변태는 「エッチ」, 「すけべ」, 「変態(へんたい)」라는 말을 많이 사용한다.

일본에는 우리나라보다 훨씬 성문화가 개방되어 있어 성과 관련된 업소가 많이 있다. 환락가 근처의 길을 걷다 보면 자주 손님을 붙잡는 사람들이 많은데, 보통 이런 곳을 「ヘルス」라고 한다. 헬스라고 해서 운동하는 곳이 절대 아니니 주의하기 바란다. 일본의 대표적인 환락가는 에도(江戶)시대부터 유곽이 형성되어 있던 동경의 「歌舞伎町(かぶきちょう)」이다.

● どちらかというと | 굳이 말하자면

どちらかというと、好きですね。
어느 쪽인가라고 하면 좋아해요(?)

「どちらかというと」라는 표현은 우리말로 '굳이 말하자면'이라는 뜻이다. 일본인은 여러 가지 중 하나를 선택해서 말할 때 이 표현을 자주 사용한다. 자신의 생각을 직설적으로 주장하기를 꺼려하는 일본 문화를 단적으로 엿볼 수 있는 좋은 예라고 할 수 있다.

미워도 다시 한 번!
조사 に

조사 「に」에는 뭔가 특별한 것이 있다.
그것이 무엇인지 살펴보자.

　　　　　　　　1, 2장에서 기본적인 조사에 관해서 살펴보았다.
이제 조사는 완벽하다고 생각하는 사람도 있을 것이다. 그러나 아직 끝난 것이 아
니다. 조사 중에서도 특히 한 녀석이 신경이 쓰인다. 가만히 있지 못하고 동사 앞
에 붙는 조사 「に」가 바로 그것이다. 기본적인 쓰임새 이외에 조사 「に」가 어떻게
사용되는지 살펴보도록 하자.

 私はバスを乗って学校へ行きます。

　　　　　　　　언뜻 보면 전혀 이상이 없는 문장처럼 보이지만 위
의 예문은 조사를 잘못 사용하고 있다. 「乗(の)る」라는 동사는 앞에 반드시 조사
「に」를 사용해야 한다. 「乗る」가 조사 「に」를 수반한다는 것은 초급자도 알고 있는
사실일 것이다. 그렇다면 조금 수준을 높여 다음 예문에서 틀린 곳을 찾아보자.

 山田さんはお父さんを似ています。

　　　　　　　　위의 예문도 조사를 잘못 사용하고 있다. '닮다'
라는 동사 「似(に)る」도 조사 「に」를 수반하는 동사이다. 이처럼 동사들 중에서는
「に」를 반드시 달고 다니는 것이 있다. 정말 미운 조사 「に」이지만 인내심을 갖고
그런 표현들을 살펴보도록 하자.

조사 に를 달고 다니는 미운 동사들

• ～に会(あ)う ～를 만나다	• ～に勤(つと)めている ～에 근무하고 있다
• ～になる ～이 되다	• ～に気(き)をつける ～을 조심하다
• ～に乗(の)る ～을 타다	• ～に勝(か)つ ～을 이기다
• ～に住(す)んでいる ～에 살고 있다	• ～に反対(はんたい)する ～을 반대하다
• ～に向(む)かう ～로 향하다	• ～に従(したが)う ～을 따르다
• ～に憧(あこが)れる ～을 동경하다	• ～に背(そむ)く ～에 반하다
• ～に似(に)ている ～을 닮다	• ～に迷(まよ)う ～를 헤매다
• ～に代(か)わる ～을 대신하다	• ～に受(う)かる ～에 합격하다
• ～に沿(そ)う ～을 따르다(강가나 도로)	• ～に気付(きづ)く ～을 깨닫다
• ～に勝(まさ)る ～보다 뛰어나다	• ～に就(つ)く ～에 종사하다
• ～に耐(た)える ～을 참다, 견디다	• ～に添(そ)う ～에 따르다(기대나 목적)
• ～に通(かよ)っている ～에 다니고 있다	• ～に入(はい)る ～에 들어가다

시험에서 동사와 함께 쓰이는 조사 「に」를 구분하는 문제는 주로 오문정정으로 출제된다. 평소에 이런 표현들을 숙지하고 있지 않으면 상당히 까다롭게 느껴질 것이다. 특히 '～에 근무하다'의 경우에 「～に勤める」와 「～で働く」처럼 조사의 차이를 모르면 틀리기 쉽다. 이 외에도 많은 동사가 있지만 대표적인 동사를 모았으니 숙지하기 바란다.

> わたし まいにち じ てんしゃ がっこう かよ
> 私は毎日自転車で学校に通っています。
> 저는 매일 자전거로 학교에 다니고 있습니다.
> はじ い みち まよ
> 初めて行ったところだったので、道に迷ってしまった。
> 처음 간 곳이었기 때문에 길을 헤매어 버렸다.

암기 조사 「に」를 직접 묻는 형태나 오문정정에서 다른 조사를 사용해 놓고 틀린 부분을 찾는 오문정정 형태로 문제가 주로 출제된다. 위의 동사들은 반드시 「に」를 수반해야 한다는 것을 기억해 두자.

점수를 마구마구 올려 주는 문제

I. 私は幼い時からその選手 _____ 憧れていました。

(A) に　　　　　　(B) が
(C) を　　　　　　(D) と

□ 포인트	'~을 동경하다'는 「~に憧(あこが)れる」라고 한다. 조사가 「を」가 아니라는 것에 주의하자.
□ 어구	幼(おさな)い 어리다
□ 해석	나는 어릴 때부터 그 선수를 동경하고 있었습니다.

2. 一生懸命勉強したので、いい大学 _____ 受かった。

(A) を　　　　　　(B) と
(C) に　　　　　　(D) で

□ 포인트	'~에 합격하다'는 「~に受(う)かる」라고 한다.
□ 어구	一生懸命(いっしょうけんめい) 아주 열심히
□ 해석	아주 열심히 공부했기 때문에, 좋은 대학에 합격했다.

【02. 4. 유제】【03. 5. 유제】

3. 大学を卒業して会社 _____ 働いていたが、すぐ辞めて今は銀行に勤めている。

(A) で　　　　　　(B) に
(C) から　　　　　(D) を

□ 포인트	'~에서 일하다'는 「~で働(はたら)く」,「~に勤(つと)める」로 표현한다. 조사의 차이를 반드시 외워 두자.
□ 어구	卒業(そつぎょう) 졸업 辞(や)める 그만두다
□ 해석	대학을 졸업하고 회사에서 일했는데, 바로 그만두고 지금은 은행에 근무하고 있다.

4. 銀行はこの道に _____ 100メートルほど行くと出ます。

    (A) ならんで　　　(B) つれて
    (C) そって　　　　(D) したがって

□ 포인트	'~을 따라'는 「~にそ(沿)って」라고 표현한다.
□ 어구	銀行(ぎんこう) 은행
□ 해석	은행은 이 길을 따라 100미터 정도 가면 나옵니다.

5. <u>初め</u>行った<u>ところ</u>だった<u>ので</u>、道に
   (A)　　　　　(B)　　　　　(C)　　　(D)
迷って<u>しまった</u>。

□ 포인트	「初(はじ)め」와 「初めて」의 구분. 경험의 유무를 묻고 있으므로 「初めて」를 사용해야 올바른 표현이 된다.
□ 어구	初めて 최초로, 처음으로 ~に迷(まよ)う ~를 헤매다
□ 해석	처음으로 간 곳이었기 때문에, 길을 헤매어 버렸다.

6. 田中さん<u>は</u>昼は工場<u>で</u>働き、夜は大
       (A)　　　　(B)
学<u>に</u> <u>通じ</u>ています。
 (C)　　(D)

□ 포인트	'~에 다니다'는 「通(つう)じる」가 아니라 「通(かよ)う」이다.
□ 어구	工場(こうじょう) 공장 ~に通う ~에 다니다
□ 해석	다나카 씨는 낮에는 공장에서 일하고, 밤에는 대학에 다니고 있습니다.

7. 日本<u>に</u>住むため<u>には</u>まずお金<u>を</u> <u>集め</u>
(A)   (B)   (C)   (D)
<u>る</u>必要がある。

□ 포인트	'모으다'라는 의미의 동사 구분. '돈을 모으다'는 「貯(た)める」라고 표현해야 한다.
□ 어구	〜に住(す)む 〜에 살다 〜ためには 〜하기 위해서는
□ 해석	일본에 살기 위해서는 우선 돈을 모을 필요가 있다.

8. 会社<u>まで</u>はバス<u>に</u>降りて30分<u>ぐらい</u>
(A)   (B)   (C)
<u>かかり</u>ます。
(D)

□ 포인트	'타다'라는 표현에는 조사 「に」를 사용하지만 '내리다'에는 「を」를 사용한다.
□ 어구	かかる (시간이) 걸리다
□ 해석	회사까지는 버스를 내려 30분 정도 걸립니다.

【02. 3. 유제】

9. 木村さんはお父さん<u>に</u> <u>似る</u>と思って
(A)   (B)
<u>いたが</u>、<u>実は</u>お母さんだった。
(C)   (D)

□ 포인트	특수 형태로 사용되는 동사. 닮아 있는 상태이므로 진행형이 되어야 한다.
□ 어구	〜に似(に)ている 〜를 닮다 実(じつ)は 실은
□ 해석	기무라 씨는 아버지를 닮았다고 생각하고 있었는데, 실은 어머니였다.

【03. 10. 유제】【04. 7. 유제】

10. <u>風邪</u>を引かない<u>ように</u>体<u>を</u>気をつけ
(A)   (B)   (C)
て、勉強の方<u>も</u>頑張ってください。
(D)

□ 포인트	'〜을 조심하다'라는 표현은 「〜に気(き)をつける」이다.
□ 어구	風邪(かぜ)を引(ひ)く 감기에 걸리다 体(からだ)に気をつける 몸조심하다
□ 해석	감기에 걸리지 않도록 몸조심하고, 공부도 분발해 주십시오.

11. 私にとって、<u>子供に勝る宝物はない</u>
と思う。

    (A) 宝物は子供より好きだ
    (B) 子供が一番大切である
    (C) 宝物はぜんぜん要らない
    (D) 子供と宝物は全部大事だ

□ 포인트   관용 표현에 대한 이해. 「~に勝(まさ)る~はない」는 '~보다 뛰어난 ~은 없다'라는 의미의 표현이다. 이것과 가장 비슷한 의미의 문장은 (B)가 된다.

□ 어구   勝(まさ)る 뛰어나다
宝物(たからもの) 보물

□ 해석   나에게 있어, 아이들보다 뛰어난 보물은 없다고 생각한다.

12. 昨日友達<u>と</u>会って、買い物を<u>した</u>
             (A)   (B)
が、あまり<u>気に入る</u>ものが<u>ないで</u>
                 (C)   (D)
何も買わなかった。

□ 포인트   원인을 나타내는 표현. '~지 않아서'라는 원인을 나타낼 때는 「~なくて」라는 표현을 사용한다. 참고로 어떤 두 사람이 서로 원해서 만나는 경우에는 「~と会(あ)う」라는 표현을 사용한다는 것도 기억해 두자.

□ 어구   買い物(かいもの)をする 쇼핑을 하다
気(き)に入(い)る 마음에 들다

□ 해석   어제 친구를 만나서 쇼핑을 했지만, 그다지 마음에 드는 물건이 없어서 아무것도 사지 않았다.

 정답

    1. (A)   2. (C)   3. (A)   4. (C)   5. (A)   6. (D)   7. (D)   8. (B)   9. (B)   10. (C)
    11. (B)   12. (D)

이것만은 확인하고 넘어가자

I. 조사 「に」를 수반하는 동사는 의미 파악도 중요하지만, 직접적으로 조사를 묻는 경우도 있으므로 확실히 알아 두자.

2. 자주 출제되는 표현으로는 「~に迷(まよ)う」, 「~に勤(つと)めている」, 「~に沿(そ)う」, 「~に住(す)んでいる」, 「~に通(かよ)っている」, 「~に乗(の)る」등이 있다.

3. '~이 되다' 라는 표현은 「~になる」이지만, 형용사가 앞에 올 때는 어미 「い」를 「く」로 바꾸고 「なる」가 된다는 것을 명심해 두자.

쉬·어·가·기

● **ピンからキリまで** ┃ 천차만별

일본에 화투가 들어온 것은 16세기 후반의 일이다. 당시 포르투갈의 선원이 나가사키(長崎)에 75장의 「うんすんカルタ」라는 것을 들여왔다고 전해 지는데, 이것을 개량한 것이 화투의 전신인 「よみカルタ」이다. 패의 수가 총 48장으로, 점수가 있는 것 2장과 점수가 없는 것 2장, 도합 4장이 한 조였다. 점수가 있는 패는 각각 1점에서 12점까지 있어서, 이 카루타의 1의 수를 포르투갈어로 점(点)을 의미하는 「ピン(ピンだの 줄인 말)」이라고 했고, 12의 수를 「キリ」라고 했다. 따라서 「ピンからキリまで」는 원래 '1에서 12까지' 란 의미였는데, 어느 사이엔가 '최고에서 최저까지' 란 의미가 된 것이다. 현재는 「ピン」을 최고, 「キリ」를 최저의 의미로 사용하고 있는데, 원래는 「ピン」이 최저점이고, 「キリ」가 최고점이었다.

● **鴨(かも)にする** ┃ 봉으로 삼다

옛날에 물오리는 저녁에 먹이를 구하러 나갔다가 새벽녘에 돌아와 낮에는 잠을 잤으므로 잡기도 쉬웠다고 한다. 여기에서 이익을 얻는데 안성맞춤이란 의미가 생기게 되어, 「いいかも(좋은 봉)」라든가 「かもにする」라는 말이 만들어졌다. 또한 물오리 고기는 약간 독특한 맛이 있어서, 파(ねぎ)를 섞어 중화시키는데, 그 맛이 기가 막히게 좋다고 한다. 그래서 「かもねぎ」 또는 「鴨(かも)がねぎをしょって来る」라고 하면 '호박이 넝쿨째 굴러 들어온다' 는 뜻으로 사용된다.

누가 い형용사를
어렵다고 말했는가?

기본적인 문법 사항만 알고 있으면 대부분 풀 수 있는 문제가 바로
い형용사이다.

일본어 품사 중에 い형용사라는 것이 있다. 이 품
사는 우리나라의 형용사와 비슷한 부분이 많기 때문에 JPT 응시자들도 간과하고
지나치는 경우가 많다. 그러나 과연 그럴까? 어학에서 쉬운 것은 하나도 없다. 우
리나라 사람이 회화를 할 때 가장 잘 틀리는 표현 중에 하나가 바로 い형용사 표현
이다. 일본어를 공부하는 학습자라면 초급 단계에서 「～だと思(おも)います」라는
문형을 배운다. 그런데 이 문형을 활용할 때 잘 틀리는 것이 앞에 い형용사가 접속
될 경우이다. 예문을 통해서 확인해 보도록 하자.

あそこには行(い)かない方(ほう)がいいだと思(おも)います。

위의 예문을 문장으로 적어서 보면 틀린 부분을
단번에 찾을 수 있지만, 일상 회화를 할 때는 아주 틀리기 쉬운 표현이 된다. 한 번
도 「いいだと思います」라고 말한 적이 없는지를 스스로에게 반문해 보라. 그 정도
는 알고 있다는 학습자가 있을지도 모르겠다. 그렇다면 다음 문장에서는 어떤 형
용사를 넣는 것이 가장 자연스러울까?

この小説(しょうせつ)には交通事故(こうつうじこ)で子供(こども)をなくした母親(ははおや)の _____ 気持(きも)ちが
よく表現(ひょうげん)されている。
(A) もどかしい   (B) じれったい   (C) せつない

위의 보기는 모두 '안타깝다'라는 의미의 い형용
사이다. 그러나 문맥상 예문에 가장 적절한 형용사는 보기 (C)의 「せつない」이다.
세 형용사 모두 '안타깝다'라는 의미로 사용되고는 있지만 상황면에서는 약간씩
차이가 있다. 그렇다고 い형용사에 너무 주눅이 들 필요는 없다. 어차피 시험에서
비슷한 의미의 い형용사를 고르는 문제는 출제된 적도 없으며, 앞으로도 출제되지
않을 것이다. 따라서 기본적인 문법 사항과 자주 사용되는 い형용사 정도만 숙지
하고 있으면 충분하다. 자신감을 가지고 문법 사항을 꼼꼼히 정리하면서 대표적인
い형용사에 대해서 알아보도록 하자.

い형용사

- 과거형 ▶ 어미「い」를「かった」로 바꾼다.
- 부정형 ▶ 어미「い」를「く」로 바꾸고「ない」를 붙인다.
- 가정형 ▶ 어미「い」를「けれ」로 바꾸고「ば」를 붙인다.
- 명사형 ▶ 어미를「さ」나「み」로 바꾼다.
- 동사「なる」에 접속할 때에는 어미「い」를「く」로 바꾸고「なる」를 붙인다.
- 형용사의 어간(어미い의 앞부분)에 접미어「～がる」가 붙으면 '~하는 경향이 있다, ~하게 느끼다' 라는 의미가 된다.

  - ▶ ～がほしい 화자의 소유에 대한 욕구
  - ▶ ～をほしがる 제3자의 소유에 대한 희망
  - ▶ ～てほしい ~을 해 주기 바란다(상대방이 나에게 무언가 해 주기를 바랄때)

- 동사의 ます형 +「やすい」 ▶ '~하기 쉽다' 라는 의미로 보조 い형용사로 사용
- 동사의 ます형 +「にくい」 ▶ '~하기 어렵다' 라는 의미로 보조 い형용사로 사용된다.
- 원인·이유를 나타내는「から」나「ので」가 접속될 때는 변화없이 기본형 그대로 접속한다.
- 「です」에 과거형이 접속할 때에는「でした」가 아니고「い」를「かった」로 바꾸고「です」를 접속한다.

> 昨日の博物館、本当にすばらしかったです。 어제 박물관, 정말로 멋졌습니다.
> 日増しに寒くなっています。 날이 갈수록 추워지고 있습니다.

암기 조동사「そうだ」가 '~일 것 같다' 라는 양태의 용법으로 사용될 때「いい」와「ない」는 각각「よさそうだ」,「なさそうだ」가 되는 것에 주의하자.

い형용사는 직접적인 い형용사를 묻는 문제와 주로 틀린 부분을 찾는 오문정정 문제로 출제된다. 직접적으로 い형용사를 묻는 문제는 의미와 함께 한자도 숙지할 필요가 있다. 오문정정 문제에서는 연체형이 많이 출제되며, 간혹 점수를 주는 문제로 「て」형이나「なる」에 접속하는 문제도 출제된다. 특히 연체형 접속은 い형용사와

형용동사의 접속 차이를 확실히 숙지하고 있어야 한다. 조동사 「ない」와 い형용사 「ない」를 구분하는 문제도 출제될 수 있으니 알아두기 바란다. 마지막으로 「～がる」가 붙었을 때의 의미상의 차이와 い형용사가 들어가는 관용구도 숙지할 필요가 있다.

시험에 자주 출제되는 꼭 필요한 い형용사

• 喧(やかま)しい 시끄럽다, 떠들썩하다	• 煩(わずら)わしい 번거롭다, 성가시다
• 著(いちじる)しい 현저하다, 두드러지다	• 快(こころよ)い 상쾌하다, 기분좋다, 시원하다
• 厚(あつ)かましい 뻔뻔스럽다, 염치없다	• 危(あや)うい 위태롭다, 위험하다
• 慌(あわ)ただしい 어수선하다, 분주하다	• 夥(おびただ)しい 매우 많다, 정도가 심하다
• 勇(いさ)ましい 용감하다, 활발하다	• 羨(うらや)ましい 부럽다, 샘이 나다
• 痒(かゆ)い 가렵다	• 険(けわ)しい 험하다, 험악하다
• 狡(ずる)い 교활하다, 능글맞다	• 清々(すがすが)しい 상쾌하다, 시원하다
• 鋭(するど)い 날카롭다, 예리하다	• 鈍(にぶ)い 둔하다, 무디다, 느리다
• 緩(ゆる)い 느슨하다, 완만하다	• 空(むな)しい 허무하다, 덧없다
• 相応(ふさわ)しい 상응하다, 어울리다	• 卑(いや)しい 천하다, 초라하다
• 脆(もろ)い 저항력이 약하다	• 初々(ういうい)しい 순진하다, 어리고 숫되다
• 甚(はなは)だしい 심하다, 대단하다	• あくどい 악랄하다, 악착같다
• 心強(こころづよ)い 마음 든든하다	• 心細(こころぼそ)い 불안하다, 마음이 안놓이다
• 好(この)ましい 마음에 들다, 호감이 가다	• 渋(しぶ)い 떫다, 표정이 떠름하다
• 素早(すばや)い 재빠르다, 민첩하다	• 切(せつ)ない 애절하다, 안타깝다
• 尊(とうと)い 귀중하다, 소중하다	• 乏(とぼ)しい 모자라다, 부족하다
• 容易(たやす)い 쉽다, 용이하다	• 姦(かしま)しい 시끄럽다
• 望(のぞ)ましい 바람직하다	• 紛(まぎ)らわしい 헷갈리기 쉽다
• 待(ま)ち遠(どお)しい 오래 기다리다	• 呆気(あっけ)ない 싱겁다, 맥없다
• 逞(たくま)しい 늠름하다, 씩씩하다	• 素っ気(そっけ)ない 무정하다, 냉담하다
• 何気(なにげ)ない 아무렇지도 않다, 무심하다	• 惜(お)しい 아깝다, 애석하다
• 華々(はなばな)しい 눈부시다, 매우 화려하다	• 荒(あら)い 거칠다, 난폭하다
• 決(き)まり悪(わる)い 멋적다, 거북하다	• くどい 장황하다, 시원스럽지 못하다

점수를 마구마구 올려 주는 문제

【01. 9. 유제】

I. いい薬は口に苦いものです。

   (A) くるしい　　　(B) つらい
   (C) にがい　　　　(D) わかい

□ 포인트	기본적인 い형용사의 발음. '쓰다' 라는 い형용사는 「苦(にが)い」라고 읽는다. 「苦」자는 이 외에도 발음이 많으므로 따로 익혀 두자.
□ 어구	薬(くすり) 약
□ 해석	좋은 약은 입에 쓴 법입니다.

【01. 11. 유제】

2. このボールは白いです。そして、丸いです。

   (A) このボールは白いので丸いです。
   (B) このボールは白くても丸いです。
   (C) このボールは白くも丸くもないです。
   (D) このボールは白くて丸いです。

□ 포인트	등위접속사 「て」의 용법을 묻는 문제. 접속사 「そして」는 「て」를 사용해서 한 문장으로 바꿀 수 있다.
□ 어구	丸(まる)い 둥글다
□ 해석	이 공은 하얗습니다. 그리고 동그랗습니다.

3. この本は本当にやさしい本です。

   (A) 易しい　　　(B) 優しい
   (C) 単しい　　　(D) 安しい

□ 포인트	동음이의어의 구분. 문맥상 '쉽다' 라는 의미의 형용사가 와야 한다.
□ 어구	易(やさ)しい 쉽다 優(やさ)しい 다정하다
□ 해석	이 책은 정말로 쉬운 책입니다.

4. 家から学校までは本当に<u>遠い</u>です。

(A) たかい　　　(B) ひろい

(C) やすい　　　(D) とおい

□ 포인트	기본적인 い형용사의 발음. '멀다' 는 「遠(とお)い」라고 발음한다.
□ 어구	～から～まで ～부터 ～까지
□ 해석	집에서 학교까지는 정말로 멉니다.

5. いくら勉強しても成績が上がらないので、<u>空しく</u>なってきた。

(A) せつなく　　(B) くるしく

(C) ひさしく　　(D) むなしく

□ 포인트	기본적인 い형용사의 발음. '허무하다' 는 「空(むな)しい」라고 발음한다.
□ 어구	いくら～ても 아무리 ～해도
□ 해석	아무리 공부해도 성적이 오르지 않기 때문에, 허무해져 왔다.

6. 毎日ひげを剃るのは本当に<u>わずらわしい</u>。

(A) 悩ましい　　(B) 煩わしい

(C) 紛らわしい　(D) 患わしい

□ 포인트	기본적인 い형용사의 한자. 자주 출제되는 형용사의 한 형식이다. 정답은 「煩(わずら)わしい」이다.
□ 어구	ひげを剃(そ)る 수염을 깎다 煩(わずら)わしい 번거롭다
□ 해석	매일 수염을 깎는 것은 정말로 번거롭다.

【02. 1. 유제】

7. 彼の言うことは何の根拠もないし、常識外れでとうてい<u>理解しがたい</u>。

(A) 理解したくない
(B) すぐ理解ができる
(C) 理解ができるかもしれない
(D) 理解するのがむずかしい

□ 포인트	보조 い형용사에 대한 이해로 사용된 「～がたい」는 '～하는 것이 불가능하다, ～하기 어렵다' 라는 의미를 나타낸다.
□ 어구	根拠(こんきょ) 근거 常識外(じょうしきはず)れ 상식에서 벗어남
□ 해석	그가 말하는 것은 아무 근거도 없고, 상식에서 벗어난 것으로 도저히 이해하기 힘들다.

【01. 11. 유제】【04. 11. 유제】

8. 駐車場に<u>ある</u> <u>小さいで</u>、<u>白い</u>車<u>は</u>だ

れのですか。

□ 포인트	い형용사의 「て」형 접속. い형용사가 「て」형에 접속하면 「～くて」가 된다.
□ 어구	駐車場(ちゅうしゃじょう) 주차장 小(ちい)さい 작다
□ 해석	주차장에 있는 작고 흰 자동차는 누구의 것입니까?

9. 私は彼女のため<u>なら</u>、<u>いくつ</u>お金を

使っ<u>ても</u> <u>惜しく</u>ありません。

□ 포인트	문법표현의 호응 관계. '아무리 ～해도' 는 「いくら～ても」로 나타낸다.
□ 어구	～なら ～라면 惜(お)しい 아깝다
□ 해석	나는 그녀를 위해서라면, 아무리 돈을 써도 아깝지 않습니다.

10.

なんか 買いたがる ものがあったら、
　　　　(A)　　 (B)　　　　　　　　(C)

私が買ってあげます。
　　　　(D)

□ 포인트	「たい」와「たがる」의 구분. 제 3자를 나타내는 것이 아니므로 위의 문장은「たがる」가 아니라「たい」라고 해야 한다.
□ 어구	～たら ～라면 ～てあげる ～해 주다
□ 해석	뭔가 사고 싶은 것이 있다면 내가 사 주겠습니다.

11.

このくつは大きすぎて、＿＿＿＿＿＿＿
にくいです。

(A) 歩き　　　　　(B) 歩く
(C) 歩か　　　　　(D) 歩こう

□ 포인트	적절한 접속 형태. '～하기 힘들다'라는 의미의「～にくい」는 동사의 ます형에 접속하므로, (A)가 정답이 된다.
□ 어구	형용사 어간 + すぎる 너무 ～ 하다
□ 해석	이 구두는 너무 커서 걷기 힘듭니다.

12.

最近の彼の ＿＿＿＿＿＿＿ 行動から見ると、彼がその事件の犯人に違いない。

(A) うたがわしい
(B) うらやましい
(C) やらしい
(D) すがすがしい

□ 포인트	적절한 い형용사 찾기. 범인으로 단정할 수 있는 근거는 그의 '의심스러운 행동' 때문일 것이다. 따라서 적절한 い형용사는「うたが(疑)わしい」가 된다.
□ 어구	行動(こうどう) 행동 犯人(はんにん) 범인
□ 해석	최근 그의 의심스러운 행동으로 보면, 그가 그 사건의 범인임에 틀림없다.

13. 風力発電は今日本で<u>あつい</u>注目を浴びている。

(A) テーブルの上に<u>あつい</u>本が二冊置いてある。
(B) 梅雨が明けて、毎日<u>あつい</u>日が続いている。
(C) 応援団では団員からの<u>あつい</u>思いを募集している。
(D) 彼は周りをおおらかに包む人柄で、各界からの信頼が<u>あつい</u>。

□ 포인트	동음이의어의 구분. 문제의 한자는 「熱(あつ)い」이다. (A)는 「厚(あつ)い」, (B)는 「暑(あつ)い」, (D)는 「篤(あつ)い」라고 표기한다. 정답은 (C)이다.
□ 어구	風力発電(ふうりょくはつでん) 풍력발전 注目(ちゅうもく)を浴(あ)びる 주목을 받다 募集(ぼしゅう) 모집
□ 해석	풍력발전은 지금 일본에서 뜨거운 주목을 받고 있다.

14. 山田さんは友人の死亡の知らせを聞いて、_____人を亡くしたと嘆いた。

(A) おしい　　(B) もろい
(C) するどい　(D) とぼしい

□ 포인트	적절한 형용사 찾기. 전체 문장의 내용상 '아깝다'라는 의미의 형용사가 필요함을 알 수 있다. 따라서 정답은 (A)가 된다.
□ 어구	死亡(しぼう) 사망 知(し)らせ 알림, 소식 嘆(なげ)く 한탄하다
□ 해석	야마다 씨는 친구의 사망 소식을 듣고, 아까운 사람을 잃었다며 한탄했다.

15. 妹は金遣いが_____ので、いつも母に叱られている。

(A) けわしい　(B) あらい
(C) にぶい　　(D) とうとい

□ 포인트	관용표현의 형용사. 「金遣(かねづか)いが荒(あら)い」는 '돈 씀씀이가 헤프다'라는 의미의 관용표현이다.
□ 어구	叱(しか)る 꾸짖다
□ 해석	여동생은 돈 씀씀이가 헤퍼서, 항상 어머니에게 야단맞고 있다.

정답

1. (C)　2. (D)　3. (A)　4. (D)　5. (D)　6. (B)　7. (D)　8. (B)　9. (B)　10. (B)
11. (A)　12. (A)　13. (C)　14. (A)　15. (B)

이것만은 확인하고 넘어가자

1. 필수 い형용사는 의미와 함께 한자도 반드시 외워 두자.

2. い형용사는 주로 오문정정 문제에서 출제되기 때문에, 접속 형태를 알아 두어야 한다. 명사를 수식하는 형태는 실제로 출제된 적이 있다.

3. い형용사 중에서 전성명사로 사용되는 「多_{おお}く・近_{ちか}く・遠_{とお}く」는 특히 접속 형태에 주의하자.

쉬·어·가·기

● **油_{あぶら}を売_うる** ┃ 잡담으로 시간을 보내다

　에도(江戸)시대의 일반 가정에서 사용하는 기름은 기름장수들이 직접 되로 재어서 팔았다고 한다. 그런데 기름은 술이나 물과 달리 좀처럼 마지막 남은 한 방울까지 깔끔하게 떨어지지 않는다. 그렇다고 기름이 다 떨어지기도 전에 되를 치우면 되 속에 기름이 남았는데 속였다는 말을 들을 것이다. 그래서 기름이 한 방울 한 방울 다 떨어지기를 기다리는 수밖에 없었는데, 그동안 잠자코 있기도 뭐해 세상사는 이야기 등을 하면서 시간을 때우던 데서 나온 말이다.

● **なよなよ** ┃ 나약한 모양

　あの人_{ひと}は男_{おとこ}のくせに、いつもなよなよしてて気持_{きも}ち悪_{わる}い。
　저 사람은 남자면서 항상 여자처럼 보여서 닭살이 돋아.

「なよなよ」라는 의태어는 요즘의 일본 남성을 잘 표현하는 단어라고 할 수 있다. 언제부터인가 남자들이 여자처럼 행동을 하고 화장을 하는 등 예전의 강한 남성의 이미지는 일본에서 사라진 지 오래다. 이 말은 원래 연약한 모양을 나타내는 단어였는데, 회화에서는 남자이면서도 여자처럼 행동하는 사람들을 「なよなよしている」라고 표현한다. 이런 남자를 단적으로 알 수 있는 방법은 사진을 찍을 때 약간 다리를 벌리고 찍는지 아니면 여자처럼 다리를 가지런히 모으고 찍는지를 보면 알 수 있다고 한다.

너 누구니? 나(な)?
형용동사야!

형용동사는 い형용사와의 접속 차이만 알고 있으면 끝난다.

일본어에는 우리나라에 없는 품사인 형용동사라는 것이 있다. 책에 따라서는 형용사를 「い형용사」와 「な형용사」로 구분하고 형용동사라는 말을 사용하지 않는 경우도 있다. 하지만, 어쨌든 우리나라에는 없는 품사이기 때문에 짚고 넘어갈 필요가 있다고 생각한다. 이 형용동사도 기본적인 문법 사항만 암기하고 있으면 풀 수 있는 문제가 대부분이다. 그리고 い형용사처럼 자주 사용되는 형용동사 몇 개 정도만 숙지하고 있으면 충분히 풀 수 있는 문제이다. 일본어 학습자가 잘 틀리는 「きれいだ」라는 형용동사를 활용한 예문을 보도록 하자.

はる　さくら　はな　ほんとう
春の 桜 の花は本当にきれいです。

형용동사가 「です」에 접속될 때에는 「だ」를 없애고 접속한다는 것은 초급 단계에서 이미 다 배웠을 것이다. 그런데 과거형을 보면 얘기가 조금 달라진다.

春の桜の花は本当にきれかったです。

물론 위의 문장은 틀린 문장이다. 「きれいだ」라는 형용동사를 과거형으로 바꾸면 당연히 「きれいでした」가 된다. 하지만 형용동사에 대한 이해가 부족한 학습자는 「きれいです」의 「です」앞에 있는 어간 「きれい」가 오므로 이를 い형용사처럼 활용해 「きれかったです」라고 하기 쉽다. 중・고급자 중에서는 너무나도 쉬운 것을 왜 이렇게 장황하게 설명하냐고 반문할 사람이 있을지 모르겠지만, 오문정정 문제에서 점수를 주기 위해서(?) 반드시 출제되나 자칫 잘못 생각하면 틀리기 쉽기 때문에 꼭 한 번 확인하고 넘어가라는 의미에서 위와 같은 예문을 든 것이다. 그렇다면 구체적으로 시험에는 주로 어떤 부분이 출제될까? 대부분이 형용사와의 접속차이를 묻는 문제이고 간혹 명사를 수식할 때의 접속 형태를 묻는 문제도 출제된다. 이 명사와의 접속은 반드시 기억해 둘 것이 있다. 「~だ」라는 형용동사가 명사를 수식할 때에는 「だ」가 「な」로 바뀐다는 사실!! 9과의 제목만 기억해 두어도 5점은 그냥 벌 수 있는 것이 형용동사이다.

형용동사 필수 사항 정리

형용동사

- 과거형 ▶ 「だ」를 「だった」로 바꾼다.
- 부정형 ▶ 「だ」를 「ではない」로 바꾼다.
- 가정형 ▶ 「だったら」이다.
- 연체형 ▶ 「だ」를 「な」로 바꾸고 뒤에 체언을 접속시킨다.
- '~이고, ~해서'는 어간 뒤에 「で」가 접속된다.
- 동사 「なる」에 접속할 때에는 「だ」를 「に」로 바꾸고 「なる」를 붙인다.
- 동사나 용언을 수식할 경우는 어미가 「に」로 활용한다.
- 「同_{おな}じだ」는 특수 활용하는 형용동사로 연체수식을 할 때는 「な」가 붙지 않는다.
- 능력이나 감정, 감각을 표현하는 「~好_すきだ・~きらいだ・~ 上手_{じょうず}だ・~下手_{へ た}だ」는 앞에 조사 「が」를 사용한다.

> 庭_{にわ}にきれいな花_{はな}が咲_さいています。 정원에 예쁜 꽃이 피어 있습니다.
>
> 私_{わたし}は運動_{うんどう}は好_すきですが、音楽_{おんがく}はあまり好_すきではありません。
>
> 나는 운동은 좋아합니다만, 음악은 그다지 좋아하지 않습니다.

암기 품사가 명사도 되고 형용동사도 되는 단어는 특히 연체수식에 주의를 해야 한다. 이 때에도 반드시 「な」를 붙여야 한다.

형용동사는 출제 빈도가 그렇게 높지 않다. 주로 나오는 문제는 오문정정 형식이며, い형용사와의 접속 차이만 명확하게 알고 있으면 쉽게 풀 수 있는 문제가 많다. 특히 연체형이나 원인·이유의 「ので・から」, 역접의 「のに」 등에 접속될 때의 い형용사와의 차이점만 알고 있으면 된다.

- 鮮(あざ)やかな　산뜻한, 신선한, 뚜렷한
- 健(すこ)やかな　튼튼한, 건강한
- 盛(さか)んな　왕성한, 한창인
- 速(すみ)やかな　빠른, 신속한
- 和(なご)やかな　부드러운, 온화한
- しなやかな　유연한, 나긋나긋한
- 淑(しと)やかな　정숙한, 조숙한
- あやふやな　불확실한, 믿을 수 없는
- 大(おお)げさな　과장된, 야단스러운
- 微(かす)かな　희미한, 미약한
- 大(おお)まかな　대략적인, 대범한
- 細(こま)やかな　자세한, 세세한
- きらびやかな　아름다운, 화려한
- 円(つぶ)らな　둥근, 원형의
- 遥(はる)かな　아득한, 아주 먼
- 華(はな)やかな　화려한
- 密(ひそ)かな　살며시, 살짝
- 粋(いき)な　세련된, 매력이 있는
- 強(したた)かな　강인한, 만만치 않은
- 穏(おだ)やかな　온화한, 평온한, 공손한
- 愚(おろ)かな　어리석은, 바보스러운
- 清(きよ)らかな　깨끗한, 맑은, 청아한
- 巧(たく)みな　교묘한, 솜씨가 좋은
- 月並(つきな)みな　평범한, 진부한
- 滑(なめ)らかな　매끈매끈한, 거침이 없는
- 身近(みぢか)な　가까운, 긴밀한
- 半端(はんぱ)な　불완전한, 어중간한
- 無口(むくち)な　과묵한, 말이 없는
- 大幅(おおはば)な　폭넓은, 대폭적인
- 手軽(てがる)な　손쉽게, 간단히
- 無茶(むちゃ)な　터무니없는, 엉뚱한
- 厳(おごそ)かな　위엄있는, 엄숙한, 정숙한

점수를 마구마구 올려 주는 문제

I. ご飯は<u>きれいに</u>食べないといけません。

    (A) 庭に花が<u>きれいに</u>咲いています。
    (B) 部屋の中はいつも<u>きれいにして</u>おいてください。
    (C) 沖田さんのお嬢さん、<u>きれいに</u>なりましたね。
    (D) 今日会議があるのを<u>きれいに</u>忘れていました。

□ 포인트	같은 의미로 사용된 표현 찾기. 「きれいだ」는 '깨끗하다, 예쁘다'라는 의미 이외에, 부사로 '완전히, 말끔히'라는 의미가 있다.
□ 어구	〜ないといけません 〜하지 않으면 안 됩니다
□ 해석	밥은 완전히 먹지 않으면 안 됩니다.

2. 私<u>と</u>木村さんは<u>同じな</u>年ですが、木
       (A)   (B)
村さんの<u>ほう</u>が若く<u>見えます</u>。
        (C)   (D)

□ 포인트	특수 활용을 하는 형용동사 「同(おな)じだ」는 연체수식을 할 때 「な」를 붙이지 않는다.
□ 어구	若(わか)い 젊다 見(み)える 보이다
□ 해석	나는 기무라 씨와 같은 나이입니다만, 기무라 씨 쪽이 젊어 보입니다.

[01. 7. 유제]

3. <u>たいへんの</u>時は、すぐ行きます<u>から</u>、
    (A)   (B)
<u>遠慮なく</u>私<u>に</u>電話してください。
   (C)   (D)

□ 포인트	형용동사의 접속. 명사 앞에 형용동사가 오면 「な」를 붙여야 한다.
□ 어구	遠慮(えんりょ)なく 사양하지 말고
□ 해석	힘들 때에는 바로 갈테니까, 사양하지 말고 저에게 전화해 주십시오.

4. 喜子さん<u>は</u> <u>きれいし</u>、性格も
          (A)   (B)

   <u>いいし</u>、本当に<u>いい</u>花嫁です。
    (C)   (D)

□ 포인트	형용동사의 접속. 접속사 「し」 앞에 형용동사가 접속될 때에는 「だ」를 붙여야 한다.
□ 어구	性格(せいかく) 성격 花嫁(はなよめ) 신부
□ 해석	요시코 씨는 예쁘고, 성격도 좋고, 정말로 좋은 신부입니다.

5. 彼は<u>まるで</u>日本人の<u>ような</u>日本語<u>が</u>
      (A)   (B)   (C)

   <u>上手に</u>話せます。
    (D)

□ 포인트	'~처럼' 이라는 표현은 「ような」가 아니라 「ように」라고 해야 한다.
□ 어구	まるで 마치 上手(じょうず)に 능숙하게 話(はな)せる 말할 수 있다
□ 해석	그는 마치 일본인처럼 일본어를 능숙하게 말할 수 있습니다.

6. この機械は<u>便利だ</u>と思っていた<u>が</u>、
         (A)   (B)

   実際に使ってみると<u>あまり</u> <u>便利くな</u>
             (C)   (D)

   <u>いです</u>。

□ 포인트	형용동사의 부정형은 「~ではない」가 된다.
□ 어구	機械(きかい) 기계 便利(べんり)だ 편리하다 あまり 그다지
□ 해석	이 기계는 편리하다고 생각하고 있었는데, 실제로 사용해 보니 그다지 편리하지 않습니다.

7. 生け花は生活を<u>楽しむ</u>趣味<u>として</u>
              (A)   (B)

   <u>気楽に</u>生活の中<u>に</u><u>浸透</u>しています。
   (C)   (D)

□ 포인트	「気楽(きらく)に」는 '마음 편하게' 라는 의미인데, 전체 내용상 (C)는 '가볍게, 선뜻' 이라는 의미인 「気軽(きがる)に」가 되어야 한다.
□ 어구	楽(たの)しむ 즐기다 浸透(しんとう) 침투
□ 해석	꽃꽂이는 생활을 즐기는 취미로써 가볍게 생활 속에 침투해 있습니다.

【04. 10. 유제】

8. 彼が好きになった理由は、彼の ＿＿＿＿
    ＿＿＿ 性格のためです。

   (A) ほがらかな   (B) ひそかな
   (C) てがるな   (D) はるかな

□ 포인트	적절한 형용동사 찾기. 문맥상 '명랑한' 이라는 의미의 「ほが(朗)らか」가 가장 알맞다.
□ 어구	はるかだ 아득히 멀다
□ 해석	그를 좋아하게 된 이유는 그의 명랑한 성격 때문입니다.

9. 会話が得意な彼女はいつも ＿＿＿＿＿＿
   ＿ に話します。

   (A) すこやか   (B) なめらか
   (C) さわやか   (D) すみやか

□ 포인트	적절한 형용동사 찾기. 문맥상 '거침없이' 라는 의미의 「なめ(滑)らか」가 가장 알맞다.
□ 어구	すこ(健)やかな 튼튼한 すみ(速)やかな 빠른
□ 해석	회화가 특기인 그녀는 항상 거침없이 이야기합니다.

I0. 私は _____ な体つきを作るた
め、毎日運動をしています。

(A) ひそか　　　　(B) したたか
(C) しなやか　　　(D) こまやか

□ 포인트	적절한 형용동사 찾기. 문맥상 '부드러운, 탄력이 있는' 이라는 의미의 「しなやか」가 가장 알맞다.
□ 어구	ひそ(密)かな 살며시 こま(細)やかな 세세한
□ 해석	나는 탄력있는 몸매를 만들기 위해서, 매일 운동을 하고 있습니다.

II. 「_____ に育ってほしい」という
のは、子供を持つ親なら誰もが願うこ
とだろう。

(A) すみやか　　　(B) あざやか
(C) あやふや　　　(D) すこやか

□ 포인트	적절한 형용동사 찾기. 전체 내용상 '건강하게' 라는 의미의 형용동사가 와야 함을 알 수 있다. 따라서 정답은 (D)가 된다.
□ 어구	願(ねが)う 바라다 あやふや 불확실함
□ 해석	'건강하게 자라 주었으면 한다' 라고 하는 것은 자식을 가진 부모라면 누구나가 바라는 것일 것이다.

I2. 森林破壊や環境汚染は _____ 昔
から存在した。

(A) つぶらな　　　(B) いきな
(C) はるかな　　　(D) たくみな

□ 포인트	적절한 형용동사 찾기. 보기의 의미를 따져 보면 '아득한' 이라는 의미인 (C)가 정답이 됨을 알 수 있다.
□ 어구	森林破壊(しんりんはかい) 삼림파괴 環境汚染(かんきょうおせん) 환경오염 昔(むかし) 옛날
□ 해석	삼림파괴나 환경오염은 아득한 옛날부터 존재했다.

13.

彼は物事を＿＿＿＿＿＿＿言う癖がある
ので、あまり信用されていない。

(A) なごやかに (B) さかんに
(C) かすかに   (D) おおげさに

□ 포인트 적절한 형용동사 찾기. 뒷부분에 '그다지 신용받고 있지 않다'라는 표현으로 보아 '과장되게'라는 의미인 (D)가 정답이 됨을 알 수 있다.

□ 어구 癖(くせ) 버릇
信用(しんよう) 신용

□ 해석 그는 사물을 과장되게 말하는 버릇이 있기 때문에, 그다지 신용받고 있지 않다.

14.

時間があまりありませんので、明日
の日程を＿＿＿＿＿＿＿ご説明致します。

(A) おおまかに (B) おろかに
(C) はなやかに (D) おだやかに

□ 포인트 적절한 형용동사 찾기. '시간이 그다지 없다'라는 내용으로 보아 '대략적으로'라는 의미인 (A)가 정답이 된다.

□ 어구 日程(にってい) 일정
説明(せつめい) 설명

□ 해석 시간이 그다지 없기 때문에, 내일의 일정을 대략적으로 설명드리겠습니다.

15.

鈴木さんはいつも＿＿＿＿＿＿＿ことを
言って人々を困らせる。

(A) むちゃな   (B) むくちな
(C) ひそかな   (D) おごそかな

□ 포인트 적절한 형용동사 찾기. 뒷부분에 '사람들을 곤란하게 만든다'라는 표현으로 보아 '터무니없는'이라는 (A)가 정답이 된다.

□ 어구 困(こま)る 곤란하다
厳(おごそ)かな 엄숙한

□ 해석 스즈키 씨는 항상 터무니없는 것을 말해서 사람들을 곤란하게 만든다.

정답

1. (D) 2. (B) 3. (A) 4. (B) 5. (B) 6. (D) 7. (C) 8. (A) 9. (B) 10. (C)

11. (D) 12. (C) 13. (D) 14. (A) 15. (A)

이것만은 확인하고 넘어가자

I. 필수 형용동사는 의미와 함께 한자도 반드시 외워 두자.

2. 형용동사도 い형용사와 마찬가지로 주로 오문정정 문제로 출제되기 때문에 접속 형태를 반드시 알아 두어야 한다.

3. 공란 메우기 문제에서는 직접적인 의미를 묻는 경우가 많으므로 비슷한 형태의 형용동사는 묶어서 외워 두어야 한다.

쉬 · 어 · 가 · 기

● 行_いける | 먹을 만 하다

どうですか。行_いけますか。 어떻습니까? 갈 수 있습니까?

만약 위의 대화가 음식점에서 일어났다면 과연 「行ける」는 어떤 의미일까? 「行ける」는 '갈 수 있다' 라는 의미로도 사용하지만 '음식이 먹을 만 하다' 라는 뜻으로 회화에서 자주 사용한다. 좀 더 고급스러운 표현으로 하자면 「お口(くち)に合(あ)いますか」라고 하면 된다. 참고로 「行ける口(くち)」라고 하면 '술을 잘 먹다' 라는 의미가 된다.

● 持_もてる | 인기가 있다

最近_{さいきん}、持_もてる人_{ひと}はだれ? 최근 가질 수 있는 사람은 누구니?

일본 잡지나 신문의 연예 기사를 볼 때 아마도 가장 많이 나오는 단어가 「持てる」일 것이다. 언뜻 보면 '가지다' 라는 뜻의 「持つ」의 가능형처럼 보이지만 의미는 전혀 다른 말이다. 「持てる」를 사람에게 사용하면 우리말로 '인기가 있다, 잘 나가다' 라는 의미가 된다.

현대 일본어에도 고어(古語)는 살아 있다

현대 일본어에도 엄연히 고어는 존재한다.
고어를 무시하지 말라.

고어(古語)란 쉽게 말해 옛날 일본 사람들이 사용하던 말을 말한다. 고어는 현대 일본어와 활용도 다르고 대부분 조사를 생략하기 때문에 의미를 파악하기가 상당히 힘들다. '과연 JPT 시험에 고어가 나올까?' 라고 의문을 가지는 사람이 있을지 모르나 분명히 고어도 출제되고 있다. 다만 응시자가 그것이 고어인지를 모를 뿐이다. 고어는 알 필요가 없다고 생각한다면 다음 예문을 해석해 보라.

 芝生に入るべからず。

해석이 되는가? 안된다면 고어를 공부할 필요가 있는 사람이다. 위의 예문에 사용된 「べからず」라는 표현은 고어가 두 개나 사용되고 있는 표현이다. 즉, 「べし」라는 조동사에 부정을 나타내는 조동사 「ず」가 붙어서 '~해서는 안 된다' 라는 의미가 된 것이다. 예문을 하나 더 보도록 하자.

 子供は泣かんばかりの顔をしている。

위의 예문에서 아이는 도대체 어떤 얼굴을 하고 있는 것일까? 「んばかり」도 고어와 현대 일본어가 결합된 말로서 지금도 문장체에서는 자주 사용되고 있는 말이다. 해석은 '마치 ~듯 하다' 라고 하면 된다. 이처럼 현대 일본어에는 우리가 알고 쓰든 모르고 쓰든 고어에서 나온 표현이 다수 있다. 이 장에서는 그 중에서도 대표적인 것에 대해 공부해 보도록 하자.

지금도 사용하는 고어 표현

❶ ない형 + ず | 부정을 나타낸다.

- ~のみならず ~뿐만 아니라
- ~に限(かぎ)らず ~뿐만이 아니라
- ~を問(と)わず ~을 불문하고
- ~ずにはおかない 반드시 ~하다
- やむを得(え)ず 어쩔 수 없이
- ~もかまわず ~도 상관 않고
- ~ざるをえない ~하지 않을 수 없다
- ~ねばならない ~하지 않으면 안 된다

> 彼(かれ)は十年前(じゅうねんまえ)の約束(やくそく)を忘(わす)れずに覚(おぼ)えていてくれました。
> 그는 십 년전의 약속을 잊지 않고 기억하고 있어 주었습니다.
> 私(わたし)はやむを得(え)ずその仕事(しごと)をしなければならない立場(たちば)になってきた。
> 나는 어쩔 수 없이 그 일을 해야만 하는 입장이 되어 버렸다.

고어 표현 중에서도 가장 출제 빈도가 높은 것이 「ず」를 사용한 표현이다. 특히 문말에 오는 표현에 따라 의미가 달라지므로 문말을 주의해서 봐야 한다.

❷ 기본형 + べし | 당위성을 나타낸다.

- ~べき ~해야만 하는
- ~べく ~하기 위해, ~하려고
- ~べからず ~해서는 안 된다

> 働(はたら)かざるもの、食(く)うべからず。 일하지 않는 자 먹지도 말라.
> 学生(がくせい)は将来(しょうらい)のために一生懸命勉強(いっしょうけんめいべんきょう)すべきです。
> 학생은 장래를 위해서 열심히 공부해야만 합니다.

당위를 나타내는 「べし」는 출제 빈도가 그리 높지는 않다. 하지만 출제될 가능성이 충분히 있는 표현인만큼 알아 두도록 하자.

암기 '~해야만 한다'라는 의미일 때에는 「するべき」와 「すべき」의 두 가지 형태가 사용된다.

③ ない형＋む | 보통 「ん」으로 표시하며 추량을 나타낸다.

- ～んばかりだ 마치 ～하는 것 같다
- ～んがため, ～んがために ～하기 위해서

예

泣かんばかりに頼んだので、引き受けてしまった。

마치 울 듯이 부탁했기 때문에 떠맡아 버렸다.

その人は子供を救わんがため、命を落した。

그 사람은 아이를 구하기 위해서 목숨을 버렸다.

두 표현은 직접적인 표현보다는 해석이 주로 나온다. 하지만 때로는 두 표현 앞의 접속 형태를 묻는 경우도 있기 때문에 접속 형태도 유심히 봐 두어야 한다.

④ まい | 부정의 추량과 부정의 의지를 나타낸다.

- ～でもあるまいし ～도 아닐텐데

예

もう立春も過ぎたから、少し寒くなっても雪は降るまい。

벌써 입춘도 지났으니까, 좀 추워져도 눈은 내리지 않을 것이다. (부정의 추량)

健康のため、酒はもう二度と飲むまい。

건강을 위해서, 술은 이제 두 번 다시 마시지 않겠다. (부정의 의지)

암기 「まい」는 의미구분도 중요하지만 접속도 중요하다. 이 기회에 완벽하게 구분해 두자.

- 5단 동사 : 行く－まい
- 상·하 1단 동사 : 見／見る－まい
- する : し／する－まい
- くる : こ／来る－まい
- 사역형 : 行かせ－まい
- 수동형 : 笑われ－まい

- **~ゆえに** | ~때문에
  - 예 彼は貧しさゆえに、結局犯罪者となってしまった。
    그는 가난함 때문에, 결국 범죄자가 되어 버렸다.

- **~たる** | ~인, ~된
  - 예 研究者たる者は最後まで真実を追究するべきだ。
    연구자인 사람은 끝까지 진실을 추구해야만 한다.

- **~まじき** | ~서는 안 되는
  - 예 カンニングをするとは、学生にあるまじき行為だ。
    컨닝을 하다니, 학생에게 있어서는 안 되는 행위이다.

- **~ならではの** | ~만의
  - 예 外国生活の長い彼ならではの素晴らしい意見だ。
    외국생활이 긴 그 만의 멋진 의견이다.

- **~といえども** | ~라고는 해도
  - 예 子供といえども、罪を犯したからには罰を与えるべきだ。
    아이라고는 해도 죄를 저지른 이상은 벌을 주어야만 한다.

- **こととて** | ~이므로, ~까닭에, ~라서
  - 예 手紙が届いたが、夏休み中のこととて連絡がとれなかった。
    편지가 도착했지만, 여름방학 중이라서 연락을 취할 수 없었다.

- **~うが(と)~まいが(と)** | ~하든 ~하지 않든
  - 예 他の人が行こうが行くまいが、私には関係ないことだ。
    다른 사람이 가든 가지 않든, 나에게는 관계없는 일이다.

- **숫자를 나타내는 말＋たりとも** | 단(비록) ~라도
  - 예 人間は誰かの助けなしには一日たりとも生きていけないのではないだろうか。
    인간은 누군가의 도움 없이는 단 하루라도 살 수 없는 것은 아닐까?

- **~にもかかわらず** | ~임에도 불구하고
  - 예 家族が反対したにもかかわらず、二人はいっしょに暮らしはじめた。
    가족이 반대했음에도 불구하고 두 사람은 함께 살기 시작했다.

- **ます형＋つつある** | 계속 ~하다
  - 예 経済発展ばかり目を向けることによって、価値あるものを見失いつつある。
    경제발전만 신경을 쓴 탓에, 가치있는 것을 계속 잃어 가고 있다.

점수를 마구마구 올려주는 문제

【01. 11 유제】

I. 彼女は病気のため、<u>やむをえず</u>試験を諦めてしまった。

    (A) なるべく   (B) しかたなく
    (C) できるだけ   (D) あらかじめ

□ 포인트	관용 표현과 같은 의미를 찾는 문제. 「やむをえ(得)ず」는 '어쩔 수 없이'라는 의미로, 같은 뜻으로는 「しかたなく」가 있다.
□ 어구	諦(あきら)める 포기하다
□ 해석	그녀는 병 때문에 어쩔 수 없이 시험을 포기해 버렸다.

2. <u>ろくに勉強もしずに</u>、いい成績を期
   (A)   (B)
待<u>する</u>のは<u>望ましくない</u>。
   (C)   (D)

□ 포인트	부정을 나타내는 「ず」 앞에 동사 「する」가 접속되면 「しず」가 아니라 「せず」가 되므로 주의하도록 하자.
□ 어구	ろくに 제대로 望(のぞ)ましい 바람직하다
□ 해석	제대로 공부도 하지 않고, 좋은 성적을 기대하는 것은 바람직하지 않다.

【03. 10. 유제】

3. 中村さんに<u>頼んだら</u>、<u>仕事中</u>だった
         (A)   (B)
<u>でもかかわらず</u>すぐ手伝っ<u>てくれま</u>
 (C)   (D)
した。

□ 포인트	'~임에도 불구하고'라는 표현을 묻는 문제. '~임에도 불구하고'는 「~にもかかわらず」라고 표현한다.
□ 어구	頼(たの)む 부탁하다 手伝(てつだ)う 돕다
□ 해석	나카무라 씨에게 부탁했더니, 일을 하고 있는 중인데도 불구하고 바로 도와 주었습니다.

4. 学生時代にはしっかり勉強 ＿＿＿＿＿＿
ねばならぬ。

(A) し   (B) せ
(C) する   (D) す

5. 最近は男性 ＿＿＿＿＿＿＿＿ ならず、女性
もサッカーを楽しんでいる。

(A) だけ   (B) しか
(C) ばかり   (D) のみ

【01. 11. 유제】

6. 君が行こうが ＿＿＿＿＿＿＿＿ まいが私と
は関係がありません。

(A) 行く   (B) 行け
(C) 行か   (D) 行こう

7. 夏休みの _____ みんなに連絡が
とれなかった。

    (A) ことから   (B) こととて
    (C) ことより   (D) ことまで

□ 포인트	'~이기 때문에'라는 표현은 「~こととて」로 표현한다.
□ 어구	連絡(れんらく)をとる 연락을 취하다
□ 해석	여름 방학이기 때문에, 모두에게 연락을 취할 수 없었다.

8. 悲しい話を聞いた人々は、みんな泣
かずには _____ 。

    (A) ほかならなかった
    (B) いられなかった
    (C) 得なかった
    (D) しかたなかった

□ 포인트	「ず」가 들어가는 문말 표현. '~지 않고는 있을 수 없다'는 「~ずにはいられない」로 표현한다.
□ 어구	悲(かな)しい 슬프다
□ 해석	슬픈 이야기를 들은 사람들은, 모두 울지 않을 수 없었다.

9. 教師 _____ 者が賄賂をもらうな
んて、信じられない話だ。

    (A) ごとき   (B) の
    (C) さえ   (D) たる

□ 포인트	'~인, ~나 되는'이라는 의미의 고어 표현. '교사는 뇌물을 받아서는 안 된다'라는 의미의 문장이 되므로, 「~たる」가 정답이다.
□ 어구	賄賂(わいろ) 뇌물 信(しん)じられない 믿을 수 없다
□ 해석	교사인 사람이 뇌물을 받다니, 믿을 수 없는 이야기이다.

【01. 11. 유제】【07. 8. 유제】

10. 世界にはその国 _____ の伝統的
な文化と風習があります。

(A) ならでは   (B) ならには
(C) ならへは   (D) ならとは

□ 포인트	'~만의' 라는 의미를 나타내는 표현은 「~ならではの」라고 표현한다.
□ 어구	伝統的(でんとうてき) 전통적 文化(ぶんか) 문화 風習(ふうしゅう) 풍습
□ 해석	세계에는 그 나라만의 전통적인 문화와 풍습이 있습니다.

【02. 1. 유제】【04. 8. 유제】

11. あと三日で試験が始まる。これから
は一秒 _____ 無駄にはできない。

(A) たりへも   (B) たりにも
(C) たりでも   (D) たりとも

□ 포인트	'단(비록) ~일지라도' 라는 의미를 나타내는 표현은 「~たりとも」라고 표현한다.
□ 어구	無駄(むだ)に 헛되이
□ 해석	앞으로 3일이면 시험이 시작된다. 이제부터는 단 1초라도 헛되이 보낼 수는 없다.

12. 彼女はペットの犬に向かって、まる
で人間にものを言う _____ 語り
かける。

(A) ような   (B) らしく
(C) ごとく   (D) そうに

□ 포인트	'~처럼' 이라는 표현은 여러 가지 표현방법이 있으나 문제에서는 「ごとく」가 정답이다. (A)가 정답이 되려면 「~ように」가 되어야 한다.
□ 어구	ペット 애완동물 まるで 마치
□ 해석	그녀는 애완동물인 개를 향해 마치 사람에게 말을 하는 것처럼 말을 건다.

13. 彼のようなやつとは、もう決して口をきくまい。

(A) 彼が失敗しようがし<u>まい</u>が、私の責任ではない。

(B) 子供じゃある<u>まい</u>し、わからないはずはない。

(C) 再びこの地を訪れることはある<u>まい</u>。

(D) みんなの迷惑になるようなことはし<u>まい</u>と思う。

□ 포인트 「まい」의 용법구분. 「まい」에는 부정의 추량과 부정의 의지를 나타내는 용법이 있다. (A), (B), (C)는 전부 부정의 추량을 나타내는 용법이다. 정답은 부정의 의지로 사용된 (D)이다.

□ 어구 決(けっ)して 결코
訪(おとず)れる 방문하다
迷惑(めいわく) 폐

□ 해석 그와 같은 녀석과는 이제 결코 말을 하지 않겠다.

14. 彼女は「どんどんとってくれ」と＿＿＿＿＿んばかりに、笑顔でポーズを取っている。

(A) 言う (B) 言わ

(C) 言い (D) 言おう

□ 포인트 문법표현의 접속형태. 「~んばかりに」는 '마치 ~라는 듯이'라는 의미의 표현으로 ない형에 접속한다. 따라서 정답은 (B)가 된다.

□ 어구 笑顔(えがお) 웃는 얼굴

□ 해석 그녀는 '많이 많이 찍어 줘'라고 말하는 듯이 웃는 얼굴로 포즈를 취하고 있다.

정답

1. (B) 2. (B) 3. (C) 4. (B) 5. (D) 6. (A) 7. (B) 8. (B) 9. (D) 10. (A)

11. (D) 12. (C) 13. (D) 14. (B)

이것만은 확인하고 넘어가자

1. 고어는 의미 파악이 힘들기 때문에 평소에 정확한 의미를 알아 둘 필요가 있다.

2. 가장 많이 출제되는 부분이 「ず」를 사용한 표현들이다. 확실한 구분이 필요하다.

3. 시험에서는 직접적인 의미를 묻는 문제보다는 접속을 묻는 문제가 많이 출제되고 있으므로 접속을 반드시 기억해 두도록 하자.

4. 기타 고어 표현들도 실제 시험에 출제된 적이 있으므로 반드시 암기해 두자.

쉬·어·가·기

● **土壇場になる** | 막판에 이르다, 궁지에 몰리다

옛날 에도(江戸)시대의 참수형장을 「土壇場」라고 했다. 당시에는 흙으로 쌓은 단 위에 죄인을 눕혀 놓고 두 사람의 망나니가 목과 동체를 내리쳤다고 한다. 이런 곳에 끌려오면 아무리 발버둥쳐도 소용이 없는 데서 '막다른 판국'이란 의미가 생긴 것이다.

● **パンチラ、ブラチラ** | 판치라, 브라치라

みちの <u>パンチラ</u>族は本当にみっともないよ。
거리의 판치라족은 정말 꼴불견이야.

최근 일본에서 대유행하고 있는 '판치라(パンチラ)'는 팬티가 힐끗 보인다는 뜻이고, '브라치라(ブラチラ)'는 말 그대로 브래지어의 끈이나 겨드랑이 사이의 속옷이 언뜻 보인다는 얘기다. 일본어에는 「ちらり」라는 말이 있는데 이는 '힐끗, 언뜻'이라는 뜻이다. 이 말이 팬티, 브래지어와 만나 신조어를 만들어 낸 것이다. 그것이 바로 판치라(パンツ+ちらり)와 브라치라(ブラザ+ちらり)이다. 그런데 이 판치라와 브라치라족이 여름도 아닌데 일본에서 유행하는 이유는 무엇일까……?

정답을 콕콕 찍어주는 문제

정답을 콕콕 찍어 주는 문제

【02. 3. 유제】
1. では、お<u>先</u>に失礼します。

    (A) せん   (B) まえ

    (C) さき   (D) ぜん

□ 포인트	'먼저'라는 부사는 「先(さき)に」라고 읽는다.
□ 어구	失礼(しつれい) 실례
□ 해석	그럼, 먼저 실례하겠습니다.

【02. 4. 유제】
2. 昨日、日本から<u>帰国</u>しました。

    (A) きこく   (B) ぎこく

    (C) きごく   (D) ぎごく

□ 포인트	'귀국'은 「帰国(きこく)」라고 발음한다.
□ 어구	昨日(きのう) 어제
□ 해석	어제 일본에서 귀국했습니다.

【01. 7. 유제】
3. <u>箱</u>の中に本や雑誌などがあります。

    (A) うつわ   (B) たな

    (C) はこ   (D) さら

□ 포인트	명사의 발음 문제. 「箱(はこ)」는 '상자'라는 의미이다.
□ 어구	うつわ(器) 그릇 たな(棚) 선반 さら(皿) 접시
□ 해석	상자 안에 책이랑 잡지 등이 있습니다.

4. 加藤さんは一日の売り上げを毎日<u>出納</u>帳簿に記録しています。

    (A) でのう   (B) しゅつのう

    (C) すいのう   (D) すいとう

□ 포인트	'출납'은 「出納(すいとう)」라고 읽는다. 특수하게 발음되므로 주의하자.
□ 어구	売(う)り上(あ)げ 매상 記録(きろく) 기록
□ 해석	가토 씨는 하루 매상을 매일 출납장부에 기록하고 있습니다.

【02. 1. 유제】

5. 私の家には広い庭があります。

    (A) せまい   (B) おおきい
    (C) ちいさい   (D) ひろい

□ 포인트	형용사의 발음 문제. 「広(ひろ)い」는 '넓다' 라는 い형용사이다.
□ 어구	せま(狭)い 좁다 おお(大)きい 크다
□ 해석	나의 집에는 넓은 정원이 있습니다.

【02. 4. 유제】

6. 中村さんはお酒に強いです。

    (A) よわい   (B) やさしい
    (C) つよい   (D) ふとい

□ 포인트	い형용사의 발음. '강하다' 라는 い형용사는 「強(つよ)い」라고 읽는다.
□ 어구	お酒(さけ)に強(つよ)い 술이 세다
□ 해석	나카무라 씨는 술이 셉니다.

7. どんな慰めの言葉も私の気持ちをいやすことはできない。

    (A) 癒す   (B) 直す
    (C) 治す   (D) 療す

□ 포인트	동사의 올바른 한자 찾기. 「いやす」는 '치유하다' 라는 뜻으로 올바른 한자는 「癒(いや)す」이다.
□ 어구	慰(なぐさ)め 위로 気持(きも)ちを癒(いや)す 기분을 풀다
□ 해석	어떤 위로의 말도 나의 기분을 풀 수는 없다.

【01. 7. 유제】

8. 相手をあなどったばかりに、試合に負けてしまった。

    (A) 悔った   (B) 侮った
    (C) 辱った   (D) 毎った

□ 포인트	동사의 올바른 한자 찾기. 「あなどる」는 '깔보다' 라는 뜻으로 올바른 한자는 「侮る」이다.
□ 어구	相手(あいて) 상대 負(ま)ける 패하다 (た)ばかりに ~때문에, ~탓에
□ 해석	상대를 깔봤기 때문에, 시합에 패해 버렸다.

9. 生活は貧しいけれど、この子にはす
    こやかに育ってもらいたい。

    (A) 速やか　　　　(B) 健やか
    (C) 建やか　　　　(D) 滑やか

□ 포인트	형용동사의 올바른 한자 찾기. 「健(すこ)やかに」는 '건강하게' 라는 의미의 형용동사이다.
□ 어구	貧(まず)しい 가난하다 〜てほしい 〜해 주었으면 한다
□ 해석	생활은 가난하지만, 이 아이가 건강하게 성장해 주었으면 한다.

【02. 4. 유제】
10. 初対面の時、へんけんを持ってはい
    けない。

    (A) 片見　　　　(B) 偏見
    (C) 編見　　　　(D) 変見

□ 포인트	올바른 한자 찾기. '편견'은 한자로 「偏見(へんけん)」이라고 쓴다.
□ 어구	初対面(しょたいめん) 첫 대면 〜てはいけない 〜해서는 안 된다
□ 해석	첫 대면 때, 편견을 가져서는 안 된다.

【02. 5. 유제】
11. 朝寝坊をしてしまったが、かろうじ
    て会議の時間には間に合った。

    (A) 幸じて　　　　(B) 若じて
    (C) 少じて　　　　(D) 辛うじて

□ 포인트	부사의 올바른 한자 찾기. 「かろうじて」의 올바른 한자는 「辛うじて」이다. 한자가 「幸」과 비슷하므로 주의하기 바란다.
□ 어구	朝寝坊(あさねぼう) 늦잠
□ 해석	늦잠을 자 버렸지만, 간신히 회의 시간에는 도착했다.

12. 今日は日曜日だから、銀行は休みです。

    (A) 木村先生は試験の成績と出席率
        から成績を決めます。

    (B) この番組は子供から大人まで楽
        しめる番組です。

□ 포인트	같은 용법으로 사용된 표현. 문제의 「から」는 원인이나 이유를 나타낼 때 사용하는 접속사 「から」이다.
□ 어구	番組(ばんぐみ) 프로그램 〜から〜まで 〜부터 〜까지

(C) この部分はよくわからない<u>か</u><u>ら</u>、先生に聞いてみましょう。

(D) 日本は普通一月一日<u>から</u>三日まで休みます。

13. <u>私は先月母に死なれました。</u>

(A) 先月母が死んでくれました。
(B) 先月母に死んでもらいました。
(C) 先月母を死なせました。
(D) 先月母が亡くなりました。

□ 포인트　의미파악이 힘든 수동 표현. 수동형 중에서도 특수하게 사용된 표현의 의미를 묻는 문제이다.

□ 어구　先月(せんげつ) 지난 달
死(し)ぬ 죽다

□ 해석　(나는) 지난 달 어머니가 돌아가셨습니다.

【01. 11. 유제】

14. 勉強している<u>うち</u>に電話がかかってきました。

(A) <u>うち</u>では母が一番の早起きです。
(B) 休みの日はずっと<u>うち</u>にいます。
(C) 外で遊ばないで、<u>うち</u>で遊んでください。
(D) 夏休みの<u>うち</u>にはアルバイトをするつもりです。

□ 포인트　다의어 「うち」의 의미 구분. 「うち」는 '집, 안, ~동안에' 등 다양한 의미를 가지고 있다.

□ 어구　早起(はやお)き 빨리 일어남
夏休(なつやす)み 여름 방학

□ 해석　공부하고 있는 동안에 전화가 걸려 왔습니다.

15. 手を抜いた工事のため、彼は<u>首になった</u>。

    (A) 昇進した。
    (B) 解雇された。
    (C) 他の部署に行った。
    (D) 担当者になった。

□ 포인트	관용표현에 대한 이해. 「首(くび)になる」는 '해고되다'라는 의미의 관용구이다.
□ 어구	手(て)を抜(ぬ)く 일을 겉날리다
□ 해석	겉날린 공사(부실공사) 때문에, 그는 해고되었다.

16. <u>高橋さんは口が堅い人です</u>。

    (A) 高橋さんは口数が少ない人です。

    (B) 高橋さんはおしゃべりです。

    (C) 高橋さんは秘密をよく守る人です。

    (D) 高橋さんはきびしい言葉をよく
       言う人です。

□ 포인트	관용표현에 대한 이해. 「口(くち)が堅(かた)い」는 '비밀 따위를 누설하지 않고 잘 지키다'라는 의미의 관용구이다.
□ 어구	口数(くちかず) 말수 おしゃべり 수다쟁이
□ 해석	다카하시 씨는 입이 무거운 사람입니다.

【02. 4. 유제】
17. 妹は今友だちに<u>電話をしています</u>。

    (A) 電話をもらっています
    (B) 電話をあげています
    (C) 電話をなおしています
    (D) 電話をかけています

□ 포인트	관용표현에 대한 이해. '전화를 하다'는 「電話(でんわ)をする」 또는 「電話をかける」라고 한다.
□ 어구	妹(いもうと) 여동생
□ 해석	여동생은 지금 친구에게 전화를 하고 있습니다.

18.

私は学校まで毎日電車<u>で</u>行きます。

(A) 公園<u>で</u>子供たちが遊んでいます。
(B) 木村さんは本を読ん<u>で</u>います。
(C) バス<u>で</u>何時間ぐらいかかりますか。
(D) 休憩室<u>で</u>たばこを吸いながら休んでいます。

□ 포인트	수단이나 방법을 나타내는 「で」의 용법. 전차라는 수단을 이용해 학교에 간다는 뜻을 나타내고 있다.
□ 어구	休憩室(きゅうけいしつ) 휴게실 たばこを吸(す)う 담배를 피우다
□ 해석	나는 학교까지 매일 전철로 갑니다.

【03. 10. 유제】【04. 7. 유제】

19.

たばこは体に悪いとは知り<u>ながら</u>やめられない。

(A) 吉田さんは独り言を言い<u>ながら</u>歩いている。
(B) 彼は老人<u>ながら</u>まだ若い人に負けないくらい元気だ。
(C) アルバイトし<u>ながら</u>勉強するのは本当にむずかしい。
(D) 私は普通勉強し<u>ながら</u>音楽を聞いている。

□ 포인트	역접을 나타내는 「ながら」의 용법. 역접으로 사용될 때에는 '~면서도'라는 뜻을 갖는다.
□ 어구	独(ひと)り言(ごと) 혼잣말 負(ま)ける 지다, 패하다
□ 해석	담배는 몸에 나쁘다고는 알면서도 끊을 수 없다.

【03. 11. 유제】【04. 7. 유제】

20.

子供の頃はよく夜遅くまで遊んだ<u>もの</u>だ。

(A) 彼の演奏にはすごい<u>もの</u>がある。
(B) 子供は十時前に寝る<u>もの</u>だ。
(C) 学生時代はよく山に登った<u>もの</u>だ。
(D) 机の上にある<u>もの</u>は何ですか。

□ 포인트	「もの」의 용법 구분. 과거의 회상을 나타내는 「もの」의 용법을 나타내고 있다.
□ 어구	演奏(えんそう) 연주 ~時代(じだい) ~시절
□ 해석	어릴 적에는 자주 밤늦게까지 놀곤 했다.

【03. 9. 유제】

21. 道に迷っていたが、親切な人が道を
　　　(A)　　　　　　　(B)　　　(C)
教えてあげた。
　　　(D)

□ 포인트	수수 표현의 이해. 상대방이 나에게 가르쳐 준 것이 되므로 「〜てくれる」가 되어야 한다.
□ 어구	〜に迷(まよ)う 〜를 헤매다
□ 해석	길을 헤매고 있었는데, 친절한 사람이 길을 가르쳐 주었다.

22. 私は子供の時、田舎で住んでいた
　　　(A)　　　　　　　(B)
が今は都会に出ている。
(C)　　　(D)

□ 포인트	'〜에 살다' 라는 표현은 「〜に住(す)む」라고 표현한다.
□ 어구	都会(とかい) 도회지, 도시
□ 해석	나는 어릴 때 시골에 살았었지만, 지금은 도회지에 나와 있다.

23. ご飯を食べ終わった前に一緒にコー
　　　　　　　(A)　　　(B)
ヒーでも飲みましょうか。
　　　(C)　　　(D)

□ 포인트	'〜한 후에' 라는 표현은 「〜た後(あと)で」로 나타낸다.
□ 어구	동사의 ます형+終(お)わる 완전히 〜하다
□ 해석	밥을 다 먹은 후에 함께 커피라도 마실까요?

【01. 7. 유제】

24. 待合室には雑誌や漫画の本がおい
　　　(A)　　　(B)　　(C)
ています。
　(D)

□ 포인트	타동사의 상태 표현은 「〜てある」라고 한다.
□ 어구	待合室(まちあいしつ) 대합실 漫画(まんが) 만화
□ 해석	대합실에는 잡지랑 만화책이 놓여져 있습니다.

25.	その件についてはコーヒーでも飲み <u>について</u>　　　　　　　　　　　　<u>でも</u> （A）　　　　　　　　　　　　　　（B） <u>ながら</u> <u>ゆったり</u>話しましょう。 （C）　　（D）	**□ 포인트** '천천히'라는 부사. 문맥상 '천천히'라는 의미의「ゆっくり」가 와야 한다. **□ 어구** ～について ～에 대해서, 　　　　 ～에 관해서 ゆったり 느슨한 모양, 헐겁게 **□ 해석** 그 건에 관해서는 커피라도 마시면서 천천히 이야기합시다.

【01. 9. 유제】【04. 10. 유제】

26.	吉田さんは健康<u>の</u><u>ため</u>に、毎日<u>に</u>運 　　　　　　　　　（A）（B）　　　　（C） 動を<u>しています</u>。 　　　（D）	**□ 포인트** 막연한 시간에는 조사「に」를 사용할 수 없다. **□ 어구** ～のために ～을 위해서 運動(うんどう) 운동 **□ 해석** 요시다 씨는 건강을 위해서 매일 운동을 하고 있습니다.

【04. 10. 유제】

27.	あの<u>レストラン</u>は値段<u>も</u> <u>安いだし</u>、 　　（A）　　　　　　（B）　（C） 味<u>も</u>非常に美味しい。 　（D）	**□ 포인트** い형용사의 접속. 접속사「し」앞에 い형용사가 오면 기본형 그대로 접속한다. **□ 어구** 値段(ねだん) 가격 味(あじ) 맛 **□ 해석** 저 레스토랑은 가격도 싸고, 맛도 대단히 맛있다.

28.	時間が<u>あれば</u> <u>きっと</u>遊び<u>に</u>来て<u>くだ</u> 　　　　（A）　　（B）　　　（C）　　（D） さい。	**□ 포인트** 희망이나 바람을 나타내는 부사. 놀러 오기를 바라는 바람을 나타내고 있으므로「ぜひ」가 와야 한다. **□ 어구** きっと 틀림없이, 꼭 **□ 해석** 시간이 있으면 꼭 놀러 오세요.

29. 今朝には天気がよかったのに、夜、
(A)　　　　　　　　　(B)　(C)

突然雨が降ってきた。
(D)

□ 포인트	구체적인 시간이 아니면 조사 「に」를 붙일 수 없다.
□ 어구	今朝(けさ) 오늘 아침 突然(とつぜん) 갑자기, 돌연 ～てくる ～해 오다
□ 해석	오늘 아침에는 날씨가 좋았는데, 밤에 갑자기 비가 내리기 시작했다.

【02. 4. 유제】

30. 山田さんはいい会社に働いていた
(A)　　(B)

が、すぐ辞めてしまった。
(C)　　　(D)

□ 포인트	'～에서 일하다' 라는 표현의 이해. 「～に勤(つと)める」「～で働(はたら)く」라고 한다. 조사의 사용에 주의하자.
□ 어구	辞(や)める 그만두다
□ 해석	야마다 씨는 좋은 회사에서 일하고 있었지만, 곧 그만두어 버렸다.

31. 今通っている会社の給料は高くないで
(A)　　　　　　　　(B)

すが、独り暮らしするでは充分です。
(C)　　　　　　　(D)

□ 포인트	'～하기에는' 이라는 표현은 「～には」로 표현한다.
□ 어구	給料(きゅうりょう) 급료, 봉급 独(ひと)り暮(ぐ)らし 혼자 삶, 독신 생활
□ 해석	지금 다니고 있는 회사의 봉급은 많지 않습니다만, 혼자 생활하기에는 충분합니다.

32. 風邪を<u>引いた</u>んですか。では、<u>近い</u>
　　　　　　(A)　　　　　　　　　　　　(B)

病院<u>に</u>早く<u>行った</u>方がいいですよ。
　　(C)　　　(D)

□ 포인트	い형용사「近(ちか)い」뒤에 명사가 접속될 때에는「近く+の+명사」의 형태가 되어야 한다.
□ 어구	風邪(かぜ)を引(ひ)く 감기에 걸리다 近くの 근처의 ～た方(ほう)がいい ～하는 것이 좋다
□ 해석	감기에 걸리셨습니까? 그렇다면 근처 병원에 빨리 가는 것이 좋습니다.

33. 高級レストランで彼女<u>と</u>食事を<u>する</u>
　　　　　　　　　　　　(A)　　　　　　　(B)

時、<u>勘定</u>を見て<u>びっくりした</u>。
　　(C)　　　　　(D)

□ 포인트	'그녀와 식사를 했을 때' 라는 의미가 되어야 하므로 과거형인「した」가 와야 자연스럽다.
□ 어구	勘定(かんじょう) 계산서 びっくりする 깜짝 놀라다
□ 해석	고급 레스토랑에서 그녀와 식사를 했을 때, 계산서를 보고 깜짝 놀랐다.

34. 家に誰<u>も</u>いない<u>のに</u>、<u>だんだん</u>
　　　　　(A)　　　　(B)　　　　(C)

<u>暗くに</u>なってこわかった。
　　(D)

□ 포인트	'～이 되다' 라는 표현에서「なる」앞에 い형용사가 오면 어미「い」가「く」로 바뀐다.
□ 어구	だんだん 점점
□ 해석	집에 아무도 없는데, 점점 어두워져서 무서웠다.

35. はるかあちらに<u>見せる</u> <u>あの</u>山に登る
     (A)   (B)   (C)

<u>つもり</u>ですか。
(D)

□ 포인트	자동사와 타동사의 구분. 의미상 '보이다' 라는 자동사 「見(み)える」를 써야 한다.
□ 어구	はるか 아득히 먼 모양 〜つもりだ 〜할 생각이다
□ 해석	멀리 저편에 보이는 저 산에 올라갈 생각입니까?

36. 彼はたった<u>一度</u>の<u>過ち</u>で<u>平生</u>を
              (A)   (B)   (C)

<u>棒に振った</u>。
(D)

□ 포인트	'평생' 은 일본어로 「一生(いっしょう)」라고 한다. 「平生(へいぜい)」는 '보통, 평소' 라는 의미이다.
□ 어구	過(あやま)ち 잘못, 실수 棒(ぼう)に振(ふ)る 헛되게 하다
□ 해석	그는 단 한 번의 실수로 평생을 망쳐 버렸다.

【02. 4. 유제】

37. 結婚<u>したら</u> <u>幸せでして</u><u>あげる</u>と言っ
        (A)   (B)   (C)

たけど、なかなか<u>思った通り</u>になら
                   (D)

ない。

□ 포인트	형용동사의 부사형. 형용동사를 부사로 만들 때에는 조사 「に」를 붙여야 한다.
□ 어구	〜てあげる 〜해 주다 〜通(とお)り 〜한 대로
□ 해석	결혼하면 행복하게 해 준다고 말했지만, 좀처럼 생각한 대로 되지 않는다.

38. ガスに鍋を<u>かける</u> <u>まま</u>忘れて火事に
         (A)   (B)   (C)

なる<u>ところ</u>だった。
   (D)

□ 포인트	'~한 채로'라는 표현은 「~(た)まま」로 표현한다. 앞에는 반드시 과거형이 와야 한다는 것에 주의하자.
□ 어구	鍋(なべ) 냄비 火事(かじ) 화재
□ 해석	가스에 냄비를 올려놓은 채로 잊어버려서 화재가 날 뻔했다.

39. 昨日は朝<u>から</u>夜<u>まで</u>、<u>8時半間</u>も会
          (A)   (B)   (C)

社<u>で</u>仕事をしました。
  (D)

□ 포인트	시간을 나타내는 표현. '8시간 반'은 「8時間半(はちじかんはん)」이라고 해야 올바르다.
□ 어구	~から~まで ~부터~까지 仕事(しごと)をする 일을 하다
□ 해석	어제는 아침부터 저녁까지, 8시간 반이나 회사에서 일을 했습니다.

40. 横断歩道の前<u>で</u>、信号が赤に<u>なった</u>
           (A)   (B)

時には<u>必ず</u>車を<u>止まりましょう</u>。
     (C)   (D)

□ 포인트	자동사와 타동사의 구분. 문맥상 '멈추다'라는 타동사「止(と)める」가 필요하다.
□ 어구	横断歩道(おうだんほどう) 횡단보도 必(かなら)ず 반드시
□ 해석	횡단보도 앞에서 신호가 빨강으로 바뀌었을 때에는 반드시 차를 멈춥시다.

41. 学校の授業は9時 _____ 始まります。

(A) と (B) が (C) で (D) に

□ 포인트	시간을 나타내는 조사. '~에 시작되다' 라는 의미가 되어야 하므로 「に」가 정답이 된다.
□ 어구	授業(じゅぎょう) 수업 始(はじ)まる 시작되다
□ 해석	학교 수업은 9시에 시작됩니다.

【02. 4. 유제】

42. 富士山の向うから海 _____ 見えます。

(A) に (B) が (C) を (D) か

□ 포인트	주격을 나타내는 조사. '~이, ~가' 라는 주격을 나타내는 조사는 「が」이다.
□ 어구	向(むこ)う 건너편 ~が見(み)える ~가 보이다
□ 해석	후지산의 건너편으로 바다가 보입니다.

【03. 7. 유제】

43. 昨日、駅の前 _____ 木村さんに会いました。

(A) から (B) に (C) か (D) で

□ 포인트	장소를 나타내는 조사는 「で」를 사용한다.
□ 어구	~に会(あ)う ~를 만나다
□ 해석	어제 역 앞에서 기무라 씨를 만났습니다.

【01. 7. 유제】

44. あなたは普通何 _____ 会社に行きますか。

(A) で (B) に (C) を (D) と

□ 포인트	수단이나 방법을 나타내는 조사로는 「で」를 사용한다.
□ 어구	普通(ふつう) 보통 何(なに)で 무엇으로, 어떤 방법으로
□ 해석	당신은 보통 무엇으로 회사에 갑니까?

45. 昨日、_____ へ行きましたか。

(A) どこか　　　(B) いつか
(C) なにが　　　(D) だれか

□ 포인트	내용을 보면 '어딘가'에 갔느냐를 묻는 문제임을 알 수 있다.
□ 어구	いつか 언젠가 なにが 무엇이
□ 해석	어제 어딘가에 갔었습니까?

46. A　東京には _____ いらっしゃるんですか。
　　B　たぶん木曜日です。

(A) 何で　　　(B) なぜ
(C) いつ　　　(D) 何時に

□ 포인트	대답이 요일이 될 수 있는 질문은 「いつ」뿐이다.
□ 어구	いらっしゃる 오시다 たぶん 아마도
□ 해석	A 동경에는 언제 오십니까? B 아마도 목요일입니다.

47. 成績は努力すればする _____ 上がる。

(A) ほど　　　(B) ごろ
(C) なら　　　(D) しか

□ 포인트	「~ば~ほど」문형의 이해. '~면 ~수록'이라는 문형임을 알 수 있다. 따라서 정답은 「ほど」가 된다.
□ 어구	努力(どりょく) 노력
□ 해석	성적은 노력하면 할수록 올라간다.

48. 家族の中で私 _____ が二重まぶただ。

(A) ばかり　　　(B) だけ
(C) しか　　　(D) ぐらい

□ 포인트	'~만'이라는 의미로 한정을 나타내는 표현은 「だけ」이다.
□ 어구	二重(ふたえ)まぶた 쌍꺼풀
□ 해석	가족 중에서 나만이 쌍꺼풀이 있다.

49. 今日は三日です。ですから、明後日
は _____ です。

    (A) 四日　　　　　(B) 五日
    (C) 六日　　　　　(D) 七日

□ 포인트	날짜를 세는 법. 오늘이 3일이니까 모레는 당연히 「五日(いつか)」가 된다.
□ 어구	ですから 그렇기 때문에 明後日(あさって) 모레
□ 해석	오늘은 3일입니다. 따라서 모레는 5일입니다.

50. 日本人には _____ と建前がある
とよく言われています。

    (A) 真心　　　　　(B) 本心
    (C) 本音　　　　　(D) 真実

□ 포인트	「建前(たてまえ)」는 '겉치레'라는 의미로, 반대말은 「本心(ほんしん)」이 아니라 「本音(ほんね)」이다.
□ 어구	真心(まごころ) 진심 真実(しんじつ) 진실
□ 해석	일본인에게는 본심과 겉치레가 있다고 자주 일컬어지고 있습니다.

51. 直接本人に _____ 事情を聞いて
みましょう。

    (A) 当って　　　　(B) して
    (C) 触って　　　　(D) 比べて

□ 포인트	문맥상 '직접 본인에게 대하여'라는 의미이므로 「当(あた)って」가 정답이다.
□ 어구	事情(じじょう) 사정 触(さわ)る 만지다
□ 해석	직접 본인에게 사정을 물어 봅시다.

52. 中村先生は思った _____ 厳しい
人ではなかった。

    (A) ほど　　　　　(B) ばかり
    (C) だけ　　　　　(D) しか

□ 포인트	정도를 나타내는 표현은 「ほど」를 사용한다.
□ 어구	厳(きび)しい 엄하다
□ 해석	나카무라 선생님은 생각한 것만큼 엄한 사람은 아니었다.

53. 日本にいるから _____ 、日本人
の友達をつくる機会がたくさんある。

    (A) だけ   (B) こそ
    (C) さえ   (D) ほど

□ 포인트	문장의 강조를 나타내는 방법. 「~からこそ」는 '~때문에'의 강조 표현이다.
□ 어구	友達(ともだち) 친구 機会(きかい) 기회
□ 해석	일본에 있기 때문에, 일본인 친구를 만들 기회가 많이 있다.

54. 学校の給食はまずくても食べる
_____ ない。

    (A) だけ   (B) ばかり
    (C) しか   (D) ほど

□ 포인트	구문에 대한 이해. 「~しかない」는 '~할 수 밖에 없다'라는 의미이다.
□ 어구	給食(きゅうしょく) 급식 まずい 맛이 없다
□ 해석	학교 급식은 맛이 없어도 먹을 수 밖에 없다.

55. 東京へ _____ 、秋がいいです。

    (A) 行くと   (B) 行くなら
    (C) 行けば   (D) 行ったら

□ 포인트	가정법에 대한 이해. '~한다면 ~하는 것이 좋다'라는 의미의 가정법은 「なら」이다.
□ 어구	秋(あき) 가을
□ 해석	동경에 간다면 가을이 좋습니다.

56. そんな見え透いた _____ なんか
もうごめんだ。

    (A) 言い訳   (B) 噂
    (C) 真理   (D) 対話

□ 포인트	적절한 어휘 찾기. 속이 뻔히 들여다 보이는 '변명'이 되어야 문맥이 자연스럽다.
□ 어구	見(み)え透(す)く 속이 뻔히 보이다 ごめんだ 질색이다 噂(うわさ) 소문 対話(たいわ) 대화
□ 해석	그런 속이 뻔히 들여다 보이는 변명은 이제 좀 하지마.

57. わざわざ時間を＿＿＿＿＿＿＿＿見送りに
来てくださいました。

(A) わって　　　　(B) さいて
(C) やぶって　　　(D) けして

□ 포인트	관용구에 대한 이해. '시간을 내다'는 「時間(じかん)を割(さ)く」라고 표현한다.
□ 어구	わざわざ 일부러 見送(みおく)り 배웅
□ 해석	일부러 시간을 내어서 배웅하러 와 주셨습니다.

【02. 4. 유제】【05. 1. 유제】
58. 部長＿＿＿＿＿＿＿＿事態を把握していな
いのだから、平社員がわからないの
も無理がない。

(A) からこそ　　　(B) からして
(C) からすると　　(D) からといって

□ 포인트	적절한 표현 찾기. 문맥상 '~부터가'라는 표현이 와야 한다. 따라서 「からして」가 정답이 된다.
□ 어구	把握(はあく) 파악 平社員(ひらしゃいん) 평사원
□ 해석	부장부터가 사태를 파악하고 있지 않기 때문에, 평사원이 모르는 것도 무리가 아니다.

【02. 4. 유제】【07. 3. 유제】
59. 国会議員が反対している＿＿＿＿＿＿＿＿、
この計画は実現できないと思います。

(A) だけに　　　　(B) ほどに
(C) ものに　　　　(D) ことに

□ 포인트	적절한 표현 찾기. '~인 만큼'이라는 표현이 와야 한다.
□ 어구	反対(はんたい) 반대 実現(じつげん) 실현 ~ことに ~하게도
□ 해석	국회의원이 반대하고 있는 만큼, 이 계획은 실현 불가능하다고 생각합니다.

60. 出張で東京に行った＿＿＿＿＿＿ 友達
の家に寄ってみた。

(A) ところに　　(B) とおりに
(C) ついでに　　(D) ばかりに

【01. 11. 유제】
61. そのチームの監督は状況＿＿＿＿＿＿
作戦を変えた。

(A) にとって　　(B) について
(C) にたいして　(D) におうじて

62. 新しい情報が入り＿＿＿＿＿＿ お伝え
します。

(A) しだい　　(B) とたん
(C) 同時に　　(D) やいなや

□ 포인트	적절한 문법 표현. '~하는 김에 ~했다'라는 의미가 되어야 하므로 「ついでに」가 알맞다.
□ 어구	出張(しゅっちょう) 출장 寄(よ)る 들르다
□ 해석	출장으로 동경에 간 김에 친구 집에 들러 보았다.

□ 포인트	문맥상 '~에 따라, ~에 부응해서'라는 의미가 되어야 하므로 정답은 「~におう(応)じて」가 된다.
□ 어구	監督(かんとく) 감독 状況(じょうきょう) 상황
□ 해석	그 팀의 감독은 상황에 따라 작전을 바꾸었다.

□ 포인트	동사의 ます형에 접속하여 의미가 '~대로'가 되는 것은 「しだい(次第)」뿐이다.
□ 어구	情報(じょうほう) 정보 ~(た)とたん ~하자 마자
□ 해석	새로운 정보가 들어오는 대로 전해드리겠습니다.

63. 眼鏡をかけないと黒板の字は ＿＿＿＿＿＿ としか見えない。

    (A) はっきり   (B) さっぱり
    (C) しっかり   (D) ぼんやり

□ 포인트	문맥상 '희미하게' 라는 의미가 가장 적당하므로 정답은 「ぼんやり」가 된다.
□ 어구	眼鏡(めがね)をかける 안경을 쓰다 さっぱり 전혀, 완전히
□ 해석	안경을 쓰지 않으면 흑판의 글자는 희미하게 밖에 보이지 않는다.

64. あの店の料理は ＿＿＿＿＿＿＿＿ がいいようだから、一度食べてみようと思っています。

    (A) 評判   (B) 批判
    (C) 定評   (D) 評価

□ 포인트	문맥상 '평판' 이라는 의미가 가장 적당하다.
□ 어구	評判(ひょうばん) 평판 批判(ひはん) 비판 定評(ていひょう) 정평 評価(ひょうか) 평가
□ 해석	저 가게의 요리는 평판이 좋은 것 같아서, 한 번 먹어 보려고 생각하고 있습니다.

65. 初めてのデートだからといって、みえを ＿＿＿＿＿＿＿＿ と、後で困るよ。

    (A) する   (B) とる
    (C) はる   (D) ふる

□ 포인트	관용구에 알맞은 동사 찾기. '허세를 부리다' 는 「見栄(みえ)を張(は)る」라고 한다.
□ 어구	〜だからといって 〜라고 해서 後(あと)で 나중에 困(こま)る 곤란하다
□ 해석	처음하는 데이트라고 해서, 허세를 부리면 나중에 곤란해져.

66. みんなで頭を _____ が、なかなかいい考えが出てこなかった。

(A) まげた　　　　(B) ひねった
(C) まわした　　　(D) きった

□ 포인트　관용구에 알맞은 동사 찾기.「頭 (あたま)をひね(捻)る」는 '머리를 맞대고 궁리하다' 라는 의미의 관용구이다.

□ 어구　なかなか 좀처럼
考(かんが)え 생각

□ 해석　모두 머리를 맞대어 궁리했지만, 좀처럼 좋은 생각이 나오지 않았다.

67. ご遠慮なく、お _____ ください。

(A) あがら　　　　(B) あがり
(C) あがる　　　　(D) あがれ

□ 포인트　경어 표현에 대한 이해.「お+동사의 ます형+ください」는 경어 표현을 나타낸다. 따라서 정답은「あがり」가 된다.

□ 어구　ご遠慮(えんりょ)なく 사양하시지 말고

□ 해석　사양하시지 말고, 올라오세요.

68. 君が手伝ってくれたので、仕事が _____ はかどったよ。

(A) ぺこぺこ　　　(B) ぺらぺら
(C) どんどん　　　(D) むくむく

□ 포인트　일이 척척 진행되는 모양은「どんどん」이라고 표현한다.

□ 어구　ぺこぺこ 굽신굽신
ぺらぺら 술술, 능숙하게
むくむく 뭉게뭉게, 쑥

□ 해석　네가 도와 주었기 때문에, 일이 척척 진행되었어.

69. 大雨に降られて、服が ＿＿＿＿＿＿ に
なってしまった。

    (A) びしょびしょ　　(B) じめじめ
    (C) だらだら　　　　(D) しとしと

【02. 1. 유제】

70. これは、自信を ＿＿＿＿＿＿ おすすめ
できる品物です。

    (A) おいて　　　　(B) にぎって
    (C) して　　　　　(D) もって

□ 포인트	비에 옷이 흠뻑 젖은 모양은 「びしょびしょ」라고 한다.
□ 어구	じめじめ 습기가 많은 모양 だらだら 액체가 흐르는 모양 しとしと 비가 조금씩 내리는 모양
□ 해석	큰비를 맞아서 옷이 흠뻑 젖어 버렸다.
□ 포인트	'~을 가지고(마음에 품고)'라는 표현을 묻는 문제로 「~をもって」라고 한다.
□ 어구	自信(じしん) 자신 品物(しなもの) 물건
□ 해석	이것은 자신을 가지고 권할 수 있는 물건입니다.

제 **2** 장
뭉치면 맞추고 흩어지면 틀린다.

꼬리치는 て

꼬리치는 て의 유혹을 뿌리치지 못하는
못난 표현들이 있다.

일본어를 처음 공부하는 사람들에게 가장 어렵다고 느껴지는 부분은 아마도 음편이 나오면서부터일 것이다. 단순한 이해를 넘어서 동사의 종류에 따라 발음도 많이 변해 우리를 힘들게 만든다. 어렵게 음편에 대한 이해가 끝나서 한숨 돌리려고 하는데 이게 웬일인가! 일본어 표현들 중에는「て」의 유혹을 뿌리치지 못하고 끌려만 다니는 못난 표현들이 있는 것이다. 이렇게「て」의 위력이 셀 줄은 몰랐을 것이다. 그렇다고 낙담할 필요는 없다. 어차피 표현은 정해져 있는 것이고, 중요 표현 몇 개만 외우면「て」와의 악연은 끝나는 것이다. 우선 다음 문장을 한번 작문해 보자.

 독신생활을 시작한 후로는 계속 외식만 하고 있다.
▶ 一人暮しを始めた以来、ずっと外食ばかりしている。

언뜻 보기에는 전혀 틀린 것이 없는 문장처럼 보인다. 그러나「以来(いらい)」라는 표현은「て」의 유혹을 뿌리치지 못하는 못난 표현이다. 따라서 위의 예문은「した以来」를「して以来」로 고쳐야 일본어다운 표현이 된다. 예문을 하나 더 보도록 하자.

 入院 _____ はじめて健康の大切さがわかった。
(A) して　　(B) した　　(C) する　　(D) しよう

위의 예문도「て」만 따라다니는 표현을 알고 있다면 쉽게 풀 수 있는 문제이다.「はじめて」는「て」에 접속하여 '~하고 비로소'라는 의미가 된다. 이처럼 일본어에는 특수하게 앞에「て」가 오는 표현들이 몇 개 존재한다. 기본적인 문법만으로도 머리가 아픈 사람이 많을 테지만 이런 표현은 뭉쳐서 외우면 바로 점수와 연결되고 시간도 몇 초나 벌 수 있는 부분이다. 끈기를 가지고 조금만 시간을 투자해 보자. 점수가 달라질 것이다.

て형에 접속하는 문법 표현

① ～てはじめて | ～하고 비로소

友達を失っ<u>てはじめて</u>、友情の大切さに気付いた。

친구를 잃어버리고 나서 비로소 우정의 소중함을 깨달았다.

② ～て以来 | ～한 후, ～한 이래로

一人暮らしを始め<u>て以来</u>、ずっと外食が続いている。

독신 생활을 시작한 이후, 계속 외식이 이어지고 있다.

③ ～てからでないと・～てからでなければ

| ～한 후가 아니면

謝っ<u>てからでないと</u>、その問題の解決は不可能だろう。

사과한 후가 아니면, 그 문제의 해결은 불가능할 것이다.

④ ～てからというもの | ～한 후

たばこをやめ<u>てからというもの</u>、食欲が出てきた。

담배를 끊고 난 후 식욕이 생겨났다.

5 **〜てしかたがない・〜てしょうがない** | 너무 〜하다

 留学（りゅうがく）していると、国（くに）に帰（かえ）りたく<u>てしょうがない</u>時（とき）もある。
유학하고 있으면, 고향에 너무 돌아가고 싶은 때도 있다.

6 **〜てたまらない** | 〜해서 참을 수 없다, 너무 〜하다

 昨日（きのう）徹夜（てつや）をしたので、眠（ねむ）く<u>てたまりません</u>。
어제 밤샘을 했기 때문에 졸려서 참을 수 없습니다.

7 **〜てならない** | 참을 수 없을 정도로 〜하다, 너무 〜하다

 山田（やまだ）さんは息子（むすこ）がいい大学（だいがく）に受（う）かったので、うれしく<u>てならない</u>のだ。
야마다 씨는 아들이 좋은 대학에 합격해서 너무나 기뻐한다.

8 **〜てやまない** | 〜해 마지않다, 진심으로 〜하다

 早（はや）い回復（かいふく）を願（ねが）っ<u>てやまない</u>。 빠른 회복을 바라 마지 않다.

「て」형에 접속하는 표현은 간혹 접속을 묻기도 하지만, 주로 문말을 묻는 문제로 출제된다. 비슷한 의미의 표현은 상황이나 용법에 차이가 있으므로 확실히 구분을 해 두어야 한다. 아직까지 출제빈도는 높지 않지만 충분히 출제될 수 있는 표현들이니 꼭 익혀두도록 하자.

점수를 마구마구 올려 주는 문제

【04. 10 유제】

1. 私は<u>それから</u>皆様の<u>社会</u>での<u>活躍</u>を
  (A)　　　　　　　(B)　　　　(C)
期待し<u>てやみません</u>。
　　　(D)

□ 포인트	'앞으로, 이제부터' 라는 표현은 「それから」가 아니라 「これから」라고 한다.
□ 어구	活躍(かつやく) 활약 〜てやまない 진심으로 〜하다
□ 해석	저는 앞으로 여러분들의 사회에서의 활약을 진심으로 기대합니다.

2. いつも女性<u>だから</u>差別<u>される</u> <u>なんか</u>
  　　　　　　(A)　　　　 (B)　　　　(C)
悔しく<u>てたまらない</u>。
　　　(D)

□ 포인트	'〜하다니' 라는 표현은 「〜なんて」라고 표현한다. 「なんか」는 '〜따위, 〜등' 이라는 의미이다.
□ 어구	差別(さべつ) 차별 悔(くや)しい 분하다
□ 해석	언제나 여성이기 때문에 차별받다니 분해서 참을 수 없다.

3. 結婚<u>した</u>以来、仕事が終っ<u>てから</u>飲
  　　　(A)　　　　　　　　　　(B)
み<u>に</u>行くことが<u>少なく</u>なりました。
　(C)　　　　　　 (D)

□ 포인트	'〜한 후' 의 올바른 표현은 과거형이 아닌 「て」형에 접속하는 표현이다. 틀리기 쉬운 접속 형태이므로 주의해야 한다.
□ 어구	〜て以来(いらい) 〜한 후 飲(の)みに行(い)く 한 잔 하러 가다
□ 해석	결혼한 이래로, 일이 끝나고 나서 한 잔 하러 가는 일이 적어졌습니다.

4. 最近一人暮ししている息子からの便
   <u>(A)</u>   <u>(B)</u>
りが<u>ぜんぜん</u>ない。元気でいるのか
   <u>(C)</u>
心配に<u>なってやまない</u>。
       <u>(D)</u>

□ 포인트	「〜てやまない」는 상대방에 대한 기원이나 바람을 나타내는 표현이므로, 「〜てしかたがない」로 고쳐야 '대단히 〜하다' 의 올바른 표현이 된다.
□ 어구	息子(むすこ) 아들 便(たよ)り 소식
□ 해석	최근 혼자 생활을 하고 있는 아들로부터의 소식이 전혀 없다. 건강하게 지내고 있는지 너무도 걱정이 된다.

5. 今後の日本の景気を考えると、恐ろ
しくて＿＿＿＿＿。

(A) ありません　　(B) できません
(C) いけません　　(D) なりません

□ 포인트	'대단히 〜하다' 라는 표현은 「〜てならない」를 사용해서 표현한다.
□ 어구	今後(こんご) 금후, 앞으로 景気(けいき) 경기
□ 해석	앞으로의 일본의 경기를 생각하면 대단히 두렵습니다.

【04. 11. 유제】

6. 貴社の発展を＿＿＿＿＿やみません。

(A) 願う　　　　(B) 願って
(C) 願い　　　　(D) 願おう

□ 포인트	적절한 접속 형태. '〜해 마지않다' 는 「〜てやまない」의 형태로 나타낸다.
□ 어구	貴社(きしゃ) 귀사 発展(はってん) 발전 願(ねが)う 바라다, 기원하다
□ 해석	귀사의 발전을 기원해 마지않습니다.

7. 病気に _____ はじめて、健康の
大切さがわかった。

  (A) かかって   (B) かかった
  (C) かかる   (D) かけて

8. たばこを _____ からというも
の、食欲が出てきた。

  (A) やめる   (B) やめて
  (C) やめよう   (D) やめた

9. どうしても彼が犯人のような気がし
て _____ 。

  (A) やまない   (B) ならない
  (C) しかない   (D) ほかない

10. 私は今勉強よりとにかくサッカーが
したくて _____ んだ。

(A) たまらない　　(B) やまない
(C) ちがいない　　(D) やむをえない

□ 포인트　'~해서 참을 수 없다' 라는 표현. 참을 수 없을 만큼 무언가를 하고 싶을 때에는 「~てたまらない」라는 표현을 사용한다.

□ 어구　とにかく 어쨌든

□ 해석　나는 지금 공부보다 어쨌든 축구가 하고 싶어서 참을 수 없어.

11. 留学している息子が、電話で、毎日
_____ しょうがないと言ってい
るので安心した。

(A) たのしくても
(B) たのしくて
(C) たのしいと
(D) たのしければ

□ 포인트　알맞은 접속 형태. 「しょうがない」는 「て」형에 접속하는 문법 표현이다.

□ 어구　留学(りゅうがく) 유학
息子(むすこ) 아들

□ 해석　유학하고 있는 아들이 전화로 매일 아주 즐겁다고 해서 안심했다.

12.

彼の勇気ある行動が死につながり _____ でなりません。ご冥福を心からお祈りいたします。

(A) 無情　　　　(B) 無理
(C) 無念　　　　(D) 無想

□ 포인트	적절한 표현. 뒷부분에 명복을 빈다는 내용으로 보아 '유감' 이라는 의미인 (C)의 「無念(むねん)」이 정답임을 알 수 있다.
□ 어구	勇気(ゆうき) 용기 冥福(めいふく) 명복 祈(いの)る 기원하다
□ 해석	그의 용기 있는 행동이 죽음으로 연결되어 대단히 유감스럽습니다. 진심으로 명복을 빕니다.

13.

彼女を一目 _____ 以来、僕は彼女のとりこになってしまった。

(A) 見　　　　(B) 見る
(C) 見て　　　(D) 見よう

□ 포인트	문법표현의 접속 형태. 「以来(いらい)」는 「て」형에 접속해서 '~한 이래' 라는 의미가 된다.
□ 어구	一目(ひとめ) 한번 봄 とりこ 포로
□ 해석	그녀를 한 번 본 이래로, 나는 그녀의 포로가 되어 버렸다.

【03. 7. 유제】

14.

この仕事が終わってからでないと、家に帰れない。

(A) この仕事をおいて
(B) この仕事が終わっても
(C) この仕事が終わる前に
(D) この仕事が終わらないことには

□ 포인트	문법표현의 의미 파악. 「~てからでないと」는 '~한 후가 아니면' 이라는 의미가 되므로, 정답은 「~ないことには」를 사용한 (D)가 된다.
□ 어구	~をおいて ~을 제외하고 동사의 기본형 + 前(まえ)에 　~하기 전에
□ 해석	이 일이 끝난 후가 아니면, 집에 돌아갈 수 없다.

정답

1. (A)　2. (C)　3. (A)　4. (D)　5. (D)　6. (B)　7. (A)　8. (B)　9. (B)　10. (A)
11. (B)　12. (C)　13. (C)　14. (D)

이것만은 확인하고 넘어가자

1. 「て」형에 접속하는 문법 표현은 접속 형태만 알고 있어도 반은 맞힐 수 있다.

2. 특히 주의를 요하는 것은 「～てしかたない」와 「～てたまらない」의 구분이다. 의미상으로 비슷한 것 같지만 쓰이는 상황이 다르므로 확실한 구분이 필요하다.

3. 자주 출제되는 표현은 「～てはじめて」, 「～て以来(いらい)」이다. 접속 형태를 틀리기 쉬운 표현들이므로 주의하자.

쉬·어·가·기

● **ついてる** ┃ 운이 좋다

選手(せんしゅ)たちは電車(でんしゃ)に乗(の)り遅(おく)れてしまって、ついてないな。
선수들은 전철을 타는 것이 늦어 버려서 뒤따르지 않았다(?)

위의 내용은 실제로 있었던 일로, 일본의 야구 선수들이 천재지변으로 신칸센(新幹線)을 타지 못해 경기를 할 수 없게 되었을 때 어느 야구감독이 한 말이다. 그런데 모 방송국에서 「ついてない」를 '뒤따르지 않았다'로 번역을 한 적이 있다. 언뜻 보면 그렇게 보이지만 실제로는 전혀 다른 의미이다. 「ついてる」는 '뒤따르고 있다'라는 의미가 아니라 '운이 좋다, 재수가 좋다'라는 의미의 동사이다. 즉 위의 「ついてない」는 동사 「ついてる」의 부정형으로 '운이 없다, 재수가 없다'라는 뜻인 것이다. 발음상으로는 의미의 혼동을 일으킬 수도 있으므로 전체 문맥으로 의미를 파악해야 하는 표현 중에 하나라고 할 수 있다.

● **ぶりっ子(こ)** ┃ 내숭을 떠는 사람

私(わたし)はぶりっ子じゃないんだ!
나는 내숭쟁이가 아니야!

괜히 얌전한 척하거나 내숭을 떠는 여성들을 뭐라고 할까? 일본어로는 「ぶりっ子」라고 한다. 비슷한 의미의 말로 「猫(ねこ)を被(かぶ)っている人(ひと)」라는 표현이 있는데, 말 그대로 양의 탈이 아닌 고양이의 탈을 쓰고 있는 사람이란 의미이다. 참고로 명사형인 「猫被(ねこかぶ)り」라는 말도 자주 사용하니 함께 알아 두자.

발음과 의미가
다른 쌍둥이 동사

한 배에서 나왔어도 의미가 다른 동사가
일본어에는 존재한다.

대체로 쌍둥이들을 보면 외모와 행동 등이 상당히 비슷하다. 그런데 일본어 동사 중에도 쌍둥이로 태어난 동사가 있다. 한 배에서 나왔으니 당연히 한자도 똑같고 의미도 비슷하다고 생각하기 쉬운데 과연 그럴까? 쌍둥이 동사들 중에는 한자는 똑같지만 의미는 전혀 다른 녀석들이 있다. 실제로 이런 동사들이 시험에 출제되면 상당히 당황스러울 것이다. 물론 실제 JPT 시험에 출제된 적도 있다. 쌍둥이는 똑같아야 한다는 고정관념을 버리고 다음 예문을 보도록 하자.

 夢を<u>抱く</u>・<u>抱き</u>しめる・膝を<u>抱える</u>

보기는 모두 같은 한자가 사용되어 만들어진 표현들이다. 그런데 발음은 모두 다르다. 우선 처음에 나오는 동사는 「抱(いだ)く」로 발음하며, '(추상적인 의미의) 품다, 안다' 라는 의미이고, 두 번째는 「抱(だ)く」로 발음하며 말 그대로 '안다' 라는 의미이다. 마지막 세 번째 동사는 생김새부터가 앞의 동사와는 다르다. 「抱(かか)える」로 발음하며 의미는 '껴안다, 감싸다' 이다. 이처럼 같은 한자에서 나온 쌍둥이 동사라도 쓰이는 상황에 따라 의미와 발음이 약간 달라지게 되는 것이다. 이번에는 같은 한자지만 전혀 다른 의미로 사용된 동사를 보도록 하자.

 雨が<u>降っ</u>ています。 ／ バスから<u>降り</u>ます。

위의 예문 역시 같은 한자에서 나온 동사이다. 둘 다 '내리다' 라는 의미로 사용하지만, 앞의 동사는 「降(ふ)る」로 발음하고, 뒤에 있는 동사는 「降(お)りる」라고 발음한다. 우리말로는 같은 의미인 것 같지만, 하나는 비나 눈 등이 내릴 때 사용하는 동사이고, 또 하나는 교통수단에서 내릴 때 사용하는 동사이다. 이처럼 같은 한자에서 나온 동사라고 할지라도 상황에 따라 의미가 달라지는 동사들이 일본어에는 다수 존재한다. 이번 기회에 확실히 구분해서 사용하도록 하자.

발음과 의미가 다른 쌍둥이 동사

- 抱(だ)く (팔・가슴에) 안다 ≠ 抱(いだ)く (마음 속에) 품다
- 潜(もぐ)る 잠입하다, 잠수하다 ≠ 潜(ひそ)む 숨어 있다, 잠재하다
- 染(し)みる 스며들다, 번지다 ≠ 染(そ)める 물들이다, 염색하다, 칠하다
- 負(お)う 지다, 짊어지다, 업다 ≠ 負(ま)ける 지다, 패배하다
- 頼(たの)む 부탁하다, 의뢰하다 ≠ 頼(たよ)る 의지하다, 믿다
- 盛(も)る (그릇에) 담다, 쌓다 ≠ 盛(さか)る 번창하다, 활발해지다
- 触(さわ)る 만지다, 손을 대다 ≠ 触(ふ)れる 접촉하다, 닿다
- 省(はぶ)く 생략하다, 줄이다 ≠ 省(かえり)みる 돌이켜 보다, 반성하다
- 覆(おお)う 덮다, 씌우다 ≠ 覆(くつがえ)す 뒤집어 엎다
- 避(さ)ける 피하다, 꺼리다 ≠ 避(よ)ける 피하다, (피해를) 방지하다
- 焦(あせ)る 안달하다, 초조하게 굴다 ≠ 焦(こ)げる 타다, 눋다
- 断(ことわ)る 거절하다, 사퇴하다, 양해를 구하다 ≠ 断(た)つ 끊다, 자르다
- 笑(わら)う 웃다, 미소짓다 ≠ 笑(え)む 미소짓다, 방긋이 웃다
- 拭(ぬぐ)う 닦다, 씻다 ≠ 拭(ふ)く 닦다
- 乾(かわ)く 마르다, 건조하다 ≠ 乾(ほ)す 말리다
- 試(ため)す 실제로 해 보다 ≠ 試(こころ)みる 시험해 보다, 시도해 보다
- 歩(ある)く 걷다 ≠ 歩(あゆ)む 걷다, (한 발짝씩) 나아가다
- 怠(おこた)る 게으름을 피우다, 방심하다 ≠ 怠(なま)ける 게으름을 피우다
- 注(つ)ぐ (술 등의 액체를) 쏟다, 붓다 ≠ 注(そそ)ぐ 쏟아지다, 쏟다, 흘리다
- 剥(は)ぐ 벗기다, 박탈하다 ≠ 剥(む)く (껍질 따위를) 벗기다, 까다
- 弾(はず)む (공 등이) 튀다, 신바람이 나다 ≠ 弾(ひ)く 악기를 연주하다, 켜다
- 勝(まさ)る 낫다, 우수하다 ≠ 勝(か)つ 이기다, 승리하다
- 逃(に)げる 도망치다, 달아나다 ≠ 逃(のが)れる 피하다, 벗어나다
- 探(さが)す 찾다 ≠ 探(さぐ)る 더듬어 찾다, 살피다

위의 동사들은 시험에서 주로 한자를 제시하고 발음을 묻는 문제의 형태로 출제되고 있다. 기본적인 사항을 알고 있더라도 가능형의 형태로 출제되거나 하면 의외로 실수하기 쉽다. 답을 고를 때에는 반드시 문장 전체의 의미를 파악한 후에 골라야 실수가 없다.

점수를 마구마구 올려 주는 문제

【02. 1. 유제】

I. この洗剤は直接触れると手が荒れる
ので、注意してください。

(A) ふられる　　　(B) ふれる
(C) さわれる　　　(D) さわられる

□ 포인트	동사의 발음. 내용상 '접촉하다, 닿다' 라는 의미가 되므로 「触(ふ)れる」가 정답이다.
□ 어구	洗剤(せんざい) 세제 荒(あ)れる 거칠어지다
□ 해석	이 세제는 직접 만지면 손이 거칠어지기 때문에, 주의해 주십시오.

【02. 1. 유제】

2. 渡辺さんは夢を抱いて東京に上京した。

(A) だいて　　　(B) いだいて
(C) くだいて　　　(D) まいて

□ 포인트	동사의 발음. '꿈을 품다' 라는 추상적인 의미로 사용되었으므로, 「いだいて」가 정답이 된다.
□ 어구	上京(じょうきょう)する 상경하다
□ 해석	와타나베 씨는 꿈을 품고 동경에 올라왔다.

3. わからない<u>ところ</u>があって辞書を
　　　　　　(A)
<u>探して</u>みたが、<u>どんな</u>意味なのかま
　(B)　　　　　(C)
だ<u>はっきり</u>わからない。
　(D)

□ 포인트	동사의 의미에 대한 이해. 문제에서의 '사전을 찾다' 는 '모르는 부분을 찾다' 라는 의미이다. 따라서 「探(さが)して」의 동사를 「引(ひ)く」로 고쳐야 한다.
□ 어구	辞書(じしょ)を引く 사전을 찾다 意味(いみ) 의미
□ 해석	모르는 부분이 있어서 사전을 찾아봤지만, 어떤 의미인지 아직 확실히 모르겠다.

4. 借金は増える一方で、夫は頭を _____
_____ いる。

   (A) かかえて   (B) だいて
   (C) いだいて   (D) まいて

5. その兵士は戦争で重傷を負って包帯
にまで血が _____ いる。

   (A) そめて   (B) しみて
   (C) なじんで   (D) あつまって

【02. 4. 유제】

6. ラッシュアワーの時間を _____
出かけましょう。

   (A) さけて   (B) きって
   (C) よけて   (D) わかれて

□ **포인트**   관용 표현의 이해. 「抱」자에는 발음이 「だく・いだく・かかえる」세 가지가 있지만 '골똘히 생각하다' 라는 의미의 관용구는 「頭(あたま)を抱(かか)える」로 표현한다.

□ **어구**   借金(しゃっきん) 꾼 돈, 빚

□ **해석**   빚은 늘어가기만 하여, 남편은 골똘히 머리를 감싸쥐고 생각하고 있다.

□ **포인트**   알맞은 동사 찾기. 문맥상 '스며들다' 라는 동사가 필요하다. '스며들다' 는 「し(染)みる」라는 동사를 사용한다. 다른 발음의 동사도 자주 출제되니 함께 익혀 두기 바란다.

□ **어구**   重傷(じゅうしょう)を負(お)う 중상을 입다
なじ(馴染)む 익숙해지다

□ **해석**   그 병사는 전쟁에서 중상을 입어서 붕대에까지 피가 스며들어 있다.

□ **포인트**   알맞은 동사 찾기. '러시아워 시간을 피하다' 라는 의미가 되어야 한다. 따라서 정답은 「さ(避)ける」가 된다.

□ **어구**   ラッシュアワー 출퇴근 때의 붐비는 시간
別(わか)れる 헤어지다

□ **해석**   러시아워를 피해서 외출합시다.

7. ゆで卵の殻を _____ 食べました。

    (A) きって   (B) はいで
    (C) むいて   (D) わって

【02. 1. 유제】

8. 新しい事実が発見され、今までの定説を _____ 。

    (A) 切った   (B) 覆した
    (C) 築いた   (D) 退いた

【04. 11. 유제】

9. 中村さんは責任を _____ として、必死に言い訳をした。

    (A) 逃げよう   (B) 逃れよう
    (C) 放れよう   (D) 放そう

【02. 7. 유제】

10. 壁のペンキが _____ 、もう一度ペンキを塗りました。

    (A) はがれて   (B) むかれて
    (C) はずして   (D) きられて

□ 포인트	껍질을 벗길 경우에는 「剥(む)く」라는 동사를 사용한다.
□ 어구	ゆで卵(たまご) 삶은 계란 殻(から) 껍질
□ 해석	삶은 계란의 껍질을 벗기고 먹었습니다.
□ 포인트	문맥상 '뒤집다' 라는 동사가 와야 한다.
□ 어구	定説(ていせつ) 정설 築(きず)く 쌓다
□ 해석	새로운 사실이 발견되어 이제까지의 정설을 뒤집었다.
□ 포인트	(A), (B) 둘 다 '도망치다' 라는 뜻이지만, 「逃(に)げる」는 주로 일반적인 뜻에, 「逃(のが)れる」는 위험한 상황이나 귀찮은 일에서 벗어난다는 의미로 사용한다.
□ 어구	責任(せきにん) 책임 言(い)い訳(わけ) 변명
□ 해석	나카무라 씨는 책임을 회피하려고 필사적으로 변명을 했다.
□ 포인트	문맥상 '벗겨지다' 라는 표현이 와야 한다. 따라서 동사 「は(剥)ぐ」의 수동형인 「はがれる」가 정답이 된다.
□ 어구	壁(かべ) 벽 ペンキ 페인트 塗(ぬ)る 칠하다
□ 해석	벽의 페인트가 벗겨져서 다시 한 번 페인트를 칠했습니다.

11. 私は薬だけに_____ いては本当の健康は取り戻せないということを悟った。

(A) あせて   (B) たのんで
(C) おこたって   (D) たよって

□ **포인트**	적절한 동사. 전체 내용상 '의지하다' 라는 의미의 동사가 필요하므로 (D)가 정답이 된다.
□ **어구**	取り戻す(とりもどす) 되찾다 悟(さと)る 깨닫다
□ **해석**	나는 약에만 의지하고 있어서는 진정한 건강은 되찾을 수 없다는 것을 깨달았다.

12. 先に_____ おきますが、今回のネタは知っていてもあまり得はしません。

(A) 試して   (B) 断って
(C) 省いて   (D) 潜んで

□ **포인트**	적절한 동사. 「断(ことわ)る」 는 '양해를 구하다' 라는 의미의 동사이다. '양해를 구해 두다' 는 하나의 관용표현처럼 「断っておく」로 외워 두자.
□ **어구**	ネタ 자료 得(とく) 이득
□ **해석**	먼저 양해를 구해 둡니다만, 이번의 자료는 알고 있어도 그다지 이득이 되지는 않습니다.

13. 彼はもう試合が始まったのではないかといらだっていた。

(A) あせっていた
(B) あきらめていた
(C) かえりみていた
(D) こころみていた

□ **포인트**	같은 의미의 표현. 「いらだつ」 는 '초조하다' 라는 의미이므로, 가장 유사한 의미의 동사는 (A)의 「焦(あせ)る」이다.
□ **어구**	試合(しあい) 시합 諦(あきら)める 포기하다
□ **해석**	그는 벌써 시합이 시작된 것은 아닌가라며 초조해 하고 있었다.

이 것 만은 확 인 하 고 넘 어 가 자

I. 정리해 둔 쌍둥이 동사는 반드시 숙지하고 있어야 한다. 실제로 한 시험에서 3문제나 출제된 적도 있다.

2. 단어만 외우면 오히려 혼동하기 쉬우므로, 외울 때에는 반드시 문장으로 외워 두자.

3. 자주 출제되는 한자는 「抱」, 「覆」, 「断」, 「剥」, 「勝」, 「弾」등이다.

쉬·어·가·기

● **よろこんで** ｜ 기꺼이

　よろこんで、私(わたし)がします。 기뻐하고 제가 하겠습니다?

　「よろこんで」에는 '기꺼이'라는 의미가 있다. 상대방의 어떤 부탁이나 제안에 기꺼이 하겠다는 기분을 나타내고 싶을 때 간단히 「よろこんで」라고 하면 된다. 보통 손윗사람에게 사용하며 친한 사이에서는 잘 사용하지 않는 표현이다.

　이처럼 특수한 형태로 사용되는 단어가 일본어에는 몇 개 존재하는데, 대표적인 것으로 「かわった(색다른)」나 「とんだ(엉뚱한)」 등을 들 수 있다. 이런 단어들은 원래의 의미와는 다른 의미로 사용되기 때문에 정확한 이해가 필요하다.

● **白(しら)ける** ｜ 흥이 깨지다

　山田(やまだ)さんの下手(へた)な歌(うた)のせいで、雰囲気(ふんいき)が白けちゃった。
　야마다 씨의 서툰 노래 때문에, 분위기가 하얗게 되어 버렸다(?)

　일상 회화에서도 자주 들을 수 있는 말이 「白ける」라는 단어이다. 이 단어에는 '흥이 깨지다, 썰렁해지다'라는 의미가 있다. 이와는 반대로 분위기를 잘 맞추는 사람은 「乗(の)りがいい人(ひと)」라고 표현한다. 「乗る」라는 동사는 '타다'라는 의미의 동사인데 분위기를 잘 타 그 분위기에 맞춘다는 의미를 나타내기도 한다.

의미 파악이 힘든 복합동사

하나는 쉬우나 둘이 합쳐지면 무슨 의미인지
파악이 힘든 복합동사

'백지장도 맞들면 낫다'라는 속담이 있다. 무슨 일을 할 때 한 사람이 하는 것보다는 두 사람이 힘을 합치면 더 쉽다는 의미이다. 그런데 일본어 동사는 두 개가 결합되면 의미 파악이 정말 힘들어진다. 각각의 의미를 알고 있는 사람이라 할지라도 복합동사의 의미를 파악하기란 쉽지 않다. 다음 복합동사의 의미를 한 번 생각해 보자.

> 예
> 立ち直る　서서 고쳐지다(?)
> 打ち明ける　쳐서 밝아지다(?)

우선 처음에 나오는 복합동사는 「立(た)つ」라는 동사에 「直(なお)る」라는 동사가 결합된 형태이다. 「立つ」는 '서다'라는 의미이고, 「直る」는 '고쳐지다'라는 의미이다. 그렇다면 「立ち直る」는 어떤 의미일까? 이것은 '서서 고쳐지다'라는 뜻이 아니라 '회복하다'라는 의미의 동사이다. 이 복합동사 하나만으로도 의미 파악이 쉽지 않다는 것을 느낄 수 있을 것이다. 다음에 나오는 「打(う)ち明(あ)ける」는 과연 어떤 의미일까? 이 동사도 각각의 동사로는 의미 파악이 힘들다. 「打ち明ける」는 '털어놓다, 고백하다'라는 의미의 복합동사이다.

이처럼 복합동사는 의미 파악이 힘들기 때문에 JPT 시험에 자주 출제되고 있다. 일본어 학습자를 대상으로 한 조사에 의하면 일본어 품사 중에서 가장 어려운 것이 동사라고 한다. 동사를 결코 만만하게 봐서는 안 된다. 복합동사는 더더욱 그렇다. 그럼 시험에 자주 출제되는 복합 동사를 한 번 알아 보도록 하자.

의미 파악이 힘든 복합동사

- 押し切る(おしきる) 강행하다, 무릅쓰다
- 乗り出す(のりだす) 적극적으로 나서다, 개입하다
- 立ち直る(たちなおる) 다시 일어서다, 회복하다
- 受け入れる(うけいれる) 받아들이다, 수납하다
- 踏み切る(ふみきる) 결단하다, 단행하다
- 掛け合う(かけあう) 교섭하다, 흥정하다
- 張り切る(はりきる) 긴장하다, 힘이 넘치다
- 取り締まる(とりしまる) 감독하다, 단속하다
- 打ち明ける(うちあける) 고백하다, 다 이야기 하다
- 取り消す(とりけす) 취소하다
- 見込む(みこむ) 기대하다, 예상하다
- 立て込む(たてこむ) 사람이 많거나 일이 겹쳐서 붐비다
- 座り込む(すわりこむ) 농성하다, 버티고 앉다
- 飲み込む(のみこむ) 이해하다, 납득하다
- 仕組む(しくむ) 궁리하다, 계획하다
- 食み出す(はみだす) 불거지다, 초과하다
- 切り詰める(きりつめる) 절약하다, 줄이다
- 立ち竦む(たちすくむ) 우뚝 멈춰 서다
- 見舞う(みまう) 닥쳐오다, 문병하다
- 払い込む(はらいこむ) 불입하다, 돈을 붓다
- 割り込む(わりこむ) 끼어들다, 새치기하다
- 見入る(みいる) 열심히 보다, 넋을 잃고 보다
- 追い抜く(おいぬく) 앞지르다, 추월하다
- 押し付ける(おしつける) 강요하다, 억지로 떠맡기다
- 打ち合わせる(うちあわせる) 미리 의논하다, 협의하다
- 持ち直す(もちなおす) 본 상태로 돌아가다, 회복하다
- 落ち込む(おちこむ) 빠지다, 좋지 않은 상태가 되다
- 取り立てる(とりたてる) 거두어 들이다, 수확하다
- 引き付ける(ひきつける) 마음을 끌다, 사로잡다

- 引き受ける(ひきうける) 떠맡다, 인수하다
- 仕向ける(しむける) 작용하다, 발송하다
- 言い付ける(いいつける) 분부하다, 명령하다, 고자질하다
- 引き取る(ひきとる) 물러나다, 인수하다
- 振り出す(ふりだす) 어음이나 수표를 발행하다, 출발하다, 흔들어 뽑다
- 込み上げる(こみあげる) 치밀어 오르다, 복받치다
- 見計らう(みはからう) 가늠하다, 적당히 고르다
- 踏み込む(ふみこむ) 발을 들여놓다, 빠지다
- 見合う(みあう) 균형이 맞다, 알맞다
- 差し控える(さしひかえる) 삼가다, 보류하다
- 差し支える(さしつかえる) 지장이 있다
- 引き揚げる(ひきあげる) 철수하다, 퇴각하다
- 明け暮れる(あけくれる) 어떤 일에 시종 몰두하다, 세월이 흐르다
- 巻き込む(まきこむ) 말려들게 하다, 연루되게 하다
- 張り合う(はりあう) 겨루다, 경쟁하다
- 思い止まる(おもいとどまる) 단념하다, 포기하다
- 思い余る(おもいあまる) 어찌해야 좋을지 갈팡질팡하다
- 寄り掛かる(よりかかる) 기대다, 의존하다
- 打ち切る(うちきる) 중지하다, 중단하다
- 取り組む(とりくむ) 힘쓰다, 몰두하다, 맞잡고 싸우다
- 待ち兼ねる(まちかねる) 학수고대하다, 기다리지 못하다
- 見直す(みなおす) 다시 보다, 다시 평가하다, 나아지다
- 乗り越える(のりこえる) 타고 넘다, 극복하다
- 立て替える(たてかえる) 대신 지불하다
- 見落とす(みおとす) 빠뜨리다, 간과하다

복합동사는 세심한 주의가 필요한 부분이다. 단순한 암기로는 문제를 맞추기가 힘들다. 반드시 문장을 통해서 용법을 익혀 두도록 하자.

점수를 마구마구 올려 주는 문제

I. 申し訳ございませんが、当日のご予約の＿＿＿＿はできません。

(A) 取り消し　　(B) 打ち消し
(C) 切り消し　　(D) 聞き消し

□ 포인트	알맞은 의미의 복합동사 찾기. '취소'는 「取り消し(とりけし)」라고 한다.
□ 어구	打ち消し(うちけし) 부정
□ 해석	죄송합니다만, 당일의 예약 취소는 불가능합니다.

【02. 1. 유제】

2. 最近ここで盗難事件が相次いでいるので、警察はさっそく捜査に＿＿＿＿＿＿。

(A) 乗り込んだ　　(B) 乗り出した
(C) 乗り換えた　　(D) 乗り越した

□ 포인트	'착수하다'라는 표현은 「乗り出す(のりだす)」라고 한다.
□ 어구	乗り換(か)える 바꿔 타다 乗り越(こ)す 내려야할 곳을 지나치다
□ 해석	최근 이곳에서 도난사건이 연이어 발생하고 있기 때문에, 경찰은 재빨리 수사에 착수했다.

3. 試合が始まる前に彼は「今度こそ必ず勝つ」と＿＿＿＿＿いた。

(A) 張り切って　　(B) 追い抜いて
(C) 仕向けて　　(D) 受け入れて

□ 포인트	알맞은 의미의 복합동사 찾기. '힘이 넘치다'는 「張り切る(はりきる)」라고 한다.
□ 어구	追い抜く(おいぬく) 추월하다 受け入れる(うけいれる) 받아들이다
□ 해석	시합이 시작되기 전에 그는 「이번에야 말로 반드시 이긴다」라고 힘이 넘치고 있었다.

4. 一度 _____ からには最後まで責
任を持ってやるべきです。

    (A) 引き留めた   (B) 引き締めた
    (C) 引き切った   (D) 引き受けた

【02. 4. 유제】

5. 反対を押し _____ やったのに、
結果がよくないので残念ですね。

    (A) 切って   (B) 出して
    (C) かけて   (D) とって

6. パーティーも終わり片付けも全部済
んだので、そろそろ _____ こと
にする。

    (A) 引き返す   (B) 引き取る
    (C) 引き受ける   (D) 引き継ぐ

□ **포인트** 알맞은 의미의 복합동사 찾기. '떠맡다'는 「引き受ける(ひきうける)」라고 한다.

□ **어구** ～からには ～이상은
最後(さいご) 마지막, 최후
責任(せきにん) 책임

□ **해석** 한 번 떠맡은 이상은 끝까지 책임을 지고 해야 합니다.

□ **포인트** 알맞은 의미의 복합동사 찾기. '반대를 무릅쓰다'라는 표현은 「押し切る(おしきる)」이다.

□ **어구** 反対(はんたい) 반대
結果(けっか) 결과

□ **해석** 반대를 무릅쓰고 했는데, 결과가 좋지 않아서 유감이군요.

□ **포인트** 알맞은 의미의 복합동사 찾기. 문맥상 '물러나다'라는 의미의 동사가 필요하다. 정답은 「引き取る(ひきとる)」가 된다.

□ **어구** 片付(かたづ)け 정리, 처리
済(す)む 끝나다

□ **해석** 파티도 끝나고 정리도 전부 끝났기 때문에, 슬슬 돌아가기로 한다.

7. 新入社員は仕事の要領をやっと ＿＿＿ ＿＿＿ ようです。

    (A) 踏み込んだ   (B) 払い込んだ
    (C) 飲み込んだ   (D) 割り込んだ

【04. 5. 유제】

8. 親しい友達に本心を全部 ＿＿＿＿＿＿ ら気持ちが楽になった。

    (A) 打ち明けた   (B) 打ち切った
    (C) 打ち込んだ   (D) 打ち合わせた

9. お酒を飲みすぎると明日の仕事に ＿＿＿＿＿＿ から控えてください。

    (A) 差し掛かる   (B) 差し支える
    (C) 差し控える   (D) 差し入れる

□ 포인트   알맞은 의미의 복합동사 찾기. 문맥상 '이해하다' 라는 의미의 동사가 필요하다. 정답은「飲み込んだ(のみこんだ)」이다.

□ 어구   新入社員(しんにゅうしゃいん) 신입사원
要領(ようりょう) 요령

□ 해석   신입사원은 일의 요령을 겨우 이해한 것 같습니다.

□ 포인트   알맞은 의미의 복합동사 찾기. 문맥상 친구에게 고민을 고백했다는 내용이 되어야 한다.

□ 어구   本心(ほんしん) 본심

□ 해석   친한 친구에게 본심을 전부 털어놓으니 기분이 편안해졌다.

□ 포인트   술을 너무 많이 마시면 당연히 내일 일에 지장이 있을 것이다. 따라서 '지장이 있다' 라는 동사「差し支える(さしつかえる)」가 정답이 된다.

□ 어구   飲(の)みすぎる 과음하다
差し控える(さしひかえる) 보류하다, 삼가다

□ 해석   과음하면 다음 날 일에 지장이 있으니 삼가해 주십시오.

10. バスに乗るために並んでいる人々の
中を _____ いけません。

(A) 座り込んでは
(B) 巻き込んでは
(C) 割り込んでは
(D) 乗り込んでは

【02. 4. 유제】

11. 最近日本の経済は長い不況から徐々
に _____ いる。

(A) 見合って　　(B) 立ち直って
(C) 食み出して　(D) 切り詰めて

12. 妹は僕が友達と喧嘩したことを母に
_____。

(A) 言い張った
(B) 言い触らした
(C) 言いかけた
(D) 言い付けた

□ 포인트	'늘어선 사람들 사이를 새치기 하다' 라는 의미가 되어야 한다. '새치기 하다' 는 「割り込む(わりこむ)」라 한다.
□ 어구	座り込む(すわりこむ) 앉아서 농성하다
□ 해석	버스를 타기 위해서 늘어선 사람들 속을 끼어들어서는 안 됩니다.

□ 포인트	문맥상 '회복하다' 라는 의미의 복합동사가 필요하다. 알맞은 동사는 「立ち直る(たちなおる)」이다.
□ 어구	不況(ふきょう) 불황 切り詰める(きりつめる) 절약하다
□ 해석	최근 일본 경제는 긴 불황에서 서서히 회복하고 있다.

□ 포인트	알맞은 의미의 복합동사 찾기. 문맥상 '고자질하다' 라는 의미의 복합 동사가 필요하다.
□ 어구	喧嘩(けんか)する 싸움하다 言い張る(いいはる) 주장하다, 우겨대다
□ 해석	여동생은 내가 친구와 싸운 것을 어머니에게 고자질했다.

13. 年末には飲酒運転の _____ が厳しくなる。

(A) 取り立て   (B) 取り組み
(C) 取り入れ   (D) 取り締まり

□ 포인트	알맞은 의미의 복합동사 찾기. 앞부분에 '음주운전' 이라는 단어가 있는 것으로 보아 정답은 '단속' 이라는 의미인 (D)의 「取り締まり(とりしまり)」가 된다.
□ 어구	年末(ねんまつ) 연말 飲酒運転(いんしゅうんてん) 음주운전 厳(きび)しい 엄하다
□ 해석	연말에는 음주운전의 단속이 엄해진다.

14. 社会人になってからは仕事と酒に _____ ばかりで、体重が学生時代より20kgも増えた。

(A) 払い込む   (B) 切り詰める
(C) 明け暮れる   (D) 引き付ける

□ 포인트	알맞은 의미의 복합동사 찾기. 내용상 '몰두하다' 라는 의미의 복합동사가 필요하므로, (C)가 정답이 된다.
□ 어구	体重(たいじゅう) 체중 増(ふ)える 늘다
□ 해석	사회인이 되고 나서는 일과 술에만 빠져 지내서 체중이 학생 시절보다 20kg이나 늘었다.

15. この大学は外国人留学生を積極的に _____ いる。

(A) 受け入れて   (B) 見舞って
(C) 追い抜いて   (D) 落ち込んで

□ 포인트	알맞은 의미의 복합동사 찾기. 앞의 내용으로 보아 '받아들이다' 라는 의미의 복합동사가 필요함을 알 수 있다. 정답은 (A)가 된다.
□ 어구	留学生(りゅうがくせい) 유학생 積極的(せっきょくてき) 적극적
□ 해석	이 대학은 외국인유학생을 적극적으로 받아들이고 있다.

정답

1.(A) 2.(B) 3.(A) 4.(D) 5.(A) 6.(B) 7.(C) 8.(A) 9.(B) 10.(C)
11.(B) 12.(D) 13.(D) 14.(C) 15.(A)

이것만은 확인하고 넘어가자

I. 복합동사는 언제든지 출제될 수 있는 부분이므로 반드시 다 외워 두도록 하자.

2. 출제 형태는 앞의 동사와 비슷한 동사들을 나열하여 적당한 표현을 찾는 문제와 복합동사의 뒷부분을 찾는 문제 두 가지로 출제된다.

3. 실제 시험에 출제된 복합동사는「立ち直る」,「乗り出す」,「押し切る」등이다.

쉬·어·가·기

● **まっぴらごめんだ** ┃ 딱 질색이다

そんな 話 はまっぴらごめんです。
그런 이야기는 정말 죄송합니다(?)

「ごめん」은 주로 상대방에게 사과할 때 사용하는 말이다. 이 말은「切(き)り捨(す)て御免(ごめん)」이라는 말에서 나왔는데, 옛날 무사 시대에는 무사가 평민을 죽여도(切り捨て)「御免」이라는 말만 하면 전혀 죄가 되지 않았던 것에서 유래한 말이다. 그런데 이 말에는 '싫어하다, 질색이다' 라는 의미도 있다. 따라서 위의 문장은 '미안하다' 라는 의미가 아니라 '딱 질색이다' 라는 의미로 사용된 문장이다.

● **飛ぶように** ┃ 날개 돋친 듯이

暑いので、クーラーが飛ぶように売れていた。
덥기 때문에, 에어콘이 날 듯이 팔리고 있었다(?)

'날개 돋친 듯이' 는 일본어로 어떻게 표현할까? 아무리 머리를 굴리고 생각해 보아도 좋은 표현이 떠오르지 않을 것이다. 그러나 이 표현은 의외로 간단하다. 간단히「飛ぶように」라고 하면 우리말의 '날개 돋친 듯이' 라는 의미와 동일한 의미가 된다. 이처럼 쉬운 표현인데도 일상 회화에서 사용하기란 쉽지 않다. 평소에 꾸준히 살아 있는 표현을 익혀 두는 것이 능숙한 회화의 지름길이다.

바늘과 실 관계에 있는 표현

혼자되면 외로움을 잘 타는 표현들~
언제나 함께……

어학 실력을 측정하는 객관적인 기준은 아직까지 없다고 본다. 물론 기본적으로는 풍부한 어휘나 자연스러운 문장 구사 등이 그 기준의 하나는 될 수 있을 것이다. 하지만 아무리 많은 어휘나 표현을 알고 있다하더라도 그것을 적재적소에 적용시키지 못하면 그것은 죽은 지식이나 마찬가지이다. 일본어를 공부하다 보면 무수히 많은 유의어나 유사 표현이 등장한다. 그럴 때 여러분은 어떻게 대처하는가? 당연히 쌍으로 외워서 용법을 구분해야 할 것이다. 실제 JPT 시험에서도 이런 부분은 자주 출제되고 있다. 하지만 대부분의 학습자는 이런 표현이 나왔을 때 왜 틀렸는지, 틀렸다면 어떻게 고쳐야 하는지를 잘 모른다. 그래서 이 장에서는 반드시 쌍으로 외우고 용법을 구분해야 하는 표현들을 몇 개 다루어 보려고 한다. 우선 예문을 일본어로 작문해 보자.

> 창문이 열려져 있습니다.
> ▶ 窓が開いています。 ／ 窓が開けてあります。

예문을 일본어로 바꾸면 화살표처럼 두 가지 표현이 나올 수 있다. 왼쪽은 자동사 「開(あ)く」를 사용한 문장이고, 오른쪽은 타동사 「開(あ)ける」를 사용한 문장이다. 물론 뉘앙스 면에서는 두 문장에 약간의 차이가 있지만, 그것을 일단 접어두고 보면 두 문장 모두 상태를 나타내고 있다는 것을 알 수 있다. 같은 상태를 나타내더라도 앞에 오는 동사의 종류에 따라 표현이 달라진다.

> 友達がたくさんできて _____ 生活を送っています。

밑줄에 알맞은 い형용사를 생각해 보면 두 가지가 떠오를 것이다. 「うれしい」와 「楽(たの)しい」인데, 둘다 기쁘거나 즐거운 상태를 나타내고 있지만 지속성이라는 면에서 보면 위의 예문에는 「楽しい」가 와야 자연스러운 문장이 된다. 이처럼 비슷한 의미를 나타내고 있지만 용법에서 차이가 나는 표현들이 일본어에는 다수 존재한다. 이와 함께 의미는 반대지만 늘 바늘과 실처럼 함께 외워 두어야만 하는 표현도 있다. 그런 표현들은 단독으로 외워서는 시험에서 정답을 찾기가 대단히 어렵다. 그럼 이제부터 함께 외워야만 하는 표현들에 대해서 알아 보기로 하자.

혼자 사용하면 외로운 표현들

1 자동사 + ～ている | 진행과 상태 모두 나타냄
자동사 + ～てある | 상태를 표현

あおぞら いちわ とり と
青空に一羽の鳥が飛んでいる。 푸른 하늘에 한 마리의 새가 날고 있다.
つくえ うえ ほん お
机 の上に本が置いてあります。 책상 위에 책이 놓여져 있습니다.

암기 「타동사+てある」는 상당히 출제 빈도가 높은 표현이다. 반드시 암기해 두도록 하자.

2 ～おかげで | ～덕분에, 뒷문장에는 주로 좋은 결과가 옴
～せいで | ～탓에, 뒷문장에는 주로 나쁜 결과가 옴

せんせい だいがく う
先生のおかげで、いい大学に受かった。
선생님 덕분에 좋은 대학에 합격했다.
きょねんおも びょうき いま からだ よ
去年重い病気をしたせいで、今でも体が良くない。
작년에 심한 병을 앓았기 때문에, 지금도 몸이 좋지 않다.

3 ～なくて | ～하지 않아서(원인이나 이유를 나타냄)
～ないで | ～하지 않고, ～하지 말고

きのう こ ちこく
昨日はバスがなかなか来なくて、遅刻してしまった。
어제는 버스가 좀처럼 오지 않아서 지각해 버렸다.
たなか べんきょう あそ
田中さんは勉強はしないで遊んでばかりいる。
다나카 씨는 공부는 하지 않고 놀고만 있다.

암기 '～하지 말아 주십시오'는 「～ないでください」라고 한다. 「～なくてください」의 형태로
는 사용하지 않는다는 것을 기억해 두자.

4 **〜にわたって** | 〜에 걸쳐서(기간·전국(全国), 전원(全員) 등의 넓은 범위를 나타내는 말로 사용)

〜にかけて | 〜에 걸쳐서(두 개의 지점과 지점 사이를 말할 때)

> 両国の首脳は二時間にわたって会談をした。
> 양국의 수뇌는 2시간에 걸쳐서 회담을 했다.
> 昨日、神戸から大阪にかけて大雨が降った。
> 어제 고베에서 오사카에 걸쳐 많은 비가 내렸다.

5 **嬉(うれ)しい** | (순간적인) 기쁨, 그 당시의 기쁨을 표현할 때

楽(たの)しい | (지속적인) 기쁨, 즐거움이 지속될 때

> 難しい試験に合格して本当に嬉しい。
> 어려운 시험에 합격해서 정말로 기쁘다.
> 彼女と結婚してから楽しい毎日を送っている。
> 그녀와 결혼한 후 즐거운 매일을 보내고 있다.

6 **はじめ** | 처음(일의 시작)

はじめて | 최초로, 처음으로(경험의 유무)

> はじめの時はたいへんだったが、今は慣れて大丈夫だ。
> 처음에는 힘들었지만, 지금은 익숙해져서 괜찮다.
> はじめて日本へ行った時には本当に緊張した。
> 처음으로 일본에 갔을 때는 정말로 긴장했었다.

7 **きっと** | 꼭, 틀림없이(화자의 희망이나 의지를 나타냄)
必(かなら)ず | 반드시, 틀림없이(의무나 약속을 나타냄)
ぜひ | 부디, 꼭(상대방에게 자신의 희망을 나타냄)

> この写真を見ると、両親も<u>きっと</u>喜ぶだろう。
> 이 사진을 보면 부모님도 틀림없이 기뻐할 것이다.
> 値段が高いからといって、<u>必ず</u>いい物とは言えない。
> 가격이 비싸다고 해서 반드시 좋은 물건이라고는 할 수 없다.
> 都合がよろしければ、<u>ぜひ</u>遊びに来てください。
> 형편이 괜찮으시면 꼭 놀러 오십시오.

8 **～ていく** | ～해 가다(동작의 계속이나 진행을 나타냄)
～てくる | ～해 오다, 점차 ～하게 되다

> 最近、環境問題はだんだん深刻になっ<u>ていく</u>。
> 최근 환경문제는 점점 심각해져 간다.
> 韓国は今まで豊かな労働力のおかげで、発展し<u>てきた</u>。
> 한국은 지금까지 풍부한 노동력 덕분에 발전해 왔다.

암기 두 표현은 문맥으로 파악을 해야 한다. 내용으로 보아 현재를 기준으로 과거에서 현재까지인지, 현재부터 미래까지인지를 먼저 판단한 다음 정답을 골라야 실수하는 일이 없다.

시험에서 「～てある」, 「～おかげで」, 「ぜび」, 「～ていく」의 표현들은 출제 빈도가 상당히 높다. 대부분 오문정정 파트에서 출제되는데, 서로 바꾸어 출제하는 경우가 대부분이다. 매 시험마다 골고루 출제되고 있으므로 반드시 암기해 두어야 고득점을 올릴 수 있다.

【02. 1. 유제】

I. 図書館は普通、朝7時から夜12時<u>まで</u>
(A)
<u>開いてあります</u>が、満員<u>で</u>席がない
(B)   (C)
<u>時</u>もあります。
(D)

□ 포인트	자동사의 상태 표현. 자동사의 상태는 「~ている」로 표현한다.
□ 어구	~から~まで ~부터~까지 満員(まんいん) 만원
□ 해석	도서관은 보통 아침 7시부터밤 12시까지 열려 있습니다만, 만원으로 자리가 없을 때도 있습니다.

【04. 10. 유제】【07. 1. 유제】

2. 会社<u>まで</u>遠い<u>から</u>、朝寝坊を<u>した</u>日
(A)   (B)   (C)
には、朝御飯を<u>たべなくて</u>出勤します。
(D)

□ 포인트	'~하지 않고'라는 의미의 표현은 「~ないで」이다.
□ 어구	朝寝坊(あさねぼう)をする 늦잠을 자다
□ 해석	회사까지 멀기 때문에, 늦잠을 잔 날에는 아침밥을 먹지 않고 출근합니다.

【01. 9. 유제】

3. <u>初めて</u>日本に<u>行った</u>時、日本語が下
(A)   (B)
手な<u>おかげで</u>、困ったことが何度<u>も</u>
(C)   (D)
ありました。

□ 포인트	'~때문에'라는 표현의 의미 차이. 문맥상 '일본어가 서툴기 때문에'라는 의미가 되므로 「せいで」가 되어야 한다. 「おかげで」는 주로 좋은 일에만 사용한다.
□ 어구	下手(へた)だ 서툴다 困(こま)る 곤란하다
□ 해석	처음 일본에 갔을 때, 일본어가 서툴어서 곤란한 적이 몇 번이나 있었습니다.

4. 日本<u>で</u>の勉強は<u>たいへん</u>ですが、<u>う</u>
(A)   (B)

<u>れしい</u>学生生活を送<u>っています</u>。
(C)   (D)

<table>
<tr><td>□ 포인트</td><td>기쁨을 나타내는 い형용사 구분. 지속적인 기쁨의 경우에는 「楽(たの)しい」, 순간적인 기쁨을 나타낼 때는 「うれ(嬉)しい」를 사용한다.</td></tr>
<tr><td>□ 어구</td><td>たいへんだ 힘들다
学生生活(がくせいせいかつ) 학생생활</td></tr>
<tr><td>□ 해석</td><td>일본에서의 공부는 힘듭니다만, 즐거운 학생생활을 보내고 있습니다.</td></tr>
</table>

5. <u>脱いだ</u>服は<u>もっと</u>ハンガーに <u>かけて</u>
(A)   (B)   (C)   (D)

ください。

<table>
<tr><td>□ 포인트</td><td>「もっと」는 '더, 더욱, 한층'이라는 의미의 부사로 내용상 맞지 않다. 전체 내용상 (B)의 부사는 「ぜひ」나 「必(かなら)ず」가 되어야 한다.</td></tr>
<tr><td>□ 어구</td><td>脱(ぬ)ぐ 벗다
ハンガーにかける 옷걸이에 걸다</td></tr>
<tr><td>□ 해석</td><td>벗은 옷은 반드시 옷걸이에 걸어 주십시오.</td></tr>
</table>

[01. 11. 유제]

6. ファンが<u>熱心</u>に応援<u>してくれた</u>
(A)   (B)

<u>せいで</u>、試合<u>に</u>勝つことができた。
(C)   (D)

<table>
<tr><td>□ 포인트</td><td>「せいで」와 「おかげで」의 구분. 문제에서는 좋은 일의 결과를 말하므로 「おかげで」가 적당하다.</td></tr>
<tr><td>□ 어구</td><td>熱心(ねっしん)に 열심히
～てくれる ～해 주다
～せいで ～탓으로</td></tr>
<tr><td>□ 해석</td><td>팬이 열심히 응원해 준 덕택에, 시합에서 이길 수 있었다.</td></tr>
</table>

[01. 11. 유제]

7. このような<u>やり方</u>にもかかわらず、
(A)　　　　　　　(B)

新製品の<u>売り上げ</u>はそれなりに
(C)

<u>うまくきている。</u>
(D)

□ 포인트	'순조롭게 진행되어 가다'라는 의미의 표현은「うまくいく」로 나타낸다.
□ 어구	～にもかかわらず ～임에도 불구하고 売り上げ(うりあげ) 매상
□ 해석	이와 같은 방법에도 불구하고, 신제품의 매상은 나름대로 잘 되어 가고 있다.

8. 昨夜、9時ごろ、東京から東北地方
_____ 強い地震がありました。

(A) にかけて　　(B) によって
(C) にとって　　(D) にそって

□ 포인트	'～에 걸쳐서'라는 표현은「～にかけて」이다.
□ 어구	地震(じしん) 지진 ～によって ～에 의해 ～にとって ～에 있어서
□ 해석	어젯밤 9시 경 동경에서 동북 지방에 걸쳐 강한 지진이 발생했습니다.

9. 新製品の注文が殺到し、社長は
_____ 悲鳴をあげている。

(A) ふとい　　(B) たのしい
(C) ひどい　　(D) うれしい

□ 포인트	'기쁘다'라는 い형용사의 구분. 「うれしい悲鳴(ひめい)をあげる」는 '기쁜 비명을 지르다'라는 표현이다. 참고로「たの(楽)しい」는 기쁨에 지속성이 있는 경우에 사용한다.
□ 어구	注文(ちゅうもん) 주문 殺到(さっとう) 쇄도
□ 해석	신제품의 주문이 쇄도해서 사장님은 기쁜 비명을 지르고 있다.

10. 会社に入って一年はたいへんだったが、
この頃ようやく慣れて_____。

(A) いった　　　(B) やった
(C) きった　　　(D) きた

11. 機会があれば_____日本に行っ
てみたいです。

(A) かなり　　　(B) けっして
(C) ぜひ　　　　(D) わざと

정답

1.(B) 2.(D) 3.(C) 4.(C) 5.(B) 6.(C) 7.(D) 8.(A) 9.(D) 10.(D)

11.(C)

이것만은 확인하고 넘어가자

I. 앞에 나온 표현들은 JPT 시험에서 매번 한 문제 이상씩 반드시 출제되고 있으므로 확실하게 이해해 두어야 한다.

2. 주로 오문정정 문제에서 출제되는데, 보기 중에 앞에서 정리한 표현들이 있으면 일단 의심을 해 보기 바란다. 도저히 정답을 찾을 수 없을 때에는 앞에서 정리한 표현을 고르면 정답이 될 확률이 높다.

3. 가장 많이 출제되는 것은 「타동사 + てある」의 상태 표현과 「おかげで」와 「せいで」, 「ないで」와 「なくて」의 구분을 묻는 문제이다.

쉬·어·가·기

●**気持ち悪い** | 속이 좋지 않다

お酒を飲みすぎたので、ちょっと気持ちが悪いです。
술을 너무 많이 마셨기 때문에 조금 기분이 나쁩니다(?)

「気持ち悪い」는 무언가 꺼리거나 싫은 것을 보았을 때, 혹은 기분이 상했을 때 사용하는 말이다. 우리말로 풀이하면 '기분 나쁘다' 라는 뜻이 된다. 그런데 이 표현은 과음이나 과식으로 인해 어지럽거나 속이 좋지 않은 상태를 나타낼 때에도 사용한다. 따라서 위의 문장에서는 '기분 나쁘다' 라는 의미가 아니라 '속이 좋지 않다, 토할 것 같다' 라는 의미로 사용된 것이다.

●**もう** | 참을 수 없는 상태를 나타냄

30分も待っていたのに…もう!
30분이나 기다리고 있었는데도…이제!(?)

「もう」는 일상회화에서 자주 들을 수 있는 부사이다. 기본적으로 '이제, 이미, 벌써' 라는 의미를 가지는데 위의 예문에서는 전혀 다른 의미로 사용되었다. 즉, 초조하거나 화가 날 때에는 윗 문장에서처럼 간단히 「もう」라고 하면 된다. 굳이 해석을 하자면 '못 참겠어, 미치겠군' 정도가 된다.

조동사는 용법만 익히자

일본어의 조동사는 시험에서 의미 구분만 할 수 있으면 모든 것이 끝난다.

일본어에는 조동사라는 품사가 존재한다. 한자를 풀이해 보면 동사(動詞)의 역할을 도와 주는 품사가 바로 조동사(助動詞)이다. 우리들은 초급 단계에서부터 무수히 많은 조동사를 배워 왔으나 정확하게 의미를 구분하면서 사용하는 사람은 드문 것 같다. 따라서 이 장에서는 시험에서 상당히 비중있게 출제되는 조동사를 중심으로 의미의 차이에 대해서 알아 보려고 한다.

우선 가장 많이 출제되는 부분인 추량의 조동사에 대해서 알아보자. 추량의 조동사는 「そうだ」, 「ようだ」, 「らしい」, 「みたいだ」 네 개가 존재한다. 전부 추량의 의미를 나타내지만 용법면에서는 상당한 차이가 있다.

 この桃は美味しそうだ。

우선 「そうだ」는 사물의 상태나 행위를 직감적으로 나타내는 양태의 의미가 강하다고 할 수 있다. 위의 예문에서는 복숭아라는 대상을 보고 직감적으로 느낀 것을 표현하고 있다. 이번에는 「そうだ」와 바꿔 쓰기 쉬운 「ようだ」의 용법에 대해서 알아 보자.

 電車が遅れているのを見ると、何か事故があったようだ。

위의 예문에서 「ようだ」는 자신의 주관적인 근거에 의한 추측을 나타낸다. 즉 「そうだ」가 직관적이라면 「ようだ」는 주관적인 추측에 가깝다고 볼 수 있을 것이다. 그렇다면 「らしい」는 다음 예문에서 어떤 용법으로 사용되고 있을까?

 学生は学生らしい行動をすべきだ。

위의 예문에서 「らしい」는 추량의 용법과는 전혀 무관하게 사용되고 있다. 즉 명사 뒤의 「らしい」는 '~답다'라는 의미로도 사용된다. 같은 추량 표현이라도 용법에서는 이처럼 많은 차이가 있다. 이 장에서는 이런 추량 표현 외에 수동이나 사역을 나타내는 표현도 함께 공부해 보도록 하자.

반드시 구분해야 하는 조동사

① そうだ・ようだ・みたいだ・らしい

① そうだ　추량의 의미보다 사물의 상태나 행위를 직감적으로 나타내는 양태의 의미가 강하다. 시각적·직관적으로 포착된 상황은 반드시 「そうだ」로 표현한다. 종지형 뒤의 「そうだ」는 전문(전해들은 말)을 나타내고, 연용형 뒤의 「そうだ」는 양태를 나타낸다.

② ようだ　주관적인 근거에 의한 불확실한 추측을 나타낸다. 자신의 체험을 바탕으로 한 결과도 「ようだ」를 사용해서 표현한다.

③ らしい　객관적인 근거 하에 강한 확신을 내포한 추량 표현이다. 「ようだ」에 비해 객관성이 강하다.

④ みたいだ　「ようだ」의 용법과 유사한 점이 상당히 많으며, 일상적인 표현이나 부드러운 회화체에서 주로 사용한다.

今年の夏は暑い<u>そうだ</u>。 올해 여름은 덥다고 한다.

彼の 心 は 氷 <u>のように</u>冷たい。 그의 마음은 얼음처럼 차갑다.

この地域は気象の変化が激しく、一日のうちに何度も雨が降る<u>らしい</u>。
이 지역은 기상의 변화가 심해, 하루에 몇 번이나 비가 내린다고 한다.

3年ぶりに会った彼女はまるで知らない別の人<u>みたいな</u>感じだった。
3년만에 만난 그녀는 마치 모르는 다른 사람과 같은 느낌이었다.

암기　「そうだ」는 접속에 따라 전문을 나타내는 용법과 양태를 나타내는 용법이 있다. JPT 시험에도 두 개의 의미 구분을 묻는 문제가 자주 출제되므로 접속에 따른 의미 구분을 반드시 해 두자.

추량의 조동사는 거의 매 시험마다 출제되고 있다. 특히 많이 출제되는 부분은 「そうだ」와 「ようだ」의 용법 구분을 묻는 문제이다.

2 **れる・られる** | 조동사 「れる」와 「られる」는 수동, 가능, 존경, 자발의 네 가지 의미가 있으며, 접속은 동사의 ない형에 접속한다.

「れる・られる」도 의미 구분을 묻는 문제로 출제되거나, 공란 메우기에서 문장의 의미를 파악해 적절한 표현을 넣는 문제로 출제되고 있다. 자주 나오는 것은 수동의 용법이다.

예
山田さんは知らない人に名前を呼ばれた。
야마다 씨는 모르는 사람에게 이름을 불렸다. (수동)

そんなに早くは起きられない。 그렇게 일찍은 일어날 수 없다. (가능)

明日鈴木先生も来られるのですか。
내일 스즈키 선생님께서도 오십니까? (존경)

この写真を見ると、楽しかった学生時代が思い出される。
이 사진을 보면 즐거웠던 학생시절이 생각난다. (자발)

3 **せる・させる** | 사역의 조동사 「せる」, 「させる」는 다른 사람에게 무엇을 시키는 사역을 나타낸다.

사역 표현도 꾸준히 출제되고 있다. 문장의 전체적인 의미만 잘 파악하면 쉽게 답을 찾을 수 있는 부분이므로 실수가 없도록 하자.

예
彼女はいつも冗談を言ってみんなを笑わせる。
그녀는 항상 농담을 해서 모두를 웃긴다.

風呂の水をあふれさせるな。 목욕탕의 물을 넘치게 하지 마.

4 **(さ)せられる** | 자신이 원하지 않았는데 어떤 일을 억지로 당함을 나타낸다. 회화에서는 「される」로 축약해서 표현하기도 한다.

사역수동은 의미 파악에 주의를 해야 한다. 주로 오문정정 문제에서 출제되며, 자신이 원하지 않았는데 어떤 일을 억지로 당하는 상황이면 반드시 사역수동의 형태로 표현해야 함을 명심해 두자.

예
昨日部長にお酒を飲まされて、今日は朝から気持ちが悪い。
어제 부장님이 술을 억지로 먹여서 오늘은 아침부터 속이 좋지 않다.

점수를 마구마구 올려 주는 문제

【05. 3. 유제】【07. 3. 유제】

I. 昨日あった火事の原因は花火だった<u>らしい</u>。

   (A) 彼は本当に男<u>らしい</u>人だ。
   (B) 学生は学生<u>らしい</u>行動をしなければならない。
   (C) 明日のパーティーには中村さんも来る<u>らしい</u>。
   (D) 最近は子供<u>らしい</u>子供が少ない。

□ 포인트	「らしい」의 용법 구분. 「らしい」에는 '~인 듯 하다' 라는 추량의 의미와 명사에 접속되어 '~답다' 라는 의미가 있다.
□ 어구	火事(かじ) 화재 行動(こうどう) 행동
□ 해석	어제 있었던 화재의 원인은 불꽃놀이였던 것 같다.

【01. 11. 유제】【06. 5. 유제】【07. 7. 유제】

2. 天気予報によると、明日から雨が降る<u>そうです</u>。

   (A) ケーキがとてもおいし<u>そうです</u>ね。
   (B) 明日木村さんも行く<u>そうです</u>。
   (C) このかばんは本当に高<u>そうです</u>ね。
   (D) あの映画は面白<u>そうです</u>。

□ 포인트	전문을 나타내는 「そうだ」의 용법은 기본형에 그대로 접속한다.
□ 어구	天気予報(てんきよほう) 일기예보 高(たか)い 높다, 비싸다
□ 해석	일기예보에 의하면 내일부터 비가 온다고 합니다.

3. どちらかというと、こちらの方が
ちょっと美味しい<u>ようだ</u>。

    (A) 村上さんの<u>ように</u>英語がぺらぺ
      ら話せたらいいのに。
    (B) この品物はどこにでもある<u>よう
      な</u>ものではない。
    (C) 外で降っている雪はまるで綿の
      <u>ようだ</u>。
    (D) どうも風邪を引いてしまった<u>よ
      うだ</u>。

□ 포인트	「ようだ」의 용법 중 '양태'의 용법 찾기. 보기에서 양태로 사용된 「ようだ」는 (D)이다. (A)와 (B)는 예시를 나타내고, (C)는 비유를 나타낸다.
□ 어구	どちらかというと 굳이 말하자면 品物(しなもの) 물건 綿(わた) 솜 どうも 아무래도
□ 해석	굳이 말하자면, 이 쪽이 좀 더 맛있을 것 같다.

4. 彼は<u>まだ</u>英語<u>が</u>下手<u>なのに</u>、いつも
         (A)   (B)   (C)
人の前で<u>偉よう</u>にする。
       (D)

□ 포인트	추량의 용법. 직감적으로 느낀 모습을 나타내므로 「そうだ」를 사용해야 한다.
□ 어구	下手(へた)だ 못하다 偉(えら)い 위대하다
□ 해석	그는 아직 영어를 못하면서도 항상 사람들 앞에서 잘난 체를 한다.

5. 私は恋愛<u>そうな</u>恋愛<u>も</u>できない<u>まま</u>
       (A)   (B)   (C)
結婚<u>してしまった</u>。
     (D)

□ 포인트	'~답다'는 조동사 「らしい」를 사용한다.
□ 어구	恋愛(れんあい) 연애 結婚(けっこん) 결혼
□ 해석	나는 연애다운 연애도 못 한 채로 결혼해 버렸다.

【02. 3. 유제】

6. 田中さんにその仕事をつづけ _____ _____ ことはできません。

(A) する　　　　　(B) される
(C) させる　　　　(D) しよう

□ 포인트	사역표현에 대한 이해. 문맥상 '계속 시키다' 라는 의미가 되어야 하므로「させる」가 알맞다.
□ 어구	つづ(続)ける 계속하다 させる 시키다
□ 해석	다나카 씨에게 그 일을 계속 시키는 것은 불가능합니다.

7. 中村さんは面白いことを言ってよく人を _____。

(A) 笑わせる　　　(B) 笑われる
(C) 笑う　　　　　(D) 笑わせられる

□ 포인트	사역표현에 대한 이해. 문맥상 '웃게 만든다' 라는 의미가 되어야 하므로「笑(わら)わせる」가 정답이다.
□ 어구	面白(おもしろ)い 재미있다
□ 해석	나카무라 씨는 재미있는 말로 자주 사람들을 웃긴다.

8. 夜中に間違い電話で _____ それから寝られませんでした。

(A) 起こされて　　(B) 起こして
(C) 起こさせて　　(D) 起らせて

□ 포인트	수동의 조동사 용법 중 피해의 수동. 자신이 피해를 보는 상황은 수동으로 표현하며, 일본어로「迷惑(めいわく)の受け身(うけみ)」라고 한다.
□ 어구	間違(まちが)い電話(でんわ) 잘못 걸려 온 전화 それから 그 후
□ 해석	밤중에 잘못 걸려 온 전화로 잠에서 깨 그 후 잘 수가 없었습니다.

9. 夜中に騒いだら、近所の人に注意＿＿
＿＿＿＿＿ しまった。

(A) して　　　　　(B) させて
(C) されて　　　　(D) させられて

□ 포인트	수동 표현에 대한 이해. 문맥상 수동 표현이 와야 한다.
□ 어구	夜中(よなか) 밤중 近所(きんじょ) 근처
□ 해석	밤중에 떠들었더니 이웃 사람에게 주의를 받아 버렸다.

10. あそこにいる人、昨日会社に来た人
＿＿＿＿＿＿気がするけど。

(A) のような　　　(B) らしく
(C) みたいで　　　(D) そうな

□ 포인트	추량 표현에 대한 이해. 주관적인 근거에 의한 추측이므로 「～のような」가 정답이 된다.
□ 어구	気(き)がする 느낌이 들다
□ 해석	저쪽에 있는 사람, 어제 회사에 온 사람인 듯한 느낌이 드는데.

11. 宿題がたくさんあるのに、母に買い
物に＿＿＿＿＿。

(A) 行った　　　　(B) 行けた
(C) 行かせた　　　(D) 行かせられた

□ 포인트	사역수동의 이해. 자신은 원하지 않는데, 어떤 일을 억지로 당하는 경우에는 사역수동형을 사용해야 한다.
□ 어구	買(か)い物(もの) 쇼핑, 장봄
□ 해석	숙제가 많이 있는데도, 어머니가 장보러 가게 시켰다.

12. 彼は業務上のミスが多くて、<u>仕事を
辞めさせられた</u>。

(A) 首になった
(B) 辞めるつもりだ
(C) 辞める気はない
(D) 自ら仕事を辞めた

□ 포인트	사역수동의 이해. 밑줄 부분은 사역수동형으로, 결국은 '해고되었다' 라는 의미가 된다.
□ 어구	業務上(ぎょうむじょう) 업무상 首(くび)になる 해고되다
□ 해석	그는 업무상의 실수가 많아서 해고되었다.

정답

1. (C)　2. (B)　3. (D)　4. (D)　5. (A)　6. (C)　7. (A)　8. (A)　9. (C)　10. (A)
11. (D)　12. (A)

이것만은 확인하고 넘어가자

I. 추량의 조동사는 의미 구분도 중요하지만 접속 형태도 상당히 비중있게 출제되므로, 접속 형태도 반드시 익혀 두도록 하자. 특히 「そうだ」와 「ようだ」의 접속 형태에 주의하자.

2. 조동사 「れる・られる」는 기본적으로 '가능, 수동, 자발, 존경'의 의미로 사용된다는 것을 기억하고, 의미의 구분에 주의하자.

3. 사역의 조동사 「せる・させる」문제는 성급하게 답을 고르지 말고 문장의 전체적인 의미를 파악한 후, 정답을 골라야 한다.

4. 사역수동은 의미 파악이 상당히 까다로운 부분이기 때문에 용법을 따로 익혀 두도록 하자.

쉬 . 어 . 가 . 기

● **スッピン | 맨얼굴**

彼女のスッピンを見て愛想が尽きてしまった。
그녀의 맨얼굴을 보고 정나미가 떨어져 버렸다.

  화장을 하나도 하지 않은 맨얼굴을 일본어로는 「スッピン」이라고 한다. 사람에 따라 다르겠지만, 간혹 화장으로 자신을 변장해 화장을 지우면 누구인지 전혀 알아볼 수 없는 사람이 있다고 하는데……

● **タメグチ | 반말**

目上の人に、タメグチを使うのはよくないよ。
손윗사람에게 반말을 사용하는 것은 좋지 않아.

  공식적인 자리나 윗사람에게 사용하는 경어 이외에 일상적으로 친구끼리 사용하는 말을 일본어로는 뭐라고 할까? 「タメグチ」또는 「タメ言葉(ことば)」라고 한다. 일본어의 경어는 상황이나 자리에 따라 같은 경어라도 용법과 쓰임새가 전혀 다르기 때문에 평소에 충분히 공부해 두지 않으면 정중한 표현이 되기 보다는 오히려 상대방의 기분을 상하게 만들 수도 있으니 주의하기 바란다.

만약 일본어에 가정법이 없었더라면

가정법은 용법구분이 가장 중요하다.

세상을 살면서 모든 일이 뜻대로 된다면 얼마나 좋겠는가? 하지만 마음대로 안 되는 것이 세상 일이다. 그래서 우리들은 지나간 일에 대해 아쉬움을 나타내기도 하고 '만약 그 때 …라면'이라는 가정을 해 보기도 한다. 이처럼 우리 생활에서 가정은 없어서는 안 되는 중요한 표현이다.

일본어의 가정법에는 크게 4가지가 있다. 「ば」, 「と」, 「たら」, 「なら」가 그것인데, 비슷한 듯 하면서도 의미면에서는 상당한 차이가 존재하기 때문에 자칫하면 틀리기 쉽다. 그렇다면 구체적으로 어떤 의미 차이가 있을까?

> 이 길모퉁이를 오른쪽으로 돌면 은행이 나옵니다.
> ▶ この角を右に<u>曲がれば</u>、銀行に出ます。
> ▶ この角を右に<u>曲がると</u>、銀行に出ます。

위의 문장은 「ば」 가정법과 「と」 가정법을 사용해 작문한 것인데 두 표현에는 어떤 의미 차이가 존재할까? 우선 「と」 가정법은 '반드시 그렇게 된다'라는 의미가 상당히 강한 가정법이다. 비슷한 의미로 사용되는 「ば」 가정법에는 '그렇지 않으면'이라는 숨은 뜻이 있다. 쉽게 말해 위의 「ば」를 사용한 예문에는 '오른쪽으로 돌지 않으면 은행이 나오지 않습니다'라는 뉘앙스가 들어 있다. 길을 안내할 때에는 주로 「と」 가정법을 사용한다.

이처럼 비슷하게 사용되는 가정법에서도 의미의 차이는 분명히 존재한다. 이외의 「たら」나 「なら」 가정법도 의미면에서는 많은 차이가 존재하므로, 이 과에서 확실히 가정법의 용법과 의미의 구분을 하도록 하자.

가정법 총정리

❶ ば

① 속담은 대부분 「ば」가정법으로 나타낸다.

　　예 ちりも積もれば山となる。티끌 모아 태산.

② 논리적, 항상적, 법칙적인 관계나 인과관계를 나타낸다.

　　예 春になれば花が咲く。봄이 되면 꽃이 핀다.

③ 「さえ」와 함께 사용되어 최저조건을 나타낸다.

　　예 やる気さえあれば成功するだろう。할 마음만 있으면 성공할 것이다.

④ 현재나 과거의 습관이나 반복적인 행위를 나타낸다.

　　예 学校に行けば図書館に寄ります。학교에 가면 도서관에 들릅니다.

⑤ 「～ば～ほど」「～ばこそ」「～も～ば～も」등 정해진 문법표현으로 사용된다.

　　예 運動はすればするほど上手になる。운동은 하면 할수록 능숙해진다.

　　예 あなたを思えばこそこんなに厳しく言うのだ。

　　　　당신을 생각하기 때문에 이렇게 엄하게 말하는 것이다.

　　예 彼は否定もしなければ肯定もしなかった。

　　　　그는 부정도 하지 않았고 긍정도 하지 않았다.

　　암기 「동작성 동사 + ば」는 의지·명령·의뢰·권유·희망·허가 등의 표현과 함께 사용할
　　수 없다. 다만, 상태동사·가능동사·형용사는 사용할 수 있다.

2 **と**

① 필연적 조건을 나타낸다.

　　<ruby>水<rt>みず</rt></ruby>は100<ruby>度<rt>ど</rt></ruby>になる<u>と</u><ruby>沸騰<rt>ふっとう</rt></ruby>する。물은 100 도가 되면 끓는다.

② 자연현상이나 불변의 진리를 나타낸다.

　　<ruby>春<rt>はる</rt></ruby>になる<u>と</u><ruby>花<rt>はな</rt></ruby>が<ruby>咲<rt>さ</rt></ruby>く。봄이 되면 꽃이 핀다.

③ 습관이나 반복적인 행위를 나타낸다.

　　<ruby>学校<rt>がっこう</rt></ruby>に<ruby>行<rt>い</rt></ruby>く<u>と</u><ruby>図書館<rt>としょかん</rt></ruby>に<ruby>寄<rt>よ</rt></ruby>ります。학교에 가면 도서관에 들릅니다.

④ 길을 안내할 때 사용된다.

　　あの<ruby>角<rt>かど</rt></ruby>を<ruby>左<rt>ひだり</rt></ruby>に<ruby>曲<rt>ま</rt></ruby>がる<u>と</u><ruby>銀行<rt>ぎんこう</rt></ruby>に<ruby>出<rt>で</rt></ruby>ます。

　　저 모퉁이를 왼쪽으로 돌면 은행이 나옵니다.

⑤ 이미 일어난 어떤 사실의 발견을 나타낸다.

　　<ruby>朝<rt>あさ</rt></ruby><ruby>起<rt>お</rt></ruby>きて<ruby>庭<rt>にわ</rt></ruby>に<ruby>出<rt>で</rt></ruby>る<u>と</u><ruby>雪<rt>ゆき</rt></ruby>が<ruby>積<rt>つ</rt></ruby>もっていた。

　　아침에 일어나서 정원에 나오니 눈이 쌓여 있었다.

암기「と」가정법 앞에는 과거형이 올 수 없으며 뒷문장에는 의지·명령·충고·금지 등의 표
현을 사용할 수 없다.

③ たら

① 어떤 행동을 한 뒤의 새로운 사실이나 발견을 나타낸다.

예 見た目は悪いが、食べて見たら美味しかった。

겉모양은 나쁘지만, 먹어 봤더니 맛있었다.

② 가정적인 상황이나 시간의 경과를 나타낸다.

예 仕事が終わったらうかがいます。 일이 끝나면 찾아뵙겠습니다.

③ 행위가 성립하는 상황의 설정을 나타낸다. 뒷부분에는 명령 · 의뢰 · 금지 · 의무 · 허가 · 권유 등의 표현이 온다.

예 お腹がすいていたら、ケーキを食べてもいいよ。

배가 고프다면, 케이크를 먹어도 좋아.

④ 주관성이 강한 가정이기 때문에 과거, 현재, 미래에 모두 사용된다.

예 友達の家に遊びに行ったら留守だった。

친구 집에 놀러 갔더니 부재중이었다.

예 この本を読んだらすぐわかるよ。

이 책을 읽으면 바로 알 수 있어.

예 明日、彼女に会ったら渡してください。

내일 그녀를 만나면 건네 주십시오.

암기 「たら」는 대부분의 경우 「ば」 가정법과 바꿀 수 있다. 하지만 「たら」에는 가정적인 상황과 시간의 경과를 나타내는 용법이 있지만, 「ば」에는 가정적인 의미밖에 없다.

仕事が終わったらうかがいます。 (일이 끝난 후에, 일이 끝난 경우에는)
仕事が終わればうかがいます。 (일이 끝난 경우에는)

4 なら

① 실현가능성이 희박한 사실의 가정을 나타낸다.

> **예** 私が鳥<u>なら</u>遠くへ飛んで行きたい。
>
> 내가 새라면 멀리 날아가고 싶다.

② 가상적인 사항이나 사태를 나타낸다.

> **예** 結婚する<u>なら</u>、優しい人がいい。 결혼한다면 다정한 사람이 좋다.

③ 몰랐던 사실에 대한 후회나 유감의 기분을 나타낸다.

> **예** バーゲンになる<u>なら</u>買わずに我慢すべきだった。
>
> 바겐세일이 된다면 사지 않고 참았어야만 했다.

④ 주제를 나타낸다.

> **예** A 山田さんは今どこにいるの?
>
> 야마다 씨는 지금 어디에 있니?
>
> B 山田さん<u>なら</u>今図書館にいるよ。
>
> 야마다 씨라면 지금 도서관에 있어.

⑤ 상대의 말에 근거한 자신의 의지나 판단을 나타낸다.

> **예** A 明日のパーティーに行くことにした。
>
> 내일 파티에 가기로 했어. (상대의 예정·의지·상황)
>
> B あなたが行く<u>なら</u>私も行くわ。
>
> 당신이 간다면 나도 갈게. (자신의 의지·판단)

점수를 마구마구 올려 주는 문제

【02. 7. 유제】

Ⅰ. <u>この</u>街角を<u>左に</u>曲がって<u>行くなら</u>、
     (A)   (B)   (C)

大きい銀行<u>に</u>出ます。その銀行の隣
        (D)

が郵便局です。

□ 포인트	확실한 사실을 나타낼 때에는 「と」 가정법을 사용한다. 따라서 (C)를 「行(い)くと」로 고쳐야 자연스러운 문장이 된다.
□ 어구	~に曲(ま)がる ~로 돌다 ~に出(で)る ~가 나오다
□ 해석	이 길모퉁이를 왼쪽으로 돌아서 가면, 큰 은행이 나옵니다. 그 은행의 옆이 우체국입니다.

【02. 3. 유제】

2. 井上さん<u>ときたら</u>、五から二を引く
         (A)

<u>なら</u>三<u>に</u>なるの<u>さえ</u>知らない。
(B) (C)   (D)

□ 포인트	필연적인 조건을 나타내는 가정법. 당연한 결과를 나타낼 때에는 가정법 「と」를 사용한다.
□ 어구	~ときたら ~로 말하자면 ~さえ ~조차
□ 해석	이노우에 씨로 말하자면, 5에서 2를 빼면 3이 된다는 것조차 모른다.

3. その本なら ＿＿＿＿＿＿ ことがあります。

    (A) 読む   (B) 読める
    (C) 読んだり   (D) 読んだ

□ 포인트	경험을 나타내는 표현으로 「~(た)ことがある」라는 문형으로 나타낸다.
□ 어구	~なら~라면 ~たことがある ~한 적이 있다
□ 해석	그 책이라면 읽은 적이 있습니다.

4. 家に _____ 電話してください。

    (A) 着けば   (B) 着くと
    (C) 着いたら   (D) 着くなら

□ 포인트	일반적인 사항의 가정. 동작이 완료된 다음의 사항을 가정하고 있으므로 「たら」 가정법이 와야 한다.
□ 어구	電話(でんわ)する 전화하다
□ 해석	집에 도착하면 전화해 주십시오.

【01. 9. 유제】

5. 人生には楽しいことも _____、
    悲しいこともあります。

    (A) あったら   (B) あると
    (C) あれば   (D) あるのに

□ 포인트	가정법의 특수 용법. 위의 문제는 가정법 중에서도 특수하게 사용되는 가정법을 알아야 풀 수 있는 문제이다. 정답은 「~も~ば~も~だ」의 구문으로 '~도~면,~도~다' 라는 의미이다.
□ 어구	楽(たの)しい 즐겁다 悲(かな)しい 슬프다
□ 해석	인생에는 즐거운 일도 있으면, 슬픈 일도 있습니다.

【04. 10. 유제】

6. 奈良へ旅行 _____ 東大寺がいい
    と思います。

    (A) すると   (B) したら
    (C) すれば   (D) するなら

□ 포인트	상대방에게 조언이나 충고, 권유할 때는 「なら」 가정법을 사용한다.
□ 어구	旅行(りょこう) 여행 東大寺(とうだいじ) 나라 지방에 있는 유명한 사찰 이름
□ 해석	나라(奈良)에 여행을 가신다면, 토다이지(東大寺)가 좋다고 생각합니다.

7. ここにお金を _____ 、自動的に
切符が出てきます。

    (A) 入れて   (B) 入れるなら
    (C) 入れると   (D) 入れたり

□ 포인트	필연적인 사항의 가정법. 돈을 넣으면 표가 자동적으로 나오는 것은 당연한 사실이다. 따라서 「と」 가정법을 써야 한다.
□ 어구	切符(きっぷ) 표
□ 해석	여기에 돈을 넣으면 자동적으로 표가 나옵니다.

【02. 4. 유제】【06. 8. 유제】【07. 8. 유제】

8. 浜田さんはひま _____ あれば、
テニスの練習をしています。

    (A) ぐらい   (B) さえ
    (C) ほど   (D) ばかり

□ 포인트	'~만 ~하면'이라는 구문으로 일본어로는 「~さえ~ば」로 표현한다.
□ 어구	ひま 여유, 짬 練習(れんしゅう) 연습
□ 해석	하마다 씨는 여유만 있으면, 테니스 연습을 하고 있습니다.

【02. 5. 유제】

9. ふすまを開ける _____ 、妻は着
物を片付けているところだった。

    (A) なら   (B) たら
    (C) と   (D) ば

□ 포인트	가정법에 대한 이해. 문맥상 '~하자'라는 의미이므로 「と」가 적당하다.
□ 어구	片付(かたづ)ける 치우다, 정리하다 ~ているところ ~하고 있는 중
□ 해석	장지를 여니, 아내는 옷을 치우고 있는 중이었다.

【02. 4. 유제】

10. 日本に＿＿＿＿＿、おみやげに煎餅
を買ってきてください。

(A) 行けば   (B) 行くと
(C) 行ったら   (D) 行っても

□ 포인트	가정법에 대한 이해. 어떤 동작의 완료 후 다음 동작이 이어지는 상황을 나타내므로 「行(い)ったら」가 적당하다.
□ 어구	お土産(みやげ) 선물 煎餅(せんべい) 전병
□ 해석	일본에 가면 선물로 센베이를 사 와 주십시오.

11. あなたを信じて＿＿＿＿＿こそ、お
願いするのです。

(A) いったら   (B) いれば
(C) いると   (D) いるなら

□ 포인트	가정법의 특수 용법. '~이기 때문에'라는 의미의 강조를 나타내는 표현으로 알맞은 표현은 「~ばこそ」이다.
□ 어구	信(しん)じる 믿다 お願(ねが)いする 부탁하다
□ 해석	당신을 믿고 있기 때문에, 부탁하는 겁니다.

【04. 10. 유제】

12. 語学は勉強＿＿＿＿＿するほど上手
になります。

(A) すれば   (B) すると
(C) したら   (D) するなら

□ 포인트	「~ば」 가정법을 사용한 문형. '~면 ~수록'이라는 의미의 「~ば~ほど」로 나타낸다.
□ 어구	語学(ごがく) 어학
□ 해석	어학은 공부하면 할수록 능숙해집니다.

13. 今月末<u>に</u>引っ越し<u>したら</u>、<u>そろそろ</u>
(A)　　　　(B)　　　　(C)
あいさつに来る<u>はずだ</u>。
(D)

<table>
<tr><td>□ 포인트</td><td>「たら」가정법에서는 시간적 전후관계를 나타내는 용법이 있기 때문에, 문제의 표현대로라면 이사를 간 후에 인사하러 오는 게 되어 버린다. 따라서 (B)를「するなら」로 바꿔야 한다.</td></tr>
<tr><td>□ 어구</td><td>引っ越し(ひっこし) 이사
そろそろ 슬슬
～はずだ ～일 터이다</td></tr>
<tr><td>□ 해석</td><td>이번달 말에 이사한다면, 슬슬 인사하러 올 터이다.</td></tr>
</table>

14. <u>この薬を飲めば</u>、<u>もっと</u>お腹が痛<u>く</u>
(A)　　　(B)　　　(C)
<u>なります</u>よ。
(D)

<table>
<tr><td>□ 포인트</td><td>「ば」가정법의 제약. 「ば」가정법 뒤에는 부정적인 의미의 표현이 올 수 없다. 따라서 이러한 제약이 없는「たら」를 사용해 (B)를「飲(の)んだら」로 바꿔야 한다.</td></tr>
<tr><td>□ 어구</td><td>薬(くすり) 약
お腹(なか)が痛(いた)い 배가 아프다</td></tr>
<tr><td>□ 해석</td><td>이 약을 마시면, 더욱 배가 아파집니다.</td></tr>
</table>

15. 今日は山田さんの<u>就職祝い</u>のパー
(A)
ティーがある<u>から</u>、仕事が<u>終わると</u>
(B)　　　　　　(C)
私に<u>電話して</u>ください。
(D)

<table>
<tr><td>□ 포인트</td><td>「と」가정법의 제약. 「と」가정법 뒤에는 의뢰를 나타내는 표현이 올 수 없다. 따라서 (C)를「終(お)わったら」로 바꿔야 한다.</td></tr>
<tr><td>□ 어구</td><td>就職(しゅうしょく) 취직
～祝(いわ)い ～축하</td></tr>
<tr><td>□ 해석</td><td>오늘은 야마다 씨의 취직축하 파티가 있으니까, 일이 끝나면 저에게 전화해 주십시오.</td></tr>
</table>

정답

1. (C)　2. (B)　3. (D)　4. (C)　5. (C)　6. (D)　7. (C)　8. (B)　9. (C)　10. (C)

11. (B)　12. (A)　13. (B)　14. (B)　15. (C)

이것만은 확인하고 넘어가자

I. 가정법은 용법 구분이 가장 중요하다. 상황에 따라 어떤 가정법이 사용되는지 반드시 익혀 두어야 한다.

2. 「ば」가정법에는 '그렇지 않으면' 이라는 숨은 의미가 내포되어 있다는 것을 기억해 두자.

3. 「ば」가정법은 구문으로 묻는 문제도 자주 출제되므로 이 부분에 대한 공부도 필요하다.

4. 「たら」가정법은 일상적으로 가장 많이 사용되는 가정법으로, 시험에도 자주 출제되고 있으니 반드시 용법을 알아 두어야 한다.

쉬·어·가·기

● 週休二日制 | 주 5일 근무제
（しゅうきゅう ふつか せい）

最近韓国でも週休二日制が定着した。
（さいきんかんこく）（ていちゃく）
최근 한국에서도 주 5일 근무제가 정착되었다.

토요일에 출근하지 않는 주 5일 근무제를 일본어로는 「週休二日制」라고 한다. 일본은 예전부터 이 제도가 실시되어 레저 산업이 호황을 누리고 있다. 최근 우리나라에서도 각 기업에서 주 5일 근무제를 도입하고 있는데, 이에 따른 여가 활용이 새로운 사회 문제가 되고 있다. 그런데 은행까지 주 5일 근무제이기 때문에 여러 가지 불편한 점이 많이 발생하고 있다.

● マンネリ | 천편일률

子供のおかずがマンネリ化されている。
（こども）（か）
아이들의 반찬이 천편일률적으로 되고 있다.

일본어를 잘 하려면 영어를 잘 해야 한다? 영어를 즐겨 사용하는 일본인의 언어 습관상 영어를 모르면 이해가 안 되는 단어가 의외로 많다. 위의 「マンネリ」는 영어의 'mannerism'이 축약된 말로, '천편일률, 획일적' 이라는 뜻이다. 한자어보다는 이 표현을 즐겨 쓰기 때문에 알아 두면 편리한 단어이다.

나는 문장에서 ばかり가
한 일을 알고 있다

ばかり 에는 무려 10가지 이상의 용법이
있다는 것을 알고 있는가?

　　　　　　　　일본어 중에서 가장 해석이 어려운 말은 무엇일
까? 대부분의 사람들은 부조사를 꼽는다. 대부분의 부조사는 원래의 의미대로만
해석을 하면 전혀 의미가 통하지 않는 경우가 많다. 또 나름대로의 문법적인 용법
도 있기 때문에 학습자들을 더욱 혼란스럽게 만든다. 이 과에서는 대표적인 부조
사 중의 하나인 「ばかり」가 과연 문장에서 어떤 의미로 사용되며 어떤 역할을 하
는지 알아보자.

　小 説<u>だけ</u>読んでいます。
　小説<u>ばかり</u>読んでいます。

　　　　　　　　위의 예문은 우리말로는 같은 뜻이 되지만, 일본
어에서는 어떤 단어를 사용하느냐에 따라 뉘앙스가 전혀 달라진다. 우선 「だけ」를
사용하면 '다른 것은 읽지 않고 소설만 읽는다' 라는 의미에 가깝다. 하지만 「ばか
り」를 사용하게 되면 '(다른 일은 제대로 하지도 않고) 소설만 계속 읽는다' 라는
뉘앙스가 된다. 즉 「ばかり」와 「だけ」는 둘 다 '~만, ~뿐' 이라는 의미로 사용되지
만, 「ばかり」에는 '바람직하지 않은 어떤 일을 계속한다' 는 계속성의 의미가 내포
되어 있다.

　これは昨日買ったばかりの時計です。

　　　　　　　　그런데 「ばかり」를 단순히 '~만, ~뿐' 으로 알고
있는 사람이라면 위의 예문을 전혀 해석할 수 없을 것이다. 예문은 「ばかり」의 용
법 중에서도 JPT 시험에 가장 많이 출제되는 「～たばかり」라는 표현이다. 의미는
'막 ~한' 이라는 뜻이다. 이처럼 부조사는 해석이 결코 쉽지 않다는 것을 명심해
두자.

자주 출제되는 ばかり의 용법

① 수량을 나타내는 단어 + ばかり | ~정도

 牛乳はまだ半分ばかり残っている。 우유는 아직 반 정도 남아 있다.

② 명사 + ばかり | ~만, ~뿐

「だけ」보다 어떤 일을 계속한다는 계속성의 의미가 강하다.

 山田さんは勉強しないで毎日小説ばかり読んでいます。
야마다 씨는 공부하지 않고 매일 소설만 읽고 있습니다.

③ ～ばかりに | ~해서, ~한 탓으로, ~한 만큼(원인이나 이유)

 大声を出したばかりに、子供が泣き出してしまった。
큰 소리를 낸 탓으로 아이가 울어 버렸다.

④ ～(た)ばかり | 막 ~한(화자의 기준)

과거형에 접속해서 어떤 일을 한 지가 얼마 되지 않았음을 나타낸다.

 これは昨日買ったばかりの本です。 이것은 어제 막 산 책입니다.

암기 간혹 앞의 접속을 묻는 문제로도 출제되므로 접속도 외워 두도록 하자.

⑤ 동사의 ない형 + ん(ぬ)ばかりに | 금방이라도 ~할 듯이, 아주 ~한 듯이

 母に叱られた子供は泣き出さんばかりの顔をしています。
어머니에게 꾸중을 들은 아이는 금방이라도 울 듯 한 얼굴을 하고 있습니다.

6 **〜て(で)ばかりいる** | 〜하고만 있다(특정한 일을 계속하고 있음을 나타낸다.)

まいにちあそ
毎日遊んでばかりいると、いい大学には合格できない。
だいがく　ごうかく

매일 놀고만 있으면 좋은 대학에 합격할 수 없다.

7 **〜とばかりに** | 〜하는 듯이, 〜하는 것처럼

こども
子供は「いやだ」とばかりに横を向いてしまった。
よこ　む

아이는 '싫다'라는 듯이 고개를 돌려 버렸다.

8 **〜ばかりか** | 〜뿐만 아니라(지금의 상황에 더 심한 것이 추가된다는 의미를 나타내며, 「〜ばかりか〜も／まで」의 구문으로 자주 사용된다)

かじ　でんきせいひん
火事で電気製品ばかりか、服まで焼かれてしまった。
ふく　や

화재로 전기제품뿐만 아니라 옷까지 타 버렸다.

9 **〜ばかりでなく** | 〜뿐만 아니라(그 범위가 그 외에도 널리 미침을 의미하며, 「〜ばかりでなく〜も」의 구문으로 자주 사용된다)

かれ　にほんご
彼は日本語ばかりでなく、英語も話せます。
えいご　はな

그는 일본어뿐만 아니라 영어도 말할 수 있습니다.

10 **〜ばかりだ** | 계속 〜일 뿐이다(부정적인 방향으로만 변화가 진행됨을 나타낸다)

さいきんしつぎょうしゃ　かず　ふ
最近失業者の数が増えるばかりだ。 최근 실업자 수는 늘기만 한다.

시험에서 조사 「ばかり」는 꾸준히 출제되고 있다. 주로 알맞은 표현을 찾는 문제가 자주 출제되고 있으며, 간혹 같은 용법을 묻는 문제나 문장의 의미를 묻는 문제도 출제되고 있다. 출제 빈도가 높은 만큼 10가지 용법 모두 외워 두자.

【02. 1. 유제】【04. 1. 유제】

1. 中村さんは毎日何もしないで遊んでばかりいる。

(A) これは昨日買ったばかりの時計だ。
(B) 広子は英語ばかりでなく、ドイツ語も上手だ。
(C) 叱られた子供は泣き出さんばかりの顔をしている。
(D) 食べてばかりいると太ってしまうよ。

□ 포인트	「ばかり」의 용법 구분. 문제의 「ばかり」는 '~만 하고 있다'라는 용법으로 사용되었다.
□ 어구	叱(しか)る 꾸짖다 太(ふと)る 살찌다
□ 해석	나카무라 씨는 매일 아무 것도 하지 않고 놀고만 있다.

【04. 4. 유제】

2. その靴はこの間買ったばかりだ。

(A) あの店は美味しいばかりか、値段も安い。
(B) 政治への不信感は増すばかりだ。
(C) 加藤さんは英語ばかりでなく、ドイツ語も上手だ。
(D) まだ三時になったばかりなのに、外はもう暗い。

□ 포인트	「ばかり」의 용법 구분. 문제의 「ばかり」는 '막 ~한'이라는 용법으로 사용되었다.
□ 어구	値段(ねだん) 가격 不信感(ふしんかん) 불신감
□ 해석	그 구두는 산 지 얼마 되지 않았다.

3. まだ社会人になった<u>ごろ</u>だから、
   (A)　　　　　(B)　　　　　(C)

   <u>長い目</u>で見てください。
   (D)

□ 포인트	동작이 막 완료된 것을 나타내는 표현은 「〜(た)ばかり」이다. 앞에는 반드시 과거형이 와야 하므로 주의하자.
□ 어구	社会人(しゃかいじん) 사회인 長(なが)い目(め)で見(み)る 　　긴 안목으로 보다
□ 해석	이제 막 사회인이 되었기 때문에, 긴 안목으로 봐 주십시오.

4. 小林さんは<u>正直そうに 見え</u>ますが、
   　　　　　　(A)　　　　(B)

   うそ<u>だけ</u>つくので、まったく
   　　　(C)

   <u>信じられません</u>。
   (D)

□ 포인트	「だけ」와 「ばかり」의 구별. 둘 다 '~만, ~뿐'으로 사용되지만 의미상으로 차이가 있다. 나쁜 뉘앙스를 가지며, 반복되는 일에는 「ばかり」를 사용한다.
□ 어구	うそをつく 거짓말을 하다 まったく 정말로, 전혀
□ 해석	고바야시 씨는 정직하게 보이지만 거짓말만 하기 때문에, 정말이지 믿을 수 없습니다.

5. <u>親</u>に口答え<u>だけ</u>して<u>いる</u>と、今に
   　(A)　　　　(B)　　　　(C)

   ばちが<u>当る</u>わよ。
   　　　(D)

□ 포인트	항상 반복되는 일에 사용하는 「ばかり」의 용법. 반복되는 일은 「だけ」가 아니라 「ばかり」를 사용한다는 것에 주의하자.
□ 어구	口答(くちごた)え 말대답 ばちが当(あた)る 천벌을 받다
□ 해석	부모에게 말대답만 하고 있으면, 머지않아 천벌을 받아요.

6. 先生に<u>なっただけ</u>のころは、生徒の
(A)　　　　(B)
質問に<u>答えられなかった</u> <u>こと</u>もあり
(C)　　　　　　　(D)
ました。

<table>
<tr><td>□ 포인트</td><td>「~たばかり」의 용법. '막 ~한 상태'를 나타낼 때에는 「~たばかり」를 사용한다.</td></tr>
<tr><td>□ 어구</td><td>質問(しつもん) 질문
答(こた)える 대답하다</td></tr>
<tr><td>□ 해석</td><td>막 선생님이 되었을 때에는 학생의 질문에 대답할 수 없었던 적도 있었습니다.</td></tr>
</table>

7. 会社の同僚<u>ばかりか</u>家族<u>から</u>私を馬
(A)　　　　　　(B)
鹿<u>に</u>しているなんて、悔しく<u>てたま</u>
(C)　　　　　　　　　　　　(D)
<u>らない</u>。
(D)

<table>
<tr><td>□ 포인트</td><td>「ばかり」를 사용한 구문.「~ばかりか~まで」라는 구문은 '~뿐만 아니라 ~까지'라는 의미를 나타낸다. 따라서 (B)를 「まで」로 고쳐야 자연스러운 문장이 된다.</td></tr>
<tr><td>□ 어구</td><td>同僚(どうりょう) 동료
馬鹿(ばか)にする 바보 취급하다
~てたまらない ~해서 참을 수 없다</td></tr>
<tr><td>□ 해석</td><td>회사 동료뿐만 아니라 가족까지 나를 바보 취급하다니 분해서 참을 수 없다.</td></tr>
</table>

【04. 1. 유제】

8. 忠告を聞き入れず、どんどん事業を
拡大した _____ 会社は倒産して
しまった。

(A) ばかりで　　　(B) ばかり
(C) ばかりか　　　(D) ばかりに

<table>
<tr><td>□ 포인트</td><td>'~때문에'라는 「ばかりに」의 용법. 원인이나 이유를 나타낼 때에는 「ばかりに」라고 표현한다.</td></tr>
<tr><td>□ 어구</td><td>忠告(ちゅうこく) 충고
倒産(とうさん) 도산</td></tr>
<tr><td>□ 해석</td><td>충고를 듣지 않고 계속 사업을 확장했기 때문에 회사는 도산해 버렸다.</td></tr>
</table>

9. 彼女は「お前が悪い」と ＿＿＿＿＿＿ ん
ばかりに、私の顔をじっと見ている。

(A) 言う   (B) 言わ
(C) 言え   (D) 言った

【01. 11. 유제】
10. うっかり口を滑らせた ＿＿＿＿＿＿ 、
相手を怒らせてしまった。

(A) ばかりに   (B) だけに
(C) までに   (D) くせに

11. 勤務時間なんだから、＿＿＿＿＿＿ ば
かりしていては駄目です。

(A) 雑談   (B) 会談
(C) 歓談   (D) 座談

□ 포인트	'마치 ~라고 하는 듯이' 라는 「ばかりに」의 용법은 「동사의 ない형+ばかりに」라고 표현한다.
□ 어구	お前(まえ) 너 じっと 가만히, 지긋이
□ 해석	그녀는 「네가 나빠」라고 말하는 듯이 나의 얼굴을 가만히 보고 있다.

□ 포인트	원인이나 이유를 나타내는 표현 「~たばかりに」는 '~때문에' 라는 의미로 사용된다.
□ 어구	うっかり 무심코 口(くち)を滑(すべ)らせる 말을 잘못하다
□ 해석	무심코 말을 잘못해서 상대를 화나게 해 버렸다.

□ 포인트	「ばかり」는 '~만' 이라는 의미로 좋지 않은 일을 나타내고 있다. 의미상 가장 적당한 표현을 찾아 보면 「雑談(ざつだん)」이 정답이 됨을 알 수 있다.
□ 어구	勤務時間(きんむじかん) 근무시간 ~ては ~해서는
□ 해석	근무시간이니까 잡담만 해서는 안 됩니다.

12. <u>彼は日本語ばかりか</u>、英語もぺらぺらだ。

(A) 彼は日本語だけは
(B) 彼は日本語をおいて
(C) 彼は日本語とは関係なく
(D) 彼は日本語ばかりでなく

□ 포인트	같은 의미의 표현. 「~ばかりか」는 '~뿐만 아니라' 라는 의미의 표현으로, 「~ばかりでなく」로 바꿀 수 있다.
□ 어구	ぺらぺら 외국어를 잘 하는 모양 ~をおいて ~을 제외하고
□ 해석	그는 일본어뿐만 아니라, 영어도 잘 한다.

13. このままでは、<u>首相の支持率は下がる一方だ</u>。

(A) 首相の支持率に変化はないだろう
(B) 首相の支持率は下がるばかりだ
(C) 首相の支持率は高くなるにちがいない
(D) 首相の支持率は下がるかどうかわからない

□ 포인트	같은 의미의 표현. 「~一方(いっぽう)」는 '~뿐이다' 라는 의미로, 어떤 경향이 변함없이 진행되어 감을 나타내는 표현이다. 따라서 같은 의미의 표현은 「~ばかりだ」를 사용한 (B)가 된다.
□ 어구	首相(しゅしょう) 수상 支持率(しじりつ) 지지율 ~にちがいない ~임에 틀림없다
□ 해석	이대로는 수상의 지지율은 내려갈 뿐이다.

정답

1. (D) 2. (D) 3. (C) 4. (C) 5. (B) 6. (B) 7. (B) 8. (D) 9. (B) 10. (A)
11. (A) 12. (D) 13. (B)

이것만은 확인하고 넘어가자

1. 「명사 + ばかり」는 어떤 일이 계속됨을 나타내는 표현으로, 「だけ」에 비해 계속성을 강조하는 표현이다.

2. 「～たばかり」는 '막 ～한' 이라는 의미로 사용되며, 시험에서는 간혹 접속 형태를 묻는 문제로도 출제되고 있다.

3. 「～んばかり」는 가장 해석이 까다로운 「ばかり」의 용법이기 때문에 해석에 주의하도록 하자.

쉬·어·가·기

● 山ほどある | 산더미처럼 많다
  야마

    일본어로 '많다' 라는 표현은 어떻게 할까? 가장 먼저 머리에 떠오르는 것이 아마도 「たくさん」이라는 부사일 것이다. 그런데 회화에서는 「山ほどある」라는 말을 사용하기도 한다. 이 표현은 말 그대로 '산더미처럼 많다' 라는 의미이다. 비슷한 의미로 「腐(くさ)るほどある」라는 말도 사용한다. 「腐(くさ)る」는 원래 '썩다' 라는 뜻인데 '썩을 정도로 많다' 는 의미에서 '산더미처럼 많다' 라는 의미가 나온 것이다.

● まじ | 정말

    「まじ」라는 말은 흔히 사용하는 「本当(ほんとう)」와 같은 의미의 단어이다. 한때 유행어가 되기도 했던 이 말은 어원이 확실하지는 않지만 「真面目(まじめ)」에서 나온 말이라고 한다. 요즘 젊은이들 사이에서 사용 빈도가 높은 말은 첫 번째로 「やだ(싫어)」, 그 다음이 「うっそ(정말?)」, 세 번째가 「本当」 혹은 「まじ」라고 한다. 일본 거리를 걷다 보면 한 번쯤은 들을 수 있는 표현이다.

나는 문장에서 わけ와
はず가 한 일을 알고 있다

누가 말했던가? わけ와 はず가
이유만 나타낸다고?

우리는 자신의 의사를 표현할 때 여러 가지 방법으로 표현을 한다. 때로는 직접적으로 나타내기도 하고, 때로는 말을 돌려서 간접적으로 나타내기도 한다. 직접적으로 나타낼 경우에 사용하는 표현 중의 하나가 바로 「わけ」나 「はず」이다. 즉, 화자의 확신에 가까운 사항에 대한 화자의 기분을 나타낸다고 할 수 있을 것이다. 그런데 이 두 표현을 의외로 이유를 나타내는 표현으로 알고 있는 사람들이 많다. 물론 기본적으로는 이유를 나타내는 표현이지만, 두 표현에는 그것 이외의 용법도 다수 존재한다. 이 장에서는 「わけ」와 「はず」에는 어떤 용법이 있는지 알아 보기로 하자.

 私は学生時代に勉強ばかりしていたわけではない。

예문은 「わけ」의 용법 중의 하나인 「わけではない」라는 표현이다. 그런데 이 「わけ」를 이유로 해석을 하면 어딘지 모르게 어색해져 버린다. 「わけではない」는 '~인 것은 아니다'라는 의미로, 이것을 대입시켜 다시 해석을 해 보면 '나는 학생 시절 공부만 하고 있었던 것은 아니다'라는 의미가 된다. 「わけ」가 이유만 나타내지 않는다는 것은 이제 알았을테니 좀 더 어려운 표현을 보도록 하자.

 そこに行かないわけにはいかない。
そこに行くことができない。

위 예문의 두 문장은 언뜻 보면 같은 의미의 문장처럼 보인다. 그런데 뉘앙스면에서 조금 차이가 난다. 「わけにはいかない」는 시험에서 가장 많이 출제되는 「わけ」의 용법 중에 하나인데, '~할 수 없다'라는 의미이다. 이 뜻을 알고 있는 사람이라면 앞에 부정을 나타내는 말이 있으므로 단순히 '~할 수 없다'로 해석해 버리기 쉬운데 첫 번째 문장은 절대 그런 의미가 아니다. 두 번째 문장은 '갈 수 없다'라는 상황을 나타내는 일반적인 표현이지만, 위의 「ないわけにはいかない」는 '여러 가지 상황으로 보아 어쩔 수 없이 가야만 한다'라는 의미를 나타낸다. 이처럼 쉬운 듯 하지만 막상 해석을 하려면 쉽지 않은 것이 바로 「わけ」이다. 「わけ」와 비슷한 의미로 사용되는 「はず」는 용법 면에서 유사한 점이 많기 때문에 생략하기로 한다. 다만 「わけ」만 사용할 수 있는 「わけにはいかない」는 따로 구분해서 외워 두도록 하자.

자주 출제되는 わけ・はず의 6가지 용법

① ～わけではない ┃ ～인 것은 아니다, 반드시 ～라고는 할 수 없다

かれ がくせい じ だい べんきょう
彼は学生時代、勉強ばかりしていた<u>わけではない</u>。

그는 학생시절 공부만 하고 있었던 것은 아니다.

암기 「～ないわけではない」는 부분적으로 어떤 사실을 긍정하는 표현임에 주의하자.

② ～わけがない・～わけはない ┃ ～일 리가 없다, 당연히 ～ 은 아니다

말하는 사람의 주관적 판단을 나타낸다.

むずか ほん き むらくん よ
こんなに 難 しい本を木村君が読む<u>わけがない</u>。

이렇게 어려운 책을 기무라 군이 읽을 리가 없다.

③ ～はずがない・～はずはない ┃ ～일 리가 없다, 당연히 ～ 라는 가능성은 없다

せんせい きょう いまにゅういんちゅう
先生が今日いらっしゃる<u>はずがない</u>よ。今 入 院 中 だから。

선생님께서 오늘 오실 리가 없어. 지금 입원 중이니까.

なかむら なま さかな た い
中村さんは生の 魚 は食べないから、「さしみが食べたい」などと言う<u>はずはない</u>。

나카무라 씨는 날생선은 안 먹으니까, '회가 먹고 싶다'라고 말할 리는 없다.

④ ～わけにはいかない ┃ ～할 수 없다

'～하고 싶지만, (사회적·법률적·도덕적·심리적 이유 등으로) 할 수 없다'라고 말하고 싶을 때, 「ないわけにはいかない」는 '～하지 않으면 안 된다'라는 의미를 나타낸다.

あしたテストがあるから、遊んでいる<u>わけにはいかない</u>。

내일 시험이 있으므로, 놀고 있을 수는 없다.

妻がせっかく作ってくれた料理だから、<u>食べないわけにはいかない</u>。

아내가 모처럼 만들어 준 요리이니까, 먹지 않을 수는 없다.

암기 「わけ」의 용법 중에서도 출제 빈도가 가장 높은 표현이다. 같은 의미로 사용된 다른 표현을 묻기도 하기 때문에 같은 의미로 사용된 표현도 함께 외워 두자.

5 ～わけだ | ～인 셈이다, ～인 것이다

예 20ページの宿題だから、一日に5ページずつやれば4日で終わる<u>わけだ</u>。

20페이지의 숙제니까 하루에 5페이지씩 하면 4일로 끝나는 셈이다.

6 ～はずだ | ～일 터이다, 반드시 ～라고 생각한다. ～의 예정이다

예 山田さんももうすぐ来る<u>はずだ</u>。

야마다 씨도 이제 곧 올 것이다.

「わけ」와 「はず」는 의미면에서 상당히 유사한 부분이 많다. 그런데 바꾸어 쓸 수 있는 상황도 많이 있지만 「わけにはいかない」처럼 절대 바꿀 수 없는 표현도 있다. 반드시 문형을 세트로 외워 두기 바란다.

점수를 마구마구 올려 주는 문제

I. 今日は車で来たので、お酒を飲んで はだめだが、先輩に飲めと言われた ら飲まないわけにもいかない。

(A) 飲まなくてもいいだろう。
(B) 飲みたくない。
(C) 飲んでみることにする。
(D) 飲まざるをえない。

【01. 11. 유제】

2. 環境問題が深刻になってきて、企業
　　　　　　　　　　　(A)
ももうこれを無視するわけにはいけ
　　　　　　　　　　(B)
ず、関心を持つ ようになった。
　　　　　(C)　　(D)

3. 二人は四年間も 同じ部屋で暮してい
　　　　　(A)　(B)
たのだから、けんかした日もあった
　　　(C)
ものです。
　(D)

□ 포인트	「~ないわけにはいかない」의 정확한 의미는 '~하지 않으면 안 된다'이다. 이것과 같은 의미의 표현은 「ざるをえ(得)な い」이다.
□ 어구	先輩(せんぱい) 선배 ~ことにする ~하기로 하다
□ 해석	오늘은 차로 왔기 때문에, 술을 마셔서는 안 되지만, 선배가 마시라고 하면 마시지 않을 수도 없다.
□ 포인트	'~할 수 없다'라는 표현을 묻는 문제. 「わけにはいかず」라고 표현해야 한다.
□ 어구	環境問題(かんきょうもんだい) 환경문제 無視(むし)する 무시하다 ~ようになる ~하게 되다
□ 해석	환경문제가 심각해져서 기업도 이제 이것을 무시할 수 없어서 관심을 가지게 되었다.
□ 포인트	근거를 가지고 확신하는 표현으로 「もの」가 아니라 「はず」를 사용해야 한다.
□ 어구	同(おな)じ 같은 けんかする 싸움하다
□ 해석	두 사람은 4년간이나 같은 방에서 생활하고 있었기 때문에, 싸운 날도 있었을 것입니다.

4. 君には実力があるのだから、テスト
　　(A)　　　　　　　　(B)
についてはそんなに心配するわけは
　　(C)　　　　　　　　　　(D)
ありません。

□ 포인트　'~할 필요는 없다'라는 표현
은「~することはない」로 나타
낸다.

□ 어구　心配(しんぱい)する 걱정하다

□ 해석　당신에게는 실력이 있으니까 시
험에 대해서는 그렇게 걱정할
필요는 없습니다.

5. 部長だってこの件に責任を感じて
_____。

(A) いないわけではないだろう。
(B) いるわけではないだろう。
(C) いないわけだろう。
(D) いないだろう。

□ 포인트　부분적으로 긍정하는 표현.「~
ないわけではない」는 '~가 아
닌 것은 아니다', 즉 '~인 것
이다'라는 의미로 부분적으로
긍정하는 표현이다.

□ 어구　責任(せきにん) 책임

□ 해석　부장님이라도 이 건에 책임을
느끼고 있을 것이다.

【07. 2. 유제】

6. 私たちは彼のした無責任な行動を見逃
す_____にはいかないのである。

(A) こと　　　　(B) もの
(C) わけ　　　　(D) はず

□ 포인트　「わけ」의 용법　'~할 수는 없
다'라는 것은「~わけにはいか
ない」라고 표현한다.

□ 어구　無責任(むせきにん) 무책임
見逃(みのが)す 간과하다

□ 해석　우리들은 그가 한 무책임한 행
동을 간과할 수는 없다.

7. 子供にこんなに難しい問題ができる

_____。

(A) わけがない
(B) ないわけだ
(C) わけではない
(D) わけにはいかない

□ 포인트	「わけ」의 용법 구분. 내용상 '~리가 없다' 라는 의미가 와야 문장이 자연스럽다. '~리가 없다' 는 「わけがない」이다.
□ 어구	わけにはいかない ~할 수 없다
□ 해석	아이가 이렇게 어려운 문제를 풀 수 있을 리가 없다.

8. 東京の地価は少し下がったが、まだすべてのサラリーマンが買えるようになった _____。

(A) だけではない
(B) わけではない
(C) ものではない
(D) ところではない

□ 포인트	「わけ」의 용법. 문맥상 '~인 것은 아니다' 라는 의미가 되어야 한다. 이것을 충족시키는 것은 「わけではない」이다.
□ 어구	地価(ちか) 땅값 下(さ)がる 내려가다
□ 해석	동경의 땅값이 조금 내려갔지만, 아직 모든 샐러리맨이 (집을) 살 수 있게 된 것은 아니다.

9. バスがなかなか来ませんね。もうそろそろ来る _____ なんですが。

(A) もの　　　　(B) はず
(C) こと　　　　(D) つもり

□ 포인트	확신을 가지고 추정하는 표현은 「はず」를 사용한다.
□ 어구	なかなか 좀처럼 そろそろ 슬슬
□ 해석	버스가 좀처럼 오지 않는군요. 이제 슬슬 올 때가 되었는데.

IO. もう7時なのに…でも、疲れたから
といって私一人早く帰る＿＿＿＿＿＿。

(A) はずはあるまい。
(B) わけではあるまい。
(C) わけにもいかない。
(D) わけだ。

II. A　玄関のかぎ、かけたの？
B　ええ、＿＿＿＿＿＿。

(A) かけたはずだけど
(B) かけたはずがないけど
(C) かけたわけではないけど
(D) かけたわけにはいかないけど

I2. A　山田って学校やめたそうだよ。
B　そう。どうりで＿＿＿＿＿＿ね。

(A) みかけないはずだ
(B) みかけないはずがない
(C) みかけないわけではない
(D) みかけないわけにはいかない

13. 彼は元歌手だったのだから、歌が ___
_____ わけがない。

(A) 下手 　　　　(B) 下手だ
(C) 下手な 　　　(D) 下手で

□ 포인트	적절한 접속 형태. 「わけ」는 형식명사이기 때문에, 앞에는 명사를 수식하는 형태인 「下手(へた)な」가 되어야 한다.
□ 어구	元(もと) 전, 원래 歌手(かしゅ) 가수
□ 해석	그는 원래 가수였기 때문에, 노래가 서툴 리가 없다.

14. <u>真相</u>が<u>解明</u>されていない以上、北朝
　(A) 　　　　　(B)
鮮<u>による</u>犯行を断定する表現を<u>使わ</u>
　　(C) 　　　　　　　　　　　　(D)
ないわけにはいかない。

□ 포인트	문장의 의미 파악. 문장 전체의 내용상 '사용할 수는 없다'라는 의미가 되어야 하므로, (D)는 「使(つか)う」가 되어야 한다. 참고로 「~ないわけにはいかない」는 '~해야만 한다'라는 의미의 표현이다.
□ 어구	真相(しんそう) 진상 犯行(はんこう) 범행 断定(だんてい) 단정
□ 해석	진상이 해명되지 않은 이상, 북한에 의한 범행을 단정하는 표현을 사용할 수는 없다.

정답

1. (D)　2. (B)　3. (D)　4. (D)　5. (A)　6. (C)　7. (A)　8. (B)　9. (B)　10. (C)
11. (A)　12. (A)　13. (C)　14. (D)

이것만은 확인하고 넘어가자

1. 「わけ」와 「はず」는 의미 파악이 가장 중요하다. 주로 오문정정이나 문말을 채우는 문제로 출제되므로 확실하게 의미를 파악해 두자.

2. 「～ないわけではない」는 부분적으로 어떤 사실을 긍정하는 표현임을 기억해 두자.

3. 「わけ」와 「はず」는 바꾸어 쓸 수 있는 상황도 많지만, 「わけにはいかない」처럼 「わけ」만 사용할 수 있는 용법은 따로 외워 두어야 한다.

쉬 · 어 · 가 · 기

● スクープ ┃ 특종 기사

スクープ!女優Aさんと歌手Bさん、あした結婚!

특종! 여배우 A 씨와 가수 B 씨 내일 결혼!

일본의 연예 신문을 보면 자주 등장하는 말이 「スクープ」라는 단어이다. 이 말은 '신문이나 잡지 등의 특종기사'라는 의미로 주로 충격적인 사건이나 속보 등을 전할 때 자주 사용하는 말이다.

● 引き籠もる ┃ 틀어 박히다

最近何もしないでただ家に引き籠もっている子供が増えている。

최근 아무것도 하지 않고 단지 집에 틀어박혀 있는 아이가 늘고 있다.

「引き籠もる」는 '틀어 박히다'라는 의미의 동사이다. 그런데 최근 일본에서는 학교와 사회에 적응하지 못하고 집에만 오면 자신의 방으로 들어가 틀어 박혀 있는 사람이 급증하고 있다고 한다. 이것은 나중에 우울증이나 자살과도 연결되어 심각한 사회 문제가 되고 있는 실정이다.

나는 문장에서 こと가
한 일을 알고 있다

「こと」는 쉽지도 어렵지도 않은 형식명사이다.

지금까지 다양한 형식명사에 관해서 공부해 왔는데, 이 장에서는 형식명사의 원조이자 두목격인 「こと」에 대해서 알아 보려고 한다. 「こと」는 초급 단계에서 「もの」와 함께 등장한다. 즉 초급수준에서 「こと」는 추상적인 일에 사용하고 「もの」는 구체적인 사물에 사용한다고 배웠을 것이다. 물론 일리있는 말이다. 하지만 「もの」가 항상 구체적인 사물에 사용하는 것이 아니듯이 「こと」에도 뭔가 특별한 용법이 있는 것은 아닐까? 정답은 아쉽게도 '절대 없다' 이다. 「こと」는 단독으로 사용되든 구문 형식으로 사용되든 추상적인 상황에만 사용할 수 있는 형식명사이다. 이것만 기억해 두면 「もの」와의 구분은 쉽게 할 수 있을 것이다. 하지만 그렇다고 「こと」를 만만하게 봐서는 절대 안 된다. 「こと」가 사용된 표현을 예문을 중심으로 살펴 보기로 하자.

 あなたは日本へ行った<u>ことがありますか</u>。

위의 예문은 초급자라도 어디서 많이 본 듯한 예문일 것이다. 「(た)ことがある」라는 표현은 과거의 경험을 나타내는 표현이라고 배워 왔을 것이다. 그런데 이런 문장이 오문정정 문제로 출제되면 다른 부분에 신경을 쓰다가 그만 과거형에 접속된다는 사실을 잊어 버리기 쉽다. 그렇기 때문에 얄밉게도 JPT 시험에는 자주 출제되고 있다.

 毎日1時間運動をする<u>ことにしている</u>。

위의 예문도 구문 형식으로 많이 사용되는 표현이다. 「ことにする」는 '~하기로 하다'라는 의미를 나타내는 말로서 일상회화에서도 빈번하게 들을 수 있는 말이다. 하지만 이런 표현을 모르는 사람이 위의 문장을 해석하면 어떻게 될까? '매일 1시간 운동을 하는 것에 하고 있다(?)'라는 뭔가 어색한 해석이 되어 버릴 것이다. 이와 같이 다른 형식명사처럼 「こと」에도 나름대로의 용법이 몇 가지 존재한다. 「こと」의 용법은 그렇게 많지 않아서 11가지만 다 외우면 그걸로 끝이다. 거듭해서 말하지만 결코 쉽지도, 또 결코 어렵지도 않은 것이 「こと」이다.

쉽지도 어렵지도 않는 こと의 13가지 용법

1 동사의 과거형 + ことがある | ~한 적이 있다(과거의 경험)

경험을 나타낼 때에는 반드시 과거형에 접속한다.(현재형 접속과 의미 차이에 주의)

> 예
> あなたは海外旅行をした<u>ことがあります</u>か。
> 당신은 해외 여행을 한 적이 있습니까?

2 동사의 현재형 + ことがある | ~하는 경우가 있다(때때로 어떤 동작이나 상태가 발생함을 나타낸다)

> 예
> 朝早く起きる<u>こともあります</u>。 아침에 일찍 일어날 때도 있습니다.

3 동사의 현재 긍정형 + ことはない | ~하는 일은 없다, ~할 필요는 없다

> 예
> 私は決して友達を裏切る<u>ことはありません</u>。
> 나는 결코 친구를 배신하는 일은 없습니다.

4 동사의 현재 부정형 + ことはない | ~하지 않는 것은 아니다(때때로 그러한 경우가 있음을 나타낸다)

> 예
> 梅干しは好きじゃないが食べない<u>ことはない</u>。
> 우메보시는 좋아하지 않지만 안 먹는 것은 아니다.

5 동사의 현재형, 과거형 + ことになる | ~하게 되다

주체의 의지와 상관없이 결정되는, 또는 결정된 결과를 나타낸다.

> 예
> 今度結婚する<u>ことになりました</u>。 이번에 결혼하게 되었습니다.

암기 「ことになる」는 주어의 의지와 상관없이 결정된다는 의미를 나타내지만, 비슷한 의미인 「ようになる」는 주체의 의지가 들어간 표현이라고 할 수 있다.

6 **동사의 현재형, 과거형 + ことにする** | ～하기로 하다 (주체의 의해 결정됨을 나타낸다)

しゅうしょく
就職する<u>ことにしました</u>。 취직하기로 했습니다.

7 **동사의 현재형 + ことになっている** | ～하기로 되어 있다(예정)

きょう やまだ　　　　　　さんじ　　あ
今日山田さんと三時に会う<u>ことになっている</u>。
오늘 야마다 씨와 3시에 만나기로 되어 있다.

8 **동사의 현재형 + ことにしている** | ～하기로 하고 있다

규칙이나 습관을 나타내는 표현으로, 「ことにしている」는 부정형으로 절대 사용하지 않는다.

わたし　　まいにちうんどう
私は毎日運動する<u>ことにしている</u>。 나는 매일 운동하기로 하고 있다.

9 **동사의 현재형 + ことだ** | ～해야 한다(충고, 명령, 주장)

やす　　　　べんきょう　　　　　わす　　　　じゅうぶん　たの
休みには勉強のことを忘れて、十分に楽しむ<u>ことだ</u>。
쉴 때에는 공부를 잊고, 충분히 즐겨야만 한다.

10 **ということだ・とのことだ** | ～라는 것이다(전해 들은 말을 나타내는 전문의 용법)

ぶちょう　　　　　しゅっきん
部長は今日出勤しない<u>とのこと</u>です。 부장님은 오늘 출근하지 않는다고 합니다.

⑪ 감정을 나타내는 い형용사나 동사 + ことに

| ~하게도

일어난 일에 대한 화자의 감정을 강조해서 나타낸다.

うれしい<u>ことに</u>、あした 旧 友に会えるんです。
기쁘게도 내일 옛 친구를 만날 수 있습니다.

⑫ ことだから | ~이기 때문에

사람을 나타내는 명사에 접속해 어떤 개인의 성격이나 행동패턴에 대해서 말할 때
사용한다.

真面目な彼の<u>ことだから</u>、いつも勉 強 しているにちがいない。
성실한 그이기 때문에, 항상 공부하고 있음에 틀림없다.

⑬ ことなしに | ~하는 일 없이

'다른 가능성도 있지만 그렇게 하지 않고' 라는 의미를 나타내며, 뒤에는 그 가능
성을 부정하는 표현이 온다.

大きなリスクを負う<u>ことなしに</u>、インターネット 上 で 情 報の発信ができるよ
うになった。 큰 위험을 입는 일 없이, 인터넷상에서 정보의 발신이 가능하게 되었다.

형식명사 중에서도 가장 광범위하게 출제되는 부분이 바로 「こと」의 용법이다. 의
미를 묻는 문제부터 접속, 문말 표현, 오문정정 문제에 이르기까지 독해의 거의 모
든 파트에서 출제되고 있다. 특히 비슷한 형태로 사용되는 「もの」와의 구분을 확
실히 해 두어야 한다.

점수를 마구마구 올려 주는 문제

1. <u>お医者さんが</u> <u>大丈夫って</u> <u>言ったから</u>
  (A)   (B)   (C)
  心配<u>する</u>ものはない。
    (D)

□ 포인트	'~할 필요가 없다'라는 용법은 「~ことはない」로 표현한다.
□ 어구	大丈夫(だいじょうぶ) 괜찮음 心配(しんぱい)する 걱정하다
□ 해석	의사 선생님께서 괜찮다고 했으니 걱정할 필요는 없다.

【02. 1. 유제】

2. 休日<u>には</u>仕事<u>のこと</u>を忘れて、<u>充分</u>
    (A)   (B)   (C)
  <u>に</u>楽しむものだ。
   (D)

□ 포인트	충고나 명령을 나타내는 표현은 「~ことだ」를 사용한다.
□ 어구	休日(きゅうじつ) 휴일 充分(じゅうぶん)に 충분하게
□ 해석	휴일에는 일을 잊고 충분히 즐겨야 한다.

3. 子供の教育<u>にとって</u>、一番大切な
       (A)
  <u>こと</u>は何でも<u>自分</u>で<u>やる</u>ものです。
  (B)   (C) (D)

□ 포인트	특수 문형의 이해. '~라는 것은 ~이다'는 「~ことは~ことだ」로 표현한다.
□ 어구	~にとって ~에 있어서
□ 해석	아이의 교육에 있어서 가장 중요한 것은 뭐든 스스로 하는 것입니다.

4. <u>天気のいい日</u>に子供と<u>散歩したこと</u>
  (A)   (B)
  がある<u>ぐらい</u>で、<u>普段</u>はあまり運動
     (C)   (D)
  しません。

□ 포인트	「こと」의 용법 구분. 전체적인 내용으로 보아 과거의 경험이 아니라, 그러한 경우가 때때로 있음을 나타내는 문장임을 알 수 있다.
□ 어구	天気(てんき)がいい 날씨가 좋다 普段(ふだん) 보통
□ 해석	날씨가 좋은 날에는 아이와 산책하는 경우가 있는 정도로, 보통은 거의 운동하지 않습니다.

5. スポーツというのは自分で実際に
やってみないことには、その面白さ
は _____ 。

(A) わからないだろう
(B) わかりかねない
(C) わかるだろう
(D) わかるはずだ

□ 포인트 「こと」의 용법이 들어간 문장의 문말 표현. 「~ないことには」라는 표현은 '~하지 않고는'이라는 의미이다. 따라서 문말에는 「わからないだろう」가 와야 가장 자연스럽다.

□ 어구 実際(じっさい)に 실제로
面白(おもしろ)さ 재미

□ 해석 스포츠라는 것은 자신이 실제로 해 보지 않고는 그 재미를 모를 것이다.

6. 時間に正確な彼女のこと _____ 、
もうすぐ来ますよ。

(A) だとしても　　(B) だから
(C) だったり　　　(D) なのに

□ 포인트 「こと」의 표현 이해. 원인이나 이유를 나타내는 「こと」의 용법은 「ことだから」이다.

□ 어구 正確(せいかく) 정확
もうすぐ 이제 곧

□ 해석 시간에 정확한 그녀이기 때문에, 이제 곧 옵니다.

7. 困った _____ 、相手の名前がど
うしても思い出せなかった。

(A) わけか　　　　(B) ことに
(C) ように　　　　(D) とおりで

□ 포인트 「こと」의 표현 이해. 「~たことに」는 '~하게도'라는 표현이다.

□ 어구 相手(あいて) 상대
名前(なまえ) 이름
思い出す(おもいだす) 생각해
　　내다

□ 해석 곤란하게도, 상대의 이름을 도저히 떠올릴 수 없었다.

8. ふたりの夫婦関係がいつまでも変わ る _____ 続くことを祈っており ます。

(A) ことに (B) ことか
(C) ことから (D) ことなく

□ 포인트	「こと」의 용법 구분. 「〜こと なく」는 '〜하는 일 없이'라는 표현이다.
□ 어구	夫婦(ふうふ) 부부 祈(いの)る 기원하다
□ 해석	두 사람의 부부관계가 언제까 지나 변하는 일 없이 이어지기 를 기원합니다.

9. 私は健康のため毎日30分ぐらい運動 をする _____ 。

(A) ことになった
(B) ことにした
(C) ことにきた
(D) ことにやった

□ 포인트	「こと」의 용법 구분으로 '〜하 기로 하다'라는 표현은 「〜こ とにする」로 나타낸다.
□ 어구	運動(うんどう) 운동
□ 해석	나는 건강을 위해서 매일 30분 정도 운동을 하기로 했다.

【04. 9. 유제】

10. その本なら子供の時に _____ ことがあります。

(A) 読む (B) 読んだ
(C) 読んだり (D) 読まない

□ 포인트	과거의 경험은 「〜たことがあ る」라는 표현을 사용해서 나타 낸다. 앞에는 반드시 과거형이 와야 한다는 것에 주의하자.
□ 어구	〜なら 〜라면
□ 해석	그 책이라면 아이 때 읽은 적이 있습니다.

11. 努力することなしに成功はあり得ない。

(A) 努力しても成功する確率は低い。
(B) 努力しなくても必ず成功できる。
(C) 努力をしなければ成功できない。
(D) 努力とは関係なく成功の可能性
　　はある。

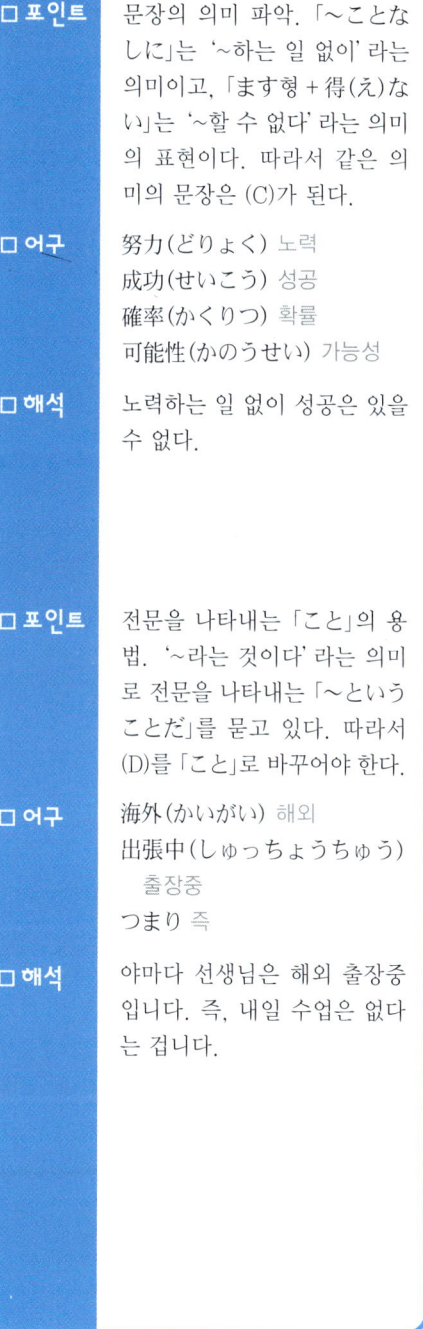

□ 포인트　문장의 의미 파악. 「～ことな
しに」는 '～하는 일 없이'라는
의미이고, 「ます형＋得(え)な
い」는 '～할 수 없다'라는 의미
의 표현이다. 따라서 같은 의
미의 문장은 (C)가 된다.

□ 어구　努力(どりょく) 노력
成功(せいこう) 성공
確率(かくりつ) 확률
可能性(かのうせい) 가능성

□ 해석　노력하는 일 없이 성공은 있을
수 없다.

12. 山田先生は海外出張中です。つま
　　　　　　　　(A)　　　　(B)
り、明日の授業はないというもの
　　　(C)　　　　　　　　　(D)
です。

□ 포인트　전문을 나타내는 「こと」의 용
법. '～라는 것이다'라는 의미
로 전문을 나타내는 「～とい
うことだ」를 묻고 있다. 따라서
(D)를 「こと」로 바꾸어야 한다.

□ 어구　海外(かいがい) 해외
出張中(しゅっちょうちゅう)
　　　　　출장중
つまり 즉

□ 해석　야마다 선생님은 해외 출장중
입니다. 즉, 내일 수업은 없다
는 겁니다.

 정답

1. (D)　2. (D)　3. (D)　4. (B)　5. (A)　6. (B)　7. (B)　8. (D)　9. (B)　10. (B)
11. (C)　12. (D)

이것만은 확인하고 넘어가자

I. 「こと」는 추상적인 일에만 사용하는 형식명사이다.

2. 「こと」는 정답 찾기, 오문정정, 공란 메우기 등 거의 독해 전분야에 걸쳐 고르게 출제되고 있으므로 반드시 용법을 알아 두자.

3. 자주 출제되는 용법으로는 「ことにする」, 「ことになる」, 「(た)ことがある」 등이 있다.

쉬·어·가·기

● バリアフリー ┃ 장벽을 없앰

現代社会で共に生きていくためには、私たち一人一人の心のバリアを崩すバリアフリーが必要だ。

현대사회에서 함께 살아가기 위해서는, 우리들 한 사람 한 사람의 마음의 벽을 허무는 일이 필요하다.

얼마 전, 태어날 때부터 사지가 없어 전기휠체어를 타고 다니는 장애인이 모든 난관을 극복하고 대학에 합격해 '오체불만족'이라는 책을 출판, 일본에서 크게 화제를 모은 적이 있다. 그가 그 책에서 가장 강조한 것은 장애자를 특별한 눈으로 보지 말라, 즉 서로 마음의 벽을 허물자는 「バリアフリー」였다. 이 말은 그 후에 일상 생활 용어로 거의 정착되었으며, 지금도 광범위하게 사용되고 있다.

● 詰める ┃ 자리를 좁히다

すみませんが、ちょっと詰めてくださいませんか。

죄송합니다만, 조금 (좌석을) 당겨 주시지 않겠습니까?

「詰める」라는 동사는 원래 '채우다, 메우다' 라는 뜻이다. 하지만 일상 회화에서 좌석이나 자리가 비좁을 경우에도 「詰めてください」라고 한다. 즉 공간이 좁으니 옆으로 조금 당겨 달라는 표현이다. 일본 현지에 가서도 바로 사용할 수 있는 유용한 표현이므로 외워 두기 바란다.

나는 문장에서 もの가 한 일을 알고 있다

형식명사 もの에는 뭔가 특별한 것이 있다.

　　　　　9과에서 형식명사 「こと」의 용법에 대해서 알아보았다. 그런데 형식명사 중에서도 가장 용법이 어려운 것은 아마도 「もの」일 것이다. 하지만 대부분의 학습자들이 「もの」에는 '것'이라는 형식명사로서의 용법만 알고 있는 경우가 의외로 많다. 과연 그럴까? 아래 예문에서는 「もの」가 어떤 의미로 사용되었는지 보도록 하자.

 そんなところに二度と行く<u>ものか</u>。

　　　　　아무리 해석을 해 보아도 어딘가 어색한 문장인 듯 하다. 그러나, 「もの」의 용법을 알고 있는 사람이라면 쉽게 해석 할 수 있을 것이다. 문말에 사용되는 「ものか」는 반어나 역설로 사용되어 '~할까보냐'라는 의미이다. 오히려 단순명사보다도 해석이 더 어려운 것이 형식명사이다. 절대 만만하게 봐서는 안 되는 부분이다.

 お金は大切にする<u>ものだ</u>。

　　　　　위의 예문은 왠지 해석이 될 듯 하면서도 되지 않는 문장이다. 단순히 '것'으로 해석하면 의미전달이 충분하지 않다는 것을 느낄 수 있을 것이다. 「ものだ」는 도덕적이거나 사회적인 상식을 이야기할 때 사용하는 표현이다. 그런데 이 「ものだ」 앞에 과거형이 오면 의미가 어떻게 변할까?

 昔はここでよく遊んだ<u>ものだ</u>。

　　　　　위의 예문은 두 번째 예문과는 전혀 다른 용법으로 사용되고 있다. 즉, 과거형 뒤의 「ものだ」는 과거의 습관적인 행동을 나타낼 때 사용하는 표현이다. 이처럼 비슷해 보이는 「ものだ」라도 앞의 접속에 따라 의미가 달라지는 것이다. 사실 「もの」의 용법은 7가지 정도밖에 되지 않는다. 하지만 시험에 자주 출제되는 것은 그만큼 사람들이 잘 틀리기 때문이다. 이제는 틀리지 말자! 아니 틀려서는 안 된다!

지금도 출제되는 もの의 용법

1 〜ものだから・〜もので
〜이므로(개인적인 이유를 들어 변명할 때 많이 쓰이는 표현)

> A：どうして遅刻したの？ 왜 지각했니?
> B：目覚まし時計が壊れていたものだから。 자명종이 고장나서요.
> 今日は忙しかったもので、返事をするのがつい遅くなってしまった。
> 오늘은 바빠서, 답변을 하는 것이 그만 늦어져 버렸다.

암기 비슷한 형태인 「ことだから」와 오문정정 파트에서 바꾸어 출제되는 경우가 있으므로 의미 차이를 확실히 익혀 두도록 하자.

2 〜ものか
〜할까보냐(상대방의 말, 생각 등을 강하게 반대, 부정하는 기분을 말할 때 쓰는 표현)

> あんな無礼な人と二度と話しをするものか。
> 저런 무례한 사람과 두 번 다시 이야기 할까보냐.

3 〜ものがある
〜인 것이 있다, 정말 〜하다

> 彼の演奏にはすごいものがある。 그의 연주에는 굉장한 것이 있다. (정말 굉장하다)

4 〜(た)ものだ
〜하곤 했다(과거에 자주 하곤 했던 일이 생각나 그리워하는 기분으로 말할 때 쓴다)

> 小学校時代、あの公園でよく遊んだものだ。
> 초등학교 시절, 저 공원에서 자주 놀곤 했다.

암기 「もの」의 용법 중에서도 가장 출제가 많이 되는 부분이다. 반드시 암기해 두도록 하자.

5 〜ものだ・〜ものではない
〜인 법이다, 〜인 것은 아니다

개인의 의견보다 도덕적, 사회적 상식 등을 말할 때 사용하는 표현이다.

 お金はいつも大切にするものだ。 돈은 항상 소중히 해야 하는 것이다.

6 ～ものなら | ～라면

대체로 거의 실현 불가능한 것을 '만약 가능하다면' 이라고 가정함을 나타낸다.
뒷문장에는 희망이나 명령 등 말하는 사람의 의지를 나타내는 표현이 온다.

 できるものなら、鳥になって空を飛んでみたい。
가능하다면, 새가 되어서 하늘을 날아 보고 싶다.

7 ～ものの | ～이지만('～은 사실이지만, 그러나' 라는 뜻으로 일단 인정하고 그것과는 상반, 모순된 일이 뒤에 전개됨을 나타낸다)

 立春とはいうものの、まだ寒い。 입춘이라고 하지만, 아직 춥다.

8 ～ものを | ～것을(불만, 원망, 후회, 유감의 기분)

 あの時、薬さえあれば彼は助かったものを。
그 때, 약이라도 있었다면 그는 살았을텐데.

9 ～をものともせず | ～을 아랑곳 하지 않고(뒤에는 주로 그 문제를 해결한다는 의미의 표현이 온다)

 新しい市長は議員の批判をものともせず、改革を進めていった。
새 시장은 의원의 비판을 아랑곳하지 않고, 개혁을 진행시켜 갔다.

「もの」의 용법은 시험에서는 다양한 형태로 묻고 있다. 주로 나오는 것이 「ものか」, 「ものだ」, 「ものなら」의 용법과 같은 의미를 찾는 것이고, 그 다음이 오문정정에서 주로 나오는 과거의 습관적인 경험을 나타내는 「～たものだ」라는 표현이다. 기타 다른 용법들도 간혹 출제되므로 함께 익혀 두자.

【01. 7. 유제】

1. 金というのはすぐなくなる<u>もの</u>だ。

(A) この部屋にはいろいろな<u>もの</u>が
ある。
(B) 人の心はなかなかわからない<u>も
の</u>だ。
(C) どうぞ、好きな<u>もの</u>をとってく
ださい。
(D) この写真は彼女の<u>もの</u>だ。

□ 포인트	「もの」의 용법 구분. 문제에서는 본성이나 습성을 나타내는 「もの」의 용법이다.
□ 어구	なくなる 없어지다 なかなか 좀처럼
□ 해석	돈이라는 것은 곧 없어지는 법이다.

2. <u>知れば</u> <u>手伝ってあげた</u> <u>ものを。</u> <u>知り</u>
　(A)　　　　　 (B)　　　　 (C)
<u>ませんでした</u>。本当にごめんなさい。
　(D)

□ 포인트	동사 「知(し)る」의 올바른 형태. 동사 「知る」는 긍정문에서는 진행형으로 사용하지만, 부정문에서는 진행형으로 사용하지 않는다.
□ 어구	手伝(てつだ)う 돕다 〜てあげる 〜해 주다
□ 해석	알고 있었다면 도와 주었을 것을. 몰랐습니다. 정말 죄송합니다.

【02. 4. 유제】

3. 学生という<u>の</u>は本来真面目な<u>こと</u>だ。
　　　　　(A)　　　　　　　　 (B)
アルバイト<u>ばかり</u>していて<u>は</u>いけない。
　　　　 (C)　　　　　　　 (D)

□ 포인트	습성, 본성을 나타내는 「もの」의 용법. 학생의 본분에 대해 이야기하고 있으므로 「こと」를 「もの」로 바꾸어야 한다.
□ 어구	真面目(まじめ) 성실함, 근면함 〜ばかりしている 〜만 하고 있다
□ 해석	학생이라는 것은 원래 성실해야 한다. 아르바이트만 하고 있어서는 안 된다.

4. 昔、ここで友だちと一緒によく遊ん
だ _____ 。

(A) ことだ   (B) ものだ
(C) ばかりだ   (D) だけだ

□ 포인트	「もの」의 용법 구분. 과거의 습관적인 행위는 「~たものだ」로 나타낸다.
□ 어구	昔(むかし) 옛날 ~と一緒(いっしょ)に ~와 함께
□ 해석	옛날, 여기에서 친구와 함께 자주 놀곤 했다.

5. A どうして遅れたの。
    B だって、バスが来なかった _____
       _____ 。

(A) もの   (B) ものの
(C) ものか   (D) ものを

□ 포인트	「もの」의 용법 구분. 이유를 들어 변명을 할 때에는 문말에 「もの」를 사용한다.
□ 어구	どうして 어째서 ものの ~이지만 ものを ~것을
□ 해석	A 왜 늦었니? B 버스가 오지 않았는 걸요.

6. 朝寝坊の高橋さんの _____ 今日
の会議にもきっと遅刻するでしょう。

(A) ことだから
(B) ばかりだから
(C) はずだから
(D) ものだから

□ 포인트	어떤 개인의 성격이나 행동패턴에 기초해 판단을 내릴 때는 「ことだから」를 사용한다.
□ 어구	朝寝坊(あさねぼう) 늦잠, 늦잠꾸러기 会議(かいぎ) 회의
□ 해석	늦잠꾸러기인 타카하시 씨이기 때문에, 오늘 회의에도 틀림없이 지각하겠지요.

7. 再びそんな大地震が起こる_____、大部分の建物は崩れてしまうだろう。

(A) ものなら　　(B) ことなら
(C) わけなら　　(D) ほどなら

□ 포인트	실현 불가능한 것에 대한 가정의 경우에는 「ものなら」를 사용한다.
□ 어구	再(ふたた)び 다시 大地震(おおじしん) 대지진 崩(くず)れる 무너지다
□ 해석	다시 그런 대지진이 일어난다면, 대부분의 건물은 무너져 버릴 것이다.

[02. 3. 유제] [04. 3. 유제]

8. 彼は世間の噂を_____、自らの信念を貫き通し、研究を完成させた。

(A) のみならず
(B) ものともせず
(C) とあって
(D) いかんによって

□ 포인트	'~을 아랑곳하지 않고'라는 의미의 표현은 「~をものともせず」라고 표현한다.
□ 어구	噂(うわさ) 소문 自(みずか)ら 스스로
□ 해석	그는 세간의 소문을 아랑곳하지 않고, 스스로의 신념을 관철시켜 연구를 완성시켰다.

9. 大切なものはいつも失った時に気付く_____です。

(A) こと　　(B) もの
(C) ところ　　(D) ばかり

□ 포인트	「もの」의 용법. 일반적인 습성이나 진리를 말하고 있으므로 「もの」가 적당하다.
□ 어구	失(うしな)う 잃다 気付(きづ)く 깨닫다
□ 해석	소중한 것은 항상 잃어버렸을 때 깨닫는 법입니다.

10.

背の低い人は背の高い人より「人に負

ける _____ 」という気持ちが強

いそうだ。

(A) ものだ   (B) ものの

(C) ものを   (D) ものか

□ 포인트	「もの」의 용법 구분. 반대나 부정의 기분을 나타낼 때에는 「ものか」를 사용한다.
□ 어구	背(せ) 키, 신장 負(ま)ける 지다
□ 해석	키가 작은 사람은 키가 큰 사람보다 「다른 사람에게 질까 보냐!」라는 마음이 강하다고 한다.

11.

息子はいい大学を出た _____ 、

就職できずに毎日ぶらぶらしている。

(A) ものを   (B) ものか

(C) ものの   (D) ものなら

□ 포인트	「もの」의 용법 구분. 역접을 나타내는 「もの」의 용법은 「ものの」뿐이다.
□ 어구	就職(しゅうしょく) 취직 ぶらぶら 빈둥빈둥 노는 모양
□ 해석	아들은 좋은 대학을 나왔지만, 취직하지 못하고 매일 빈둥빈둥 놀고 있다.

12.

こんなまずい食べ物を二度と食べる

ものか 。

(A) 必ず食べるべきだ

(B) 決して食べない

(C) たまには食べてみたい

(D) 二度ぐらいは食べるだろう

□ 포인트	같은 의미의 표현. 「～ものか」는 '～까 보냐, 결코 ～않는다'라는 의미의 표현이므로, 정답은 '결코 먹지 않는다'라는 의미인 (B)가 된다.
□ 어구	まずい 맛없다 決して(けっして) 결코
□ 해석	이런 맛없는 음식을 두 번 다시 먹을까 보냐!

13. 周囲の<u>反対をものともせず</u>、二人は
結婚した。

    (A) 反対を気にしないで
    (B) 反対すればするほど
    (C) 反対にこだわりながら
    (D) 反対しないにもかかわらず

□ 포인트	같은 의미의 표현. 「～をものともせず」는 '～을 아랑곳하지 않고'라는 의미인데, 보기 중에서 이것과 같은 의미가 되는 것은 (A)가 된다.
□ 어구	周囲(しゅうい) 주위 反対(はんたい) 반대 気(き)にする 신경쓰다 こだわる 구애되다
□ 해석	주위의 반대를 아랑곳하지 않고 두 사람은 결혼했다.

14. この間見た映画は胸に響く＿＿＿＿
＿。

    (A) もの
    (B) ものか
    (C) ものだ
    (D) ものがあった

□ 포인트	「もの」의 용법 구분. 「～ものがある」는 '～인 것이 있다, 정말 ～하다'라는 의미의 표현이다.
□ 어구	胸(むね)に響(ひび)く 가슴에 와닿다
□ 해석	일전에 본 영화는 가슴에 와닿는 것이 있었다.(정말 가슴에 와닿았다)

15. 風邪を引いてしまった＿＿＿＿＿、
昨日は勉強できませんでした。

    (A) ものだから
    (B) ことだから
    (C) だけだから
    (D) ばかりだから

□ 포인트	변명하는 표현. 「～ものだから・～もので」는 개인적인 이유를 들어 변명할 때 사용하는 표현이다.
□ 어구	風邪(かぜ)を引(ひ)く 감기에 걸리다
□ 해석	감기에 걸려 버렸기 때문에, 어제는 공부를 못했었습니다.

정답

    1. (B)   2. (A)   3. (B)   4. (B)   5. (A)   6. (A)   7. (A)   8. (B)   9. (B)   10. (D)
    11. (C)   12. (B)   13. (A)   14. (D)   15. (A)

이것만은 확인하고 넘어가자

I. 「もの」는「こと」와의 용법 구분이 제일 중요하다.

2. 「もの」도「こと」처럼 독해 전분야에 걸쳐 출제되고 있으므로 용법을 다 익혀 두도록 하자.

3. 자주 출제되는 용법으로는 「ものだ」, 「ものか」, 「ものなら」 등이 있다.

쉬. 어. 가. 기

● **ローン** ┃ 융자, 대출

ねえねえ、聞いた？ 山田さんってローンのせいで首が回らないんだって。

너 들었니? 야마다 씨 융자 때문에 아주 힘들대.

「ローン(loan)」이라는 말은 일본에서 잠깐이라도 생활을 한 사람이라면 누구나 아는 단어이다. 영어에서 파생된 말로, 이는 영어의 의미와 같이 '융자, 대출'이란 뜻이다. 이「ローン」의 종류는 주택자금융자를 비롯해서 아주 다양한데 대책없이 돈을 빌려 다 갚지 못해 자살을 하는 사람도 많다고 하니 남의 나라 일이 아닌 것 같다. 최근 우리나라에서도 무분별한 카드 발행이 사회적 문제가 되고 있는데, 과연 카드가 자신에게 쓸모가 있는지 한 번쯤은 생각해 볼 필요가 있다.

● **生み棄て** ┃ 아이를 낳자마자 버림

生み棄てなど、青少年の性意識が問題になっているそうだ。

갓난아기를 버리는 등, 청소년의 성의식이 문제가 되고 있다고 한다.

성에 대해서 개방적인 일본은 첫경험과 임신의 나이가 우리나라에 비해 훨씬 빠르다. 그에 따른 부작용으로 성지식이 없는 중고생들이 임신을 하여, 공중 화장실에서 아이를 낳고 바로 버리는 이른바「生み棄て」가 사회적으로 큰 문제가 되고 있다. 심지어 지하철의 락커 안에서도 갓난아이가 발견된다고 하니 놀라지 않을 수 없다.「過(す)ぎたるはなお及(およ)ばざるが如(ごと)し！」옛말에 지나친 것은 모자람만 못하다고 했거늘……

정답을 콕콕 찍어주는 문제

【02. 3. 유제】

1. 朝起きたら、庭に<u>雪</u>が積もっていた。

(A) ゆき   (B) あめ
(C) かぜ   (D) きり

□ 포인트	기본적인 명사의 발음. '눈' 은 「雪(ゆき)」라고 읽는다.
□ 어구	あめ(雨) 비 かぜ(風) 바람 きり(霧) 안개
□ 해석	아침에 일어나니, 정원에 눈이 쌓여 있었다.

【02. 1. 유제】

2. 今朝の<u>ちょうかん</u>読みましたか。

(A) 朝刊   (B) 朝幹
(C) 朝簡   (D) 朝干

□ 포인트	기본적인 명사의 한자 찾기. '조간' 의 올바른 한자는 「朝刊(ちょうかん)」이다.
□ 어구	今朝(けさ) 오늘 아침
□ 해석	오늘 아침 조간신문 읽었습니까?

【02. 3. 유제】

3. 自分に必要のない項目は<u>削除</u>してください。

(A) さくじょ   (B) せきじょ
(C) さくじょう   (D) せきじょう

□ 포인트	기본적인 명사의 발음. '삭제' 는 「削除(さくじょ)」라고 발음한다.
□ 어구	項目(こうもく) 항목
□ 해석	자신에게 필요가 없는 항목은 삭제해 주십시오.

【01. 9. 유제】

4. その狩人は<u>獲物</u>を狙ったが最後、決して逃しません。

(A) かくぶつ   (B) かくもつ
(C) えもの   (D) えぶつ

□ 포인트	발음이 힘든 한자어. '사냥감' 은 「獲物(えもの)」라고 발음한다.
□ 어구	狩人(かりゅうど) 사냥꾼 ～が最後(さいご) ～하기만 하면
□ 해석	그 사냥꾼은 사냥감을 노리기만 하면 절대 놓치지 않습니다.

5. 山田先生は<u>せ</u>が高いです。

    (A) 背   (B) 丈
    (C) 足   (D) 体

□ 포인트	명사의 올바른 한자 찾기. '키'는 「背(せ)」라고 쓴다.
□ 어구	背(せ)が高(たか)い 키가 크다 体(からだ) 몸, 신체
□ 해석	야마다 선생님은 키가 큽니다.

6. では、10分間<u>きゅうけい</u>します。

    (A) 休息   (B) 休系
    (C) 休憩   (D) 休携

□ 포인트	명사의 올바른 한자 찾기. '휴게'는 「休憩(きゅうけい)」가 올바른 한자이다.
□ 어구	休息(きゅうそく) 휴식
□ 해석	그럼 10분간 휴식하겠습니다.

7. もう少しでひかれるところだったが、幸い事故は<u>免れた</u>。

    (A) ぬかれた   (B) すぐれた
    (C) まぬかれた   (D) はずれた

□ 포인트	동사의 올바른 한자 찾기. 「免(まぬか)れる」는 '피하다, 면하다' 라는 의미이다.
□ 어구	もう少しで〜ところだった 하마터면 〜할 뻔 했다 ひかれる 차에 치다 幸(さいわ)い 다행히
□ 해석	하마터면 차에 치일 뻔 했지만, 다행히 사고는 면했다.

8. お金がなかった彼は水を飲んで飢えを<u>凌いだ</u>。

    (A) およいだ   (B) かせいだ
    (C) しのいだ   (D) とついだ

□ 포인트	동사의 올바른 발음 찾기. 「凌(しの)ぐ」는 '참다' 라는 의미의 동사이다.
□ 어구	飢(う)え 배고픔
□ 해석	돈이 없었던 그는 물을 마시고 배고픔을 참았다.

9. 道にごみを捨てるなんて、<u>はずかしくないの?</u>

(A) 恥ずかしく　　(B) 波ずかしく
(C) 羨ずかしく　　(D) 破ずかしく

□ 포인트	い형용사의 올바른 한자 찾기. 「恥(は)ずかしい」는 '부끄럽다' 라는 의미이다.
□ 어구	ごみ 쓰레기 捨(す)てる 버리다
□ 해석	길에 쓰레기를 버리다니, 부끄럽지 않아?

【02. 1. 유제】

10. 街でいきなりマイクを向けられてすっかり<u>あわてて</u>しまった。

(A) 慌てて　　(B) 荒てて
(C) 暴てて　　(D) 惶てて

□ 포인트	동사의 올바른 한자 찾기. '당황하다' 라는 동사는 「慌(あわ)てる」라고 쓴다.
□ 어구	いきなり 갑자기 すっかり 완전히, 정말
□ 해석	거리에서 갑자기 마이크로 질문을 받아 정말 당황해 버렸다.

【02. 4. 유제】

11. 朝から風邪気味だったが、風邪薬を飲んだら<u>だいぶ</u>よくなった。

(A) 大部　　(B) 代分
(C) 大分　　(D) 代部

□ 포인트	부사의 올바른 한자 찾기. 「だいぶ」의 올바른 한자는 「大分」이다.
□ 어구	風邪気味(かぜぎみ) 감기 기운 大分(だいぶ) 상당히
□ 해석	아침부터 감기 기운이 있었는데, 감기약을 마시니 상당히 좋아졌다.

【02. 4. 유제】

12. わが社が提示した条件が<u>ことごとく</u>拒否され、取引は失敗してしまいました。

(A) 尽く　　(B) 全く
(C) 凡く　　(D) 総く

□ 포인트	「ことごとく」의 올바른 한자는 「尽く」이다.
□ 어구	提示(ていじ) 제시 拒否(きょひ) 거부 取引(とりひき) 거래
□ 해석	우리 회사가 제시한 조건이 전부 거부되어, 거래는 실패해 버렸습니다.

【02. 7. 유제】

13. この本はあまり<u>面白くありません</u>。

    (A) つまらないのです
    (B) むずかしいです
    (C) やさしいです
    (D) よみたくないです

□ 포인트   い형용사의 부정에 대한 정확한 의미. 「面白(おもしろ)くありません」은 '재미없습니다'라는 의미이다. 이것과 같은 의미는 「つまらないのです」이다.

□ 어구   やさ(易)しい 쉽다

□ 해석   이 책은 그다지 재미있지 않습니다.

14. <u>道が渋滞していたものですから</u>、遅刻してしまいました。

    (A) 道で工事をしていましたから
    (B) 道が混んでいましたから
    (C) 道がすいていましたから
    (D) 道で車が故障しましたから

□ 포인트   「渋滞(じゅうたい)」는 교통체증으로 차가 막히는 상태를 나타내는 표현인데, 보기 중에서 밑줄 부분과 같은 의미로 사용된 것은 (B)이다.

□ 어구   工事(こうじ) 공사
故障(こしょう) 고장

□ 해석   길이 붐비고 있어서 지각해 버렸습니다.

【02. 1. 유제】【04. 8. 유제】

15. 彼は来月から日本へ出張する<u>ことになっている</u>。

    (A) 決まっている
    (B) 行くはずがない
    (C) かもしれない
    (D) するかどうかわからない

□ 포인트   관용 표현의 올바른 의미 찾기. 「～ことになっている」는 '～하기로 되어 있다'라는 의미로, 보기 중에서 가장 가까운 표현은 「決(き)まっている」이다.

□ 어구   出張(しゅっちょう) 출장
はずがない ～일 리가 없다

□ 해석   그는 다음 달부터 일본에 출장 가기로 되어 있다.

16. あのパン屋は<u>焼き立ての</u>パンだけ
売っています。

　　(A) 焼きかけのパン
　　(B) 焼きっぱなしのパン
　　(C) 焼き上がったばかりのパン
　　(D) 焼いてから時間が経ったパン

□ 포인트	관용 표현의 올바른 의미. 「동사의 ます형+立(た)て」는 '갓 ~한'이라는 의미이다.
□ 어구	～かけ ～하다 만 ～っぱなし ～인 채로
□ 해석	저 빵 가게는 갓 구운 빵만 팔고 있습니다.

【01. 7. 유제】

17. A　お口に合いますか。

　　B　<u>舌がとろけるほど</u>ですね。

　　(A) 本当に美味しいです
　　(B) 甘くて食べられません
　　(C) 辛くて食べられません
　　(D) まだよくわかりません

□ 포인트	관용 표현의 의미. 「舌(した)がとろける」는 혀가 녹아버릴 정도로 맛있을 때 사용하는 관용 표현이다.
□ 어구	口(くち)に合(あ)う 입에 맞다
□ 해석	A 입에 맞습니까? B 정말로 맛있군요.

18. 山田さんは、<u>刺身に目がない人</u>である。

　　(A) 刺身がとても嫌いな人
　　(B) 刺身がとても好きな人
　　(C) 刺身には全く興味がない人
　　(D) 刺身関係の仕事をしている人

□ 포인트	관용 표현의 의미. 「目(め)がない」는 '아주 좋아하다'라는 의미의 관용표현이다.
□ 어구	刺身(さしみ) 생선회 興味(きょうみ) 흥미 関係(かんけい) 관계
□ 해석	야마다 씨는 생선회를 아주 좋아하는 사람이다.

19. 昨日は病気で学校を休んだ。

(A) この仕事は一日で充分だ。
(B) バスで学校に行く。
(C) 休憩室で待ってください。
(D) 台風で木が倒れる。

□ 포인트	원인을 나타내는 「で」의 용법. 조사 「で」에는 원인을 나타내는 용법이 있다. 보기 중에서 원인을 나타내는 「で」를 찾아보자.
□ 어구	休憩室(きゅうけいしつ) 휴게실 台風(たいふう) 태풍
□ 해석	어제는 병으로 학교를 쉬었다.

20. 今日は日曜日だから、学校は休みです。

(A) この番組は子供から大人まで楽しめる番組です。
(B) 木村先生は試験の成績と出席率から成績を決めます。
(C) この部分はよくわからないから、先生に聞いてみましょう。
(D) 日本では一月一日から三日までが休みです。

□ 포인트	다의어 「から」의 의미 구분. 문제의 「から」는 접속사로 사용된 용법이다. (A)와 (D)는 기점을 나타내고, (B)는 근거를 나타내고 있다.
□ 어구	番組(ばんぐみ) 프로그램 成績(せいせき) 성적
□ 해석	오늘은 일요일이니까 학교는 쉽니다.

【04. 8. 유제】

21. 昨日友達が買ってくれるかばんはデ
　　　(A)　　　　　(B)
ザインは気に入っているが、色があ
　　　　(C)　　　　　　　　　(D)
まりよくない。

□ 포인트	올바른 시제. 앞에 '어제' 라는 과거시제가 나오므로, (B)는 '사준' 이라는 의미의 과거표현이 되어야 한다. 따라서 (B)를 「〜てくれた」로 바꿔야 한다.
□ 어구	気(き)に入(い)る 마음에 들다
□ 해석	어제 친구가 사 준 가방은 디자인은 마음에 들지만, 색이 그다지 좋지 않다.

22. 私は今まで<u>人に</u> <u>誤解を</u><u>もらった</u> <u>こと</u>
　　(A)　　　(B)　　　(C)　　　(D)
はないと思う。

[02. 1. 유제]
23. <u>午前中</u>は<u>忙しいですが</u>、<u>午後中</u>は
　　(A)　　　(B)　　　(C)
<u>割と</u>暇です。
(D)

24. 私たちの周り<u>には</u>、暮し<u>に</u>便利<u>の</u>
　　　　　(A)　　　(B)　　　(C)
色々な施設が<u>設けられている</u>。
　　　　　　(D)

25. <u>忙しい時</u>には、タクシー<u>より</u>地下鉄
　　　　(A)　　　　　　(B)
の<u>方</u>が <u>早い</u>時もあります。
　(C)　　(D)

□ 포인트	「もらう」, 「受(う)ける」의 구분. '오해를 받다'는 「誤解を受ける」를 사용한다.
□ 어구	誤解(ごかい)を受(う)ける 오해를 받다
□ 해석	나는 지금까지 다른 사람에게 오해를 받은 적은 없다고 생각한다.
□ 포인트	「中(ちゅう)」의 접속 유무. 앞에 오전 중이라는 말이 있으므로 뒤에는 「午後(ごご)」가 와야 한다.
□ 어구	忙(いそが)しい 바쁘다 割(わり)と 비교적
□ 해석	오전 중은 바쁩니다만, 오후에는 비교적 한가합니다.
□ 포인트	형용동사의 연체수식. 「便利(べんり)だ」는 명사와 형용동사 둘 다 사용되는 단어이다. 명사를 수식할 때에는 「便利な」가 되어야 한다.
□ 어구	施設(しせつ) 시설 設(もう)ける 설치하다
□ 해석	우리들의 주변에는 생활에 편리한 여러 가지 시설이 설치되어 있다.
□ 포인트	い형용사의 정확한 의미 이해. 속도가 빠르다는 것을 나타내므로 한자를 「速(はや)い」로 고쳐야 올바르다.
□ 어구	地下鉄(ちかてつ) 지하철 ～より～보다
□ 해석	바쁠 때에는 택시보다 지하철 쪽이 빠를 때도 있습니다.

26. 吉田さんは<u>学生時代</u>音楽<u>を</u>好きで、
(A)   (B)

ろくに勉強も<u>せず</u>毎日音楽<u>ばかり</u>聞
(C)   (D)

いていた。

□ 포인트	특수하게 사용되는 조사. '~을 좋아하다'는 「~が好(す)きだ」로 나타낸다.
□ 어구	~せず ~하지 않고 ばかり ~만, ~뿐
□ 해석	요시다 씨는 학생 시절 음악을 좋아해서, 제대로 공부도 하지 않고 매일 음악만 듣고 있었다.

【01. 11. 유제】

27. 木村さんは<u>ハンサムで</u>背も<u>長い</u>か
(A)   (B)

ら、<u>多くの人</u>に人気が<u>あるそうだ</u>。
(C)   (D)

□ 포인트	관용구의 이해. '키가 크다' 「背(せ)が高(たか)い」라고 해야 옳은 표현이 된다.
□ 어구	ハンサムだ 잘 생기다 多(おお)くの人(ひと) 많은 사람
□ 해석	기무라 씨는 잘 생기고 키도 크기 때문에 많은 사람들에게 인기가 있다고 한다.

【04. 9. 유제】

28. 台風の影響<u>で</u>九州<u>から</u>本州<u>を</u>かけて
(A)   (B)   (C)

昨夜<u>から</u>大雨が降っている。
(D)

□ 포인트	'~에 걸쳐서'라는 표현은 「から~にかけて」로 표현한다.
□ 어구	影響(えいきょう) 영향 大雨(おおあめ) 큰 비
□ 해석	태풍의 영향으로 규슈에서 혼슈에 걸쳐서 어젯밤부터 큰 비가 내리고 있다.

29. こんなに<u>広い</u>部屋をどうやって掃除
(A)

<u>したら</u>いいのか、<u>まったく</u>見当が
(B)   (C)

<u>いかない</u>。
(D)

□ 포인트	'짐작이 가다'라는 관용구는 「見当(けんとう)が付(つ)く」라고 표현한다.
□ 어구	掃除(そうじ) 청소 まった(全)く 전혀
□ 해석	이렇게 넓은 방을 어떻게 청소하면 좋을지, 전혀 짐작이 가지 않는다.

30. つまらない<u>こと</u>に<u>意地</u>を<u>張っていな</u>
       (A)   (B)   (C)

   <u>くて</u>、もっと素直になっ<u>てほしい</u>。
                            (D)

☐ 포인트	'~하지 말고'라는 표현은 「~な くて」가 아닌 「~ないで」이다.
☐ 어구	意地(いじ)を張(は)る 고집을 피우다 素直(すなお) 솔직함 ~てほしい ~해 주었으면 한다
☐ 해석	쓸데없는 일에 고집을 피우지 말 고, 좀 더 솔직해졌으면 한다.

31. <u>せっかくの</u>日曜日<u>だから</u>、家族<u>に</u>
     (A)   (B)   (C)

   いっしょに遊園地<u>でも</u>行こうと思っ
                 (D)

   ています。

☐ 포인트	'~와 함께'라는 표현은 조사 「と」를 사용해야 한다.
☐ 어구	せっかくの 모처럼의 遊園地(ゆうえんち) 유원지
☐ 해석	모처럼의 일요일이기 때문에, 가족과 함께 유원지에라도 가 려고 생각하고 있습니다.

32. 私はお金が<u>足りなくなると</u>、ときど
             (A)   (B)

   き母<u>から</u> <u>返してもらいます</u>。
      (C)   (D)

☐ 포인트	전체 내용으로 보아 '어머니에 게 돈을 빌린다'는 의미가 되 어야 하므로 (D)를 동사 「貸 (か)す」로 바꾸는 것이 자연스 럽다.
☐ 어구	足(た)りない 부족하다 ときどき 때때로
☐ 해석	나는 돈이 부족해지면, 때때로 어머니에게 빌립니다.

33. <u>多くの</u>人が予想した<u>まま</u>、韓国は
     (A)   (B)

   <u>たやすく</u>日本<u>に</u>勝った。
    (C)   (D)

☐ 포인트	문맥상 '예상한 대로'라는 의 미가 되어야 한다. 따라서 「ま ま」를 「通(とお)り」로 고쳐야 올바른 표현이 된다.
☐ 어구	容易(たやす)い 쉽다, 용이하다
☐ 해석	많은 사람이 예상한 대로 한국 은 쉽게 일본에 이겼다.

34. いつまでも <u>ぐずぐず</u> <u>していなくて</u> 早
     (A)   (B)   (C)

く<u>決めて</u>ください。
  (D)

【01. 11. 유제】

35. 私は公園の<u>近く</u><u>である</u>アパート<u>に</u>住
            (A)   (B)

んでいますが、会社<u>まで</u>は <u>遠くて</u>
                (C)   (D)

ちょっと不便です。

36. この本は<u>厚くて</u>すぐ<u>読めない</u>から、
         (A)   (B)

5日<u>ごろ</u> <u>貸して</u>くださいませんか。
   (C)   (D)

□ **포인트** '~하지 말고'라는 표현을 묻는 문제. 「~しなくて」가 아니라 「~しないで」로 표현한다.

□ **어구** ぐずぐず 우물쭈물하는 모양
決(き)める 결정하다, 정하다

□ **해석** 언제까지나 우물쭈물하지 말고 빨리 결정해 주세요.

□ **포인트** 조사의 용법 이해. '공원 근처에 있는 아파트에 살고 있다'라는 의미가 되어야 하므로 (A)의 조사는 「に」가 올바르다.

□ **어구** ~に住(す)む ~에 살다
不便(ふべん)だ 불편하다

□ **해석** 나는 공원 근처에 있는 아파트에 살고 있는데, 회사까지는 멀어서 조금 불편합니다.

□ **포인트** 「ごろ」와 「ぐらい」 모두 시간의 정도를 나타내는 부사이지만, 의미에는 차이가 있다. 「ごろ」는 대충의 시간을 나타내는 말로 앞에 시각이나 날짜가 주로 온다. 반면 「ぐらい」는 대강의 숫자나 양을 나타내는 말로 앞에 시간이나 일시를 나타내는 말이 온다.

□ **어구** 厚(あつ)い 두껍다
貸(か)す 빌려 주다

□ **해석** 이 책은 두꺼워서 금방 읽을 수 없으니까, 5일 정도 빌려 주시지 않겠습니까?

37. 寝る<u>先に</u>コーヒーを飲んだ<u>せいか</u>、
 (A)   (B)

ベッドに入っ<u>ても</u> <u>なかなか</u>眠れない。
 (C)   (D)

38. 今後の景気の<u>見出し</u><u>について</u>は、まだ
 (A)   (B)

まだ<u>慎重</u>な意見が大半を<u>占めて</u>いる。
 (C)   (D)

39. 家に<u>帰る</u>と、<u>閉めた</u>はずの窓<u>が</u>開け
 (A)   (B)   (C)

<u>ていました</u>。
 (D)

40. <u>初めて</u>行ったところで<u>ぶらぶら</u>して
 (A)   (B)

<u>いたら</u>、知らない人が親切に道を教
 (C)

えて<u>くれた</u>。
 (D)

□ 포인트	'~하기 전에'는 「~前(まえ)に」로 표현한다. 「先(さき)に」는 '먼저'라는 의미이다.
□ 어구	~せいか ~탓인지 なかなか 좀처럼
□ 해석	자기 전에 커피를 마신 탓인지 잠자리에 누워도 좀처럼 잠이 오지 않는다.
□ 포인트	'전망'은 「見通(みとお)し」로 표현한다. 「見出(みだ)し」는 '잡지 등의 제목'이라는 의미이다.
□ 어구	慎重(しんちょう) 신중 占(し)める 차지하다
□ 해석	이후 경기 전망에 관해서는 아직 신중한 의견이 태반을 차지하고 있다.
□ 포인트	타동사의 상태 표현은 「~てある」로 나타내므로, (D)는 「ありました」가 되어야 한다.
□ 어구	閉(し)める 닫다 開(あ)ける 열다
□ 해석	집에 돌아가니, 닫았을 터인, 창문이 열려 있었습니다.
□ 포인트	처음 간 곳이라는 표현이 있으므로, 우물쭈물하고 있는 모습을 나타내는 「ぐずぐず」가 필요함을 알 수 있다.
□ 어구	ぶらぶら 하는 일 없이 돌아 다니는 모양 ~てくれる ~해 주다
□ 해석	처음 간 곳에서 우물쭈물하고 있으니, 모르는 사람이 친절하게 길을 가르쳐 주었다.

41. 机の上には皿 ＿＿＿＿＿＿ 果物などが
おいてありました。

(A) と　　　　　　　　(B) や
(C) の　　　　　　　　(D) も

□ 포인트	조사가 들어간 구문의 이해. 「~や~など」는 '~나 ~따위' 라는 의미이다.
□ 어구	皿(さら) 접시 果物(くだもの) 과일
□ 해석	책상 위에는 접시랑 과일 등이 놓여져 있었습니다.

42. 今日ボーナスをもらったから、＿＿＿＿
＿＿＿ 美味しいものでも食べに行こう。

(A) どれか　　　　　　(B) なにか
(C) なにが　　　　　　(D) いつか

□ 포인트	불확실한 추정을 나타내는 조사의 용법. 의미상 '무언가' 라는 표현이 필요하므로 정답은 「なにか」가 된다.
□ 어구	ボーナス 보너스 美味(おい)しい 맛있다 いつか 언젠가
□ 해석	오늘 보너스를 받았으니, 무언가 맛있는 것이라도 먹으러 가자.

43. では、＿＿＿＿＿＿ 失礼します。

(A) 前に　　　　　　　(B) 後に
(C) 後ろに　　　　　　(D) 先に

□ 포인트	시간적으로 '먼저' 라는 표현은 「先(さき)に」라고 한다.
□ 어구	失礼(しつれい)します 실례하겠습니다
□ 해석	그럼, 먼저 실례하겠습니다.

44. A　明日は何曜日ですか。

B　昨日が火曜日だったので、明日は
＿＿＿＿＿＿ です。

(A) 水曜日　　　　　　(B) 木曜日
(C) 金曜日　　　　　　(D) 土曜日

□ 포인트	어제가 화요일이었으므로 내일은 목요일이 된다.
□ 어구	昨日(きのう) 어제 明日(あした) 내일
□ 해석	A 내일은 무슨 요일입니까? B 어제가 화요일이었기 때문에, 내일은 목요일입니다.

【01. 7. 유제】

45. 昨日見た「風と共に去りぬ」という映画は本当に _____ 。

(A) おもしろいでした
(B) おもしろでした
(C) おもしろいかったです
(D) おもしろかったです

□ 포인트	い형용사의 과거형에 「です」가 붙으면 「かったです」가 된다.
□ 어구	映画(えいが) 영화 面白(おもしろ)い 재미있다
□ 해석	어제 본 '바람과 함께 사라지다' 라는 영화는 정말로 재미있었습니다.

46. 山田さんは _____ 商売をしているので、回りの人々から嫌われている。

(A) あくどい
(B) のぞましい
(C) ふさわしい
(D) いさましい

□ 포인트	적절한 い형용사 찾기. 주위 사람들로부터 미움을 받고 있는 이유는 '악랄한' 장사를 하고 있기 때문이다.
□ 어구	望(のぞ)ましい 바람직하다 相応(ふさわ)しい 어울리다
□ 해석	야마다 씨는 악랄한 장사를 하고 있기 때문에, 주위의 사람들로부터 미움을 받고 있다.

47. 最近新鮮な野菜に _____ 人が増えている。直接八百屋へ行って確かめてから買う人が多くなったそうだ。

(A) ことわる
(B) あやつる
(C) こだわる
(D) びびる

□ 포인트	적절한 동사 찾기. 문맥상 '구애받다' 라는 의미의 동사가 필요함을 알 수 있다.
□ 어구	八百屋(やおや) 채소가게 断(ことわ)る 거절하다 操(あやつ)る 조종하다 びびる 위축되다
□ 해석	최근 신선한 야채에 구애받는 사람이 늘고 있다. 직접 채소가게에 가서 확인하고 나서 사는 사람이 늘었다고 한다.

48. ここで殺人事件が起こったなんて、想像する _____ 恐ろしい。

(A) だに   (B) ばかり

(C) もの   (D) だけ

□ 포인트	'~조차'라는 의미의 표현은 「だに」나「さえ」를 사용한다.
□ 어구	殺人(さつじん) 살인 事件(じけん) 사건 想像(そうぞう) 상상
□ 해석	여기에서 살인사건이 일어났다니, 상상하는 것조차 무섭다.

49. 花嫁衣装に身を包んだ彼女はまぶしい _____ きれいだった。

(A) ほど   (B) だけ

(C) ぐらい   (D) ばかり

□ 포인트	비교의 정도를 나타내는 표현. 문맥상 '~정도로'라는 의미가 와야 하므로「ほど」가 정답이다.
□ 어구	花嫁(はなよめ) 신부 まぶしい 눈부시다
□ 해석	신부의상으로 몸을 감싼 그녀는 눈부실 정도로 예뻤다.

50. 加藤君は叔父さんの子です。つまり、私の _____ です。

(A) 姪   (B) 従兄弟

(C) 甥   (D) 孫

□ 포인트	문제의 관계는 사촌을 나타내는 관계이다. 사촌은 일본어로「従兄弟(いとこ)」라고 한다.
□ 어구	姪(めい) 여자 조카 甥(おい) 남자 조카 孫(まご) 손자
□ 해석	가토 군은 작은 아버지의 자식입니다. 즉, 나의 사촌입니다.

51. 朝起きて窓を開けると、_____ 空気が入ってきた。

(A) すがすがしい   (B) せつない

(C) けわしい   (D) かゆい

□ 포인트	문맥상 '상쾌하다'라는 의미의 형용사가 와야 한다.
□ 어구	空気(くうき) 공기 切(せつ)ない 애절하다 険(けわ)しい 험하다 かゆい 가렵다
□ 해석	아침에 일어나서 창문을 여니, 상쾌한 공기가 들어왔다.

52. 両国の首脳会談は冗談も交えながら
_____ 雰囲気で行われました。

(A) ゆたかな　　(B) あざやかな
(C) こまやかな　(D) なごやかな

□ 포인트	문맥상 '부드러운 분위기'가 되어야 자연스럽다. '부드럽다'는 「なご(和)やか」이다.
□ 어구	首脳(しゅのう) 수뇌 冗談(じょうだん) 농담 雰囲気(ふんいき) 분위기
□ 해석	양국의 수뇌회담은 농담도 주고 받으며 부드러운 분위기로 진행되었습니다.

53. 東京から _____ の鈴木様、案内
デスクで奥さまがお待ちです。

(A) お越し　　(B) 致し
(C) 申し　　　(D) ご覧

□ 포인트	경어에 대한 이해. '~에서 오신'은 「~からお越(こ)しの」라고 표현한다.
□ 어구	案内(あんない)デスク 안내 데스크
□ 해석	동경에서 오신 스즈키 님, 안내 데스크에서 사모님이 기다리고 있습니다.

54. ぼくが彼女から気を移すには _____
____ の時間がかかった。

(A) はたして　(B) かなり
(C) なかなか　(D) せっかく

□ 포인트	적절한 부사 찾기. 문맥상 '상당한'이라는 의미의 「かなり」가 가장 적당하다.
□ 어구	気(き)を移(うつ)す 마음을 돌리다 はたして 과연 せっかく 모처럼
□ 해석	내가 그녀에게서 마음을 돌리는 데에는 상당한 시간이 걸렸다.

55. この曲はどこかで聞いたことがある
_____ 気がします。

(A) らしい　　(B) そうな
(C) ような　　(D) みたい

□ 포인트	추량 표현의 이해. 자신의 주관에 근거한 추량이므로 「ような」가 가장 적당하다.
□ 어구	気(き)がする 느낌이 들다
□ 해석	이 곡은 어딘가에서 들은 적이 있는 듯한 느낌이 듭니다.

56. 昨日電車の中で財布を _____ しまいました。

    (A) とらせて　　　(B) とらされて
    (C) とって　　　　(D) とられて

【02. 7. 유제】

57. 昨日のパーティーには _____ が増えて知らない人もけっこういました。

    (A) かおぶれ　　　(B) かおなじみ
    (C) かおつき　　　(D) かおよせ

58. 彼の言うことにも _____ ありますが、私はやはり反対です。

    (A) 一説　　　　(B) 一面
    (C) 一理　　　　(D) 一見

【02. 7. 유제】【07. 8. 유제】

59. この頃韓国では先端技術産業が注目を _____ います。

    (A) かぶって　　　(B) あびて
    (C) いかれて　　　(D) さされて

60. ふと見上げた夜空には星がいっぱい
＿＿＿＿＿と光っていた。

(A) ぴかぴか 　　(B) ごろごろ
(C) だらだら 　　(D) きらきら

□ 포인트	별이 빛나는 모양은「きらきら」,「ぴかぴか」는 사물이 빛을 발하는 모양을 나타낸다.
□ 어구	夜空(よぞら) 밤 하늘 ごろごろ 빈둥빈둥 だらだら 줄줄
□ 해석	문득 올려다 본 밤 하늘에는 별이 가득히 반짝반짝 빛나고 있었다.

61. 当日は雨＿＿＿＿降らなければ予
定通りに行います。

(A) しか 　　(B) だけ
(C) さえ 　　(D) ばかり

□ 포인트	'~만 ~면'이라는 구문은「~さえ~ば」로 표현한다.
□ 어구	当日(とうじつ) 당일 予定通(よていどお)り 예정대로 行(おこな)う 실시하다
□ 해석	당일은 비만 오지 않으면 예정대로 실시합니다.

62. 佐藤さんの頼み＿＿＿＿、断れ
ないのです。

(A) としては 　　(B) とあっては
(C) とは 　　(D) とよっては

□ 포인트	문맥상 '~라면'이라는 표현이 되어야 한다. 보기 중에서는「~とあっては」가 그런 표현이다.
□ 어구	頼(たの)み 부탁 断(ことわ)る 거절하다
□ 해석	사토 씨의 부탁이기 때문에 거절할 수 없는 것입니다.

63. この子と＿＿＿＿親の言うことを
ちっとも聞かない。

(A) したら 　　(B) きたら
(C) いったら 　　(D) いうと

□ 포인트	아이의 특성에 대해서 설명하고 있으므로 '~로 말하자면'이라는 의미의「~ときたら」가 정답이 된다.
□ 어구	親(おや) 부모 ちっとも 조금도
□ 해석	이 아이로 말하자면 부모가 말하는 것을 조금도 듣지 않는다.

64. うそをついた ＿＿＿＿＿＿、だれから
も信用されなくなってしまった。

(A) ばかりに　　　　(B) ながら
(C) なら　　　　　　(D) かぎり

□ 포인트	'거짓말을 한 것이 원인이 되어 신용을 잃어 버렸다' 라는 의미가 되므로, 원인을 나타내는 「ばかりに」가 정답이 된다.
□ 어구	うそをつく 거짓말을 하다 信用(しんよう) 신용
□ 해석	거짓말을 한 탓에, 모든 사람에게 신용을 잃어 버렸다.

65. すみませんが、一万円札を千円札に
＿＿＿＿＿＿ いただけませんか。

(A) なおして
(B) くらして
(C) くだいて
(D) くずして

□ 포인트	관용구에 대한 이해. '잔돈으로 바꾸다' 라는 표현은 동사 「崩(くず)す」를 사용한다.
□ 어구	～ていただく ～해 받다 直(なお)す 고치다
□ 해석	죄송합니다만, 만 엔짜리 지폐를 천 엔짜리 지폐로 바꿔 주시지 않겠습니까?

【02. 7. 유제】

66. この小説は事実に ＿＿＿＿＿ 基づい
て書いたそうです。

(A) 忠実に
(B) しきりに
(C) さすがに
(D) 逆に

□ 포인트	문맥상 '사실에 충실히 근거해서' 라는 의미가 되어야 하므로 정답은 「忠実(ちゅうじつ)に」가 된다.
□ 어구	事実(じじつ) 사실 ～に基(もと)づく ～에 근거하다
□ 해석	이 소설은 사실에 충실히 근거해서 썼다고 합니다.

67. 昨夜の地震には足がすくんでしまい、外へ _____ 出られなかった。

(A) 出ると　　　　(B) 出ようにも
(C) 出ようと　　　(D) 出ように

□ 포인트	문맥상 '~하려고 해도 ~할 수 없다'라는 의미가 됨을 알 수 있다.
□ 어구	地震(じしん) 지진 すく(竦)む 움직이지 않다
□ 해석	어젯밤 지진에는 다리가 움직이지 않아서 바깥으로 나오려고 해도 나올 수가 없었다.

【04. 4. 유제】

68. 彼は知っている _____ 、私には何も教えてくれない。

(A) くせに　　　　(B) ことに
(C) ものに　　　　(D) せいに

□ 포인트	의미상 '~면서도'라는 역접의 의미가 되어야 자연스럽다.
□ 어구	~ことに ~하게도 ~くせに ~인 주제에
□ 해석	그는 알고 있으면서도 나에게는 아무것도 가르쳐 주지 않는다.

69. この時計は私 _____ 大切なものです。

(A) によって　　　(B) にとって
(C) について　　　(D) に対して

□ 포인트	적절한 표현 찾기. '나에게 있어, 나에게'라는 의미가 되어야 자연스럽다.
□ 어구	~によって ~에 따라, ~에 의해 ~に対(たい)して ~에 대해서
□ 해석	이 시계는 나에게 있어 소중한 것입니다.

【02. 1. 유제】

70. 私は人生 _____ 一番大切なものは健康だと思います。

(A) について　　　(B) において
(C) によって　　　(D) におうじて

□ 포인트	적절한 표현 찾기. '~에 있어서'는 「~において」라고 표현한다.
□ 어구	人生(じんせい) 인생 健康(けんこう) 건강 ~について ~에 대해서
□ 해석	나는 인생에 있어서 가장 중요한 것은 건강이라고 생각합니다.

제 **3** 장

외우면 무조건 맞추는 문제

관용구는 이유가 있어 출제된다

관용구의 역할은 실제 회화를 더욱 풍부하게
만드는 것이다.

　　　　　　일본어를 공부하다 보면 수많은 관용구를 접하게
된다. 누구나 '과연 이 많은 관용구를 다 외울 필요가 있을까?' 라고 한 번 정도는
의문을 가진 적이 있을 것이다. 그렇다면 우리는 왜 관용구를 배워야 하는 것일
까? 외국어를 잘 한다고 하는 가장 큰 기준으로 그 나라 사람다운 표현을 어떻게
적재적소에 구사할 줄 아느냐 하는 점을 꼽을 수 있다. 일본어 학습에서도 역시 이
러한 관용적인 표현을 어떻게 구사하느냐가 실력 판단의 척도가 될 수 있는 것이
다. 그럼 실제로 관용 표현이 어떻게 사용되는지 예문을 통해서 알아 보도록 하자.

 どこで 油_{あぶら}を売_うっていたの?

　　　　　　어머니가 놀다가 늦게 들어온 아이에게 하는 말이
다. 그런데 「油(あぶら)を売(う)る」라는 관용구를 모르는 사람이라면 위의 문장을
전혀 이해할 수 없을 것이다. 이 아이는 기름장수의 아이란 말인가? 물론 아니다.
「油を売る」는 우리말로 '게으름을 피우다' 라는 의미의 관용구이다. 이처럼 관용
구에 대한 이해가 부족하면 실제 회화에서 많은 오해가 발생할 수 있다. 예문을 하
나 더 보도록 하자.

 その仕事_{しごと}には本当_{ほんとう}に骨_{ほね}を折_おった。

　　　　　　위의 예문에서 「骨(ほね)を折(お)る」는 물론 '골
절하다' 라는 의미로 사용될 수도 있으나, 문맥상 '고생하다, 수고하다' 라는 관용
적 의미가 더 적당할 것이다. 자, 그럼 시험에도 자주 출제되고 꼭 외워 두어야만
하는 관용구에는 어떤 것들이 있는지 알아 보도록 하자.

자주 출제되는 필수 관용구

- やむを得(え)ず 어쩔 수 없이
- 会社(かいしゃ)が潰(つぶ)れる 회사가 망하다
- 喉(のど)から手(て)が出(で)る 몹시 갖고 싶다
- 足(あし)が出(で)る 적자를 보다, 손해를 보다
- 油(あぶら)を売(う)る 잡담으로 시간을 보내다
- 呆気(あっけ)にとられる 어이없다, 어안이 벙벙하다
- 棚上(たなあ)げにする 보류하다, 제쳐놓다
- お茶(ちゃ)を濁(にご)す 어물어물 넘기다
- 鯖(さば)を読(よ)む 수량을 속이다
- 一目置(いちもくお)く 상대가 자신보다 고수임을 인정하다
- 舌(した)を巻(ま)く 혀를 내두르다, 감탄하다
- 歯(は)が立(た)たない 당해내지 못하다
- 朝飯前(あさめしまえ) 식은죽 먹기, 누워서 떡 먹기
- 捨(す)て鉢(ばち)になる 자포자기하다
- 鰻登(うなぎのぼ)り 물가나 사람의 지위가 올라감
- 自腹(じばら)を切(き)る 자신이 돈을 지불하다
- 愛想(あいそ)が尽(つ)きる 정나미가 떨어지다
- 根(ね)も葉(は)もない 아무런 근거가 없다
- 傍杖(そばづえ)を食(く)う 뜻밖의 봉변을 당하다
- 図(ず)に乗(の)る 생각처럼 되어 우쭐대다
- ピンからキリまで 천차만별
- 板(いた)に付(つ)く 잘 어울리다, 제격이다
- 顔(かお)が広(ひろ)い 발이 넓다
- 手(て)を抜(ぬ)く 일을 겉날리다
- 頭(あたま)が切(き)れる 머리가 좋다
- 口(くち)が堅(かた)い 비밀을 잘 지키다
- 飲(の)み込(こ)みが早(はや)い 이해가 빠르다
- あっという間(ま)に 눈 깜짝할 사이에
- お金(かね)を下(お)ろす 은행에서 돈을 인출하다

- 鼻(はな)にかける 뽐내다
- 骨(ほね)を折(お)る 힘쓰다, 고생하다
- 案(あん)の定(じょう) 아니나 다를까, 생각한 대로
- 目(め)が回(まわ)る 몹시 바쁘다
- 山(やま)が外(はず)れる 예상이 빗나가다
- 取(と)り付(つ)く島(しま)が(も)ない 의지할 데가(도) 없다
- 引(ひ)っ切(き)り無(な)し 끊임없음, 계속적임
- 軌道(きどう)に乗(の)る 궤도에 오르다
- 台無(だいな)し 노력한 보람이 없음
- 見掛(みか)け倒(だお)し 빛 좋은 개살구
- 耳(みみ)を澄(す)ます 귀를 기울이다
- 時間(じかん)をつぶす 시간을 때우다
- ダイヤが乱(みだ)れる (열차 등의) 운행계획이 틀어지다
- 歯止(はど)めをかける 제동을 걸다
- 顔(かお)をつぶす 체면을 손상시키다
- 水入(みずい)らず (남이 끼지 않은) 집안끼리
- どこ吹(ふ)く風(かぜ) 어디 개가 짖느냐 한다

こんげつ か もの あし で
今月は買い物をしすぎて足が出てしまった。

이번 달은 쇼핑을 너무 많이 해서 적자가 나 버렸다.

く おも やま はず
きっと来るだろうと思っていたが、山が外れてしまった。

분명히 올 것이라고 생각했는데, 예상이 빗나가 버렸다.

き むら かお ひろ し あ おお
木村さんは顔が広いので、知り合いが多いです。

기무라 씨는 발이 넓기 때문에, 아는 사람이 많습니다.

かれ せんせい かお ひと
彼は先生の顔をつぶすようなことをする人ではない。

그는 선생님의 체면을 손상시킬 일을 할 사람이 아니다.

みみ むし な ごえ かす き
耳をすませば、虫の鳴き声が微かに聞こえてくる。

귀를 기울이면, 벌레 우는 소리가 희미하게 들려 온다.

관용구는 주로 의미를 묻는 문제나 적절한 관용구를 찾는 문제로 출제된다. 그런데 최근에는 관용 표현에서 동사의 자리를 비워 놓고 알맞은 동사를 찾는 문제도 자주 출제되고 있으니 동사까지 꼼꼼히 봐 두어야 한다.

점수를 마구마구 올려 주는 문제

【01. 9. 유제】

I. こんな問題は私には<u>朝飯前</u>だ。

  (A) とても容易なことだ
  (B) とてもむずかしい
  (C) 早くした方がいい
  (D) 理解できない

□ 포인트	관용구의 정확한 의미. 「朝飯前(あさめしまえ)」는 '아주 쉬운 일, 식은죽 먹기' 라는 의미이다.
□ 어구	容易(ようい) 용이
□ 해석	이런 문제는 나에게는 식은죽 먹기다.

【07. 8. 유제】

2. 彼は<u>頭が切れるから</u>、先生に認められています。

  (A) 頭が低いから
  (B) 頭が悪いから
  (C) 頭が痛いから
  (D) 頭がいいから

□ 포인트	관용구의 정확한 의미. 「頭(あたま)が切(き)れる」는 '머리가 명석하다, 머리회전이 빠르다' 라는 의미의 관용구이다.
□ 어구	認(みと)める 인정하다
□ 해석	그는 머리가 좋기 때문에, 선생님에게 인정받고 있습니다.

3. 自分のことは<u>棚にあげて</u>人のことばかり責める。

  (A) 高いところにおいて
  (B) 関心を持って
  (C) そのままにしておいて
  (D) 気にして

□ 포인트	관용구의 정확한 의미. 「棚(たな)にあ(上)げる」는 '제쳐두다, 보류하다' 라는 의미의 관용구이다.
□ 어구	責(せ)める 질책하다
□ 해석	자신의 일은 제쳐두고 다른 사람의 일만 질책한다.

4. ベテランの山田選手も彼には<u>一目置</u><u>いた</u>。

    (A) 力を認めた
    (B) 目をそらした
    (C) 背を向いた
    (D) 図に乗った

□ 포인트	관용구의 의미. 「一目置(いちもくおく)」는 '상대의 역량을 인정하다' 라는 의미의 관용구이다. 따라서 「力(ちから)を認(みと)めた」가 정답이 된다.
□ 어구	ベテラン 베테랑 選手(せんしゅ) 선수
□ 해석	베테랑인 야마다 선수도 그에게는 자신보다 고수임을 인정했다.

5. 彼はいつも試合で優勝したのを ＿＿＿ ＿＿＿ にかけている。

    (A) 口   (B) 鼻
    (C) 耳   (D) 目

□ 포인트	'뽐내다' 라는 관용구. 「鼻(はな)にかける」는 '뽐내다, 자랑하다' 라는 의미의 관용구이다.
□ 어구	試合(しあい) 시합 優勝(ゆうしょう) 우승
□ 해석	그는 항상 시합에서 우승한 것을 뽐내고 있다.

6. 昨夜遅くまで遊んだので、風邪を ＿＿＿＿＿＿ しまった。

    (A) 引いて   (B) 打って
    (C) かけて   (D) して

□ 포인트	'감기에 걸리다' 라는 관용구는 「風邪(かぜ)を引(ひ)く」라고 표현한다.
□ 어구	昨夜(ゆうべ) 어젯밤
□ 해석	어젯밤 늦게까지 놀았기 때문에, 감기에 걸려 버렸다.

7. 工事の際、手を _____ ことが原因で、大事故が起こった。

(A) 貸した   (B) 抜いた
(C) 引いた   (D) 焼いた

□ 포인트	「手(て)」가 들어가는 관용 표현. 문맥상 '일을 겉날리다' 라는 의미가 되어야 한다. 따라서 「抜(ぬ)いた」가 정답이다.
□ 어구	原因(げんいん) 원인 大事故(だいじこ) 큰 사고
□ 해석	공사 때 일을 겉날린 것이 원인이 되어 큰 사고가 일어났다.

8. 今までの努力が _____ になってしまった。

(A) 台無し
(B) 朝飯前
(C) 引っ切り無し
(D) うなぎ登り

□ 포인트	적절한 관용구 찾기. '노력이 헛되이 되다' 라는 의미가 와야 하므로 「台無(だいな)し」가 정답이 된다.
□ 어구	引っ切り無し(ひっきりなし) 끊임없음 うなぎのぼ(鰻登)り 물가가 가파르게 오름
□ 해석	지금까지의 노력이 헛되이 되어 버렸다.

【02. 1. 유제】【04. 9. 유제】

9. 私の意見に鈴木さんは「それはいいですね」と相槌を _____ くれた。

(A) 打って   (B) 叩いて
(C) 殴って   (D) やって

□ 포인트	'맞장구 치다' 라는 관용구는 「相槌(あいづち)を打(う)つ」라고 표현한다.
□ 어구	意見(いけん) 의견 ~てくれる ~해 주다
□ 해석	나의 의견에 스즈키 씨는 「그거 좋군요」라고 맞장구 쳐 주었다.

10. 彼が集めてくれた資料は本当に役
に _____ ました。

(A) 残り 　　　　　(B) され
(C) し 　　　　　　(D) 立ち

□ 포인트	'도움이 되다'라는 관용구는 「役(やく)に立(た)つ」라고 표현한다.
□ 어구	集(あつ)める 모으다 資料(しりょう) 자료
□ 해석	그가 모아 준 자료는 정말로 도움이 되었습니다.

11. 今度の旅行では、予想外の出費で
_____ が出てしまったようです。

(A) 手 　　　　　　(B) 足
(C) 目 　　　　　　(D) 顔

□ 포인트	'적자가 나다'라는 관용구는 「足(あし)が出(で)る」라고 표현한다.
□ 어구	旅行(りょこう) 여행 出費(しゅっぴ) 출비, 지출
□ 해석	이번 여행에서는 예상 외의 지출로 적자가 나 버린 것 같습니다.

12. 民衆の反乱によって、独裁政権もつ
いにピリオドを _____ 。

(A) 打った 　　　　(B) かけた
(C) 破いた 　　　　(D) とった

□ 포인트	'종지부를 찍다'라는 관용구는 「ピリオドを打(う)つ」로 표현한다.
□ 어구	反乱(はんらん) 반란 独裁(どくさい) 독재
□ 해석	민중의 반란에 의해, 독재정권도 결국 종지부를 찍었다.

I3. 今度の旅行は<u>家族水入らずで</u>行って
きた。

(A) 家族だけで
(B) 家族を除いて
(C) 家族とは関係なく
(D) 他の人も一緒に

□ 포인트	관용표현의 의미. 「水入(みずい)らず」는 '타인이 섞이지 않은 상태'를 나타내는 관용표현이므로, 정답은 (A)가 된다.
□ 어구	家族(かぞく) 가족
□ 해석	이번 여행은 가족끼리 갔다 왔다.

I4. 昼の地震の影響で大幅にダイヤが＿
＿＿＿＿＿ しまった。

(A) 乱れて　　　(B) 打って
(C) 切って　　　(D) やぶって

□ 포인트	적절한 동사. '운행계획이 틀어지다'라는 의미의 관용표현은 「ダイヤが乱(みだ)れる」라는 표현을 사용한다.
□ 어구	地震(じしん) 지진 影響(えいきょう) 영향 大幅(おおはば) 대폭
□ 해석	낮의 지진의 영향으로 대폭적으로 열차의 운행계획이 틀어져 버렸다.

I5. 彼が来るまで待合室で雑誌を読みな
がら時間を＿＿＿＿＿＿ いた。

(A) さいて　　　(B) つぶして
(C) おろして　　(D) まわして

□ 포인트	적절한 동사. '시간을 때우다'라는 의미의 관용표현은 「時間(じかん)をつぶす」라고 한다.
□ 어구	待合室(まちあいしつ) 대합실 時間(じかん)を割(さ)く 시간을 내다
□ 해석	그가 올 때까지 대합실에서 잡지를 읽으면서 시간을 때우고 있었다.

정답

I. (A) 2. (D) 3. (C) 4. (A) 5. (B) 6. (A) 7. (B) 8. (A) 9. (A) I0. (D)

II. (B) I2. (A) I3. (A) I4. (A) I5. (B)

이것만은 확인하고 넘어가자

1. 관용구는 의미 파악이 가장 중요하다. 그리고 상황에 따라 어떠한 관용구가 사용될 수 있는지 익혀 두는 것도 필요하다.

2. 최근의 출제 경향은 관용구의 동사 부분을 묻는 문제가 의외로 많이 출제되고 있기 때문에, 동사에 대한 확실한 점검이 필요하다.

3. 기타 관용구도 출제될 가능성이 있으므로 부록 부분을 꼼꼼히 정리해 두도록 하자.

쉬·어·가·기

● 急に・突然 │ 갑자기

「急に」와 「突然」은 우리말로 둘 다 '갑자기'란 뜻이고 대부분 같이 쓰일 때가 많다. 그러나 일의 결과는 같을지 모르나 「突然」은 「急に」보다 '깜짝 놀랐다' 라는 뉘앙스를 표현하고 싶을 때 더 많이 쓰는 표현이다. 이에 반해 「急に」는 예기치 않은 일이 단시간에 일어났을 때 사용한다.

急な事で何の用意もできませんでした。
갑작스러운 일이라 아무런 준비도 못 했습니다.

突然のことで本当にびっくりしました。
갑작스러운 일이라 정말 깜짝 놀랐습니다.

속담은 이유가 있어 출제된다

속담은 '살아가는 지혜의 보자기'라고
할 수 있는 것이다.

　　　　　　　　외국어를 배우는 데 있어서, 어휘나 문법만으로 그 외국어를 구사하기는 아주 힘들다. 자유자재로 외국어를 구사하기 위해서는 그 나라의 문화적 배경이나 문화, 그 정신세계까지 알고 있지 않으면 안 되는 것이다. 그런 의미에서 일본어를 학습할 때에는 일본인들이 일상생활에서 자주 사용하는 속담에 대한 이해도 필요하다고 할 수 있다. 왜냐하면 대부분의 속담은 그것이 성립되기까지의 유래를 갖고 있고, 그 유래에는 그들의 문화나 정신세계까지 포함되어 있기 때문이다. 그런데 대부분의 학습자들은 일본도 한자 문화권이고 우리나라에서 전래된 말이 많으므로, 속담도 당연히 비슷할 것이라고 생각해 버리는 경향이 있다. 물론 우리나라와 동일한 속담도 분명히 존재한다.

 예 　猿も木から落ちる。 원숭이도 나무에서 떨어진다.

　　　　　　　　위의 속담은 우리나라의 속담과 동일하게 사용되는 경우이다. 나무를 잘 타는 원숭이도 때로는 나무에서 떨어지 듯이 어떤 분야에 능숙한 사람이라도 때로는 실수를 한다는 의미이다. 그런데 일본어에는 같은 의미로 사용되는 또다른 속담이 있다.

 예 　弘法にも筆の誤り。 원숭이도 나무에서 떨어진다.

　　　　　　　　위의 속담의 유래를 아는 사람은 많지 않을 것이다. 「弘法(こうぼう)」란 일본의 유명한 스님 중의 한 사람인 홍법대사를 지칭하는 말이다. 이 홍법대사는 서예에도 아주 조예가 깊었다고 전해지는데, 어느 날 「應天門(おうてんもん)」이라는 절의 현판의 글을 쓰게 되었다. 그런데 쓰고 나서 보니 응(應) 자에 점 하나가 빠져 있었다고 한다. 이처럼 서예의 달인이었던 홍법대사도 때로는 실수를 했다는 유래에서 우리가 현재 사용하고 있는 '원숭이도 나무에서 떨어진다' 라는 의미가 생겨난 것이다.

　　　　　　　　위의 예에서처럼 일본어에는 우리나라와 같은 속담도 있는 반면, 그 배경이나 문화를 모르면 전혀 이해할 수 없는 속담도 분명히 존재한다. JPT 시험에서 속담의 유래까지 묻는 일은 없지만, 그 유래를 알고 있으면 훨씬 이해도 쉽고 빨리 외워질 것이다. 그래도 시간이 부족한 사람들을 위해서 일본인이 자주 사용하는 속담을 정리해 두었다. 모쪼록 다 외워서 틀리는 일이 없도록 하자.

- 泣(な)き面(つら)に蜂(はち) 설상가상
- 後(あと)の祭(まつ)り 소 잃고 외양간 고친다
- 高嶺(たかね)の花(はな) 그림의 떡
- どんぐりの背比(せいくら)べ 도토리 키재기
- 猫(ねこ)に小判(こばん) 돼지 목에 진주
- 噂(うわさ)をすれば影(かげ)がさす 호랑이도 제 말하면 온다
- 月(つき)とすっぽん 하늘과 땅 차이
- のれんに腕押(うでお)し 아무런 효과가 없음
- 知(し)らぬが仏(ほとけ) 모르는 게 약
- あばたもえくぼ 제 눈에 안경
- 灯台(とうだい)もと暗(くら)し 등잔 밑이 어둡다
- 身(み)から出(で)たさび 자업자득
- 焼(や)け石(いし)に水(みず) 언발에 오줌누기
- 医者(いしゃ)の不養生(ふようじょう) 언행이 일치하지 않다
- 釈迦(しゃか)に説法(せっぽう) 아무 소용이 없음
- 雨垂(あまだ)れ石(いし)を穿(うが)つ 작은 힘이라도 계속하면 성공한다
- 言(い)わぬが花(はな) 말하지 않는 것이 약이다
- 花(はな)より団子(だんご) 금강산도 식후경
- 二階(にかい)から目薬(めぐすり) 전혀 효과가 없음
- あぶ蜂取(はちと)らず 욕심을 내다가 모두 놓치게 되다
- 七転(ななころ)び八起(やお)き 칠전팔기
- 無(な)くて七癖(ななくせ) 누구라도 버릇이 없는 사람은 없다
- 棚(たな)からぼたもち 굴러들어온 호박
- 石(いし)の上(うえ)にも三年(さんねん) 참고 해 나가면 보상을 받는다
- 雲泥(うんでい)の差(さ) 하늘과 땅 차이
- 河童(かっぱ)の川流(かわなが)れ 원숭이도 나무에서 떨어진다
- 塵(ちり)も積(つ)もれば山(やま)となる 티끌 모아 태산
- 仏(ほとけ)の顔(かお)も三度(さんど) 참는 데도 한계가 있다

- 安物買(やすものが)いの銭失(ぜにうしな)い 싼게 비지떡
- 濡(ぬ)れ手(て)で粟(あわ) 고생하지 않고 이익을 얻다
- 馬耳東風(ばじとうふう) 소 귀에 경읽기
- 一寸(いっすん)の虫(むし)にも五分(ごぶ)の魂(たましい)
  지렁이도 밟으면 꿈틀한다
- 三日坊主(みっかぼうず) 작심삼일
- 人(ひと)の噂(うわさ)も七十五日(しちじゅうごにち)
  소문은 오래가지 않는다
- 雀(すずめ)の涙(なみだ) 새발의 피
- 寝耳(ねみみ)に水(みず) 아닌 밤중에 홍두깨
- 備(そな)えあれば憂(うれ)い無(な)し 유비무환
- 飼(か)い犬(いぬ)に手(て)を噛(か)まれる 믿는 도끼에 발등 찍히다
- 井(い)の中(なか)の蛙(かわず) 우물 안 개구리
- 二束三文(にそくさんもん) 싸구려

いくら万全(ばんぜん)の準備(じゅんび)をしても、中身(なかみ)がなかったら、二階(にかい)から目薬(めぐすり)だ。

아무리 만전의 준비를 해도, 내용이 없으면 아무 소용이 없다.

7回(かいお)落ちて8回目(かいめ)にようやく合格(ごうかく)。これが本当(ほんとう)の七転(ななころ)び八起(やお)きだね。

7번 떨어지고 8번째에 겨우 합격. 이것이 진정한 칠전팔기구나.

最近(さいきん)の政治家(せいじか)なんてどんぐりの背比(せいくら)べだと思(おも)うので、別(べつ)に総理(そうり)が一人悪(ひとりわる)いというわけではないと思(おも)う。

최근의 정치가는 도토리 키 재기라고 생각하기 때문에, 특별히 총리가 혼자 나쁜 것은 아니라고 생각한다.

JPT 시험에서 속담 부분은 아직까지 출제 빈도가 미비하다. 하지만 이제까지 주로 관용구 위주로 출제되었던 만큼 앞으로는 많이 출제될 것으로 예상된다. 만약 출제된다면 출제 형태는 의미를 직접 묻는 문제와 빈 칸에 속담을 넣는 문제로 출제될 것이다. 외울 때에는 우리말과 비슷한 형태로 사용되는 속담보다는 의미파악이 힘든 속담 위주로 보기 바란다.

점수를 마구마구 올려 주는 문제

1. そんなに気にしなくてもいいです
よ。人の噂も _____ までだとい
うじゃないですか。

(A) 十五日　　　(B) 三十五日
(C) 五十五日　　(D) 七十五日

□ 포인트	「人(ひと)の噂(うわさ)も七十五日(しちじゅうごにち)」는 '소문은 오래가지 않는다' 라는 의미로 사용되는 속담이다.
□ 어구	気(き)にする 신경을 쓰다, 걱정하다
□ 해석	그렇게 걱정하지 않아도 됩니다. 사람의 소문도 75일까지라고 하지 않습니까?

2. 引っ越しする時、古い家具などを
_____ で売った。

(A) 一石二鳥
(B) 三日坊主
(C) 二束三文
(D) 七転び八起き

□ 포인트	'오래된 가구를 헐값에 팔았다'고 해야 문장이 자연스럽다. 의미로 보아「二束三文(にそくさんもん)」이 정답임을 알 수 있다.
□ 어구	三日坊主(みっかぼうず) 작심삼일 七転(ななころ)び八起(やお)き 칠전팔기
□ 해석	이사할 때 오래된 가구 등을 헐값으로 팔았다.

3. 先生の死の知らせは _____ で、
すぐには信じられませんでした。

(A) 寝耳に水
(B) 雀の涙
(C) 焼け石に水
(D) 二階から目薬

□ 포인트	문맥상 '아닌 밤중에 홍두깨'가 가장 적당하다.
□ 어구	雀(すずめ)の涙(なみだ) 새발의 피 焼(や)け石(いし)に水(みず) 언발에 오줌누기 二階(にかい)から目薬(めぐすり) 전혀 효과가 없음
□ 해석	선생님이 돌아가셨다는 소식은 '아닌 밤중에 홍두깨'로 곧바로 믿을 수 없었습니다.

4. 決まった以上、今更後悔しても _____ だ。

(A) 後の祭り
(B) 雲泥の差
(C) 石の上にも三年
(D) 河童の川流れ

□ 포인트　알맞은 속담 찾기. 후회해도 아무 소용이 없다는 문장과 가장 잘 어울리는 속담은 「後(あと)の祭(まつ)り」로 '소 잃고 외양간 고친다' 라는 의미이다.

□ 어구　今更(いまさら) 이제와서
後悔(こうかい) 후회
雲泥(うんでい)の差(さ) 하늘과 땅 차이

□ 해석　결정된 이상, 이제와서 후회해도 아무 소용이 없다.

5. 李さんの日本語の実力も大分上手になった。一年前に比べると、本当に _____ だ。

(A) 雲泥の差　　(B) 井の中の蛙
(C) 言わぬが花　(D) 猫に小判

□ 포인트　'일년 전과 비교해서 상당히 많은 차이가 나다' 라는 의미가 되므로, 「雲泥の差」가 가장 적당하다.

□ 어구　言(い)わぬが花(はな) 말하지 않는 것이 약이다
猫(ねこ)に小判(こばん) 돼지 목에 진주

□ 해석　이 씨의 일본어 실력도 상당히 능숙해졌다. 일년 전과 비교하면, 정말로 하늘과 땅 차이다.

【03. 5. 유제】
6. 皮肉的な言い方はもうやめて。_____ だよ。

(A) 釈迦に説法
(B) 知らぬが仏
(C) 灯台もと暗し
(D) 仏の顔も三度まで

□ 포인트　문맥상 '참는 데에도 한계가 있다' 는 속담이 와야 한다.

□ 어구　皮肉的(ひにくてき)な 비꼬는
言(い)い方(かた) 말투
知(し)らぬが仏(ほとけ) 모르는 게 약이다

□ 해석　비꼬는 말투는 이제 그만 둬. 참는 데에도 한계가 있어.

7. 私が持っているお金は金持ちに比べ

たら、＿＿＿＿＿＿＿。

(A) 雀の涙だ
(B) 花より団子だ
(C) 後の祭りだ
(D) 泣き面に蜂だ

【02. 4. 유제】

8. ひらがなもわからない人にそんなに

難しいことを聞いてみても＿＿＿＿＿

＿ ですよ。

(A) 棚からぼたもち
(B) 馬耳東風
(C) 後の祭り
(D) 釈迦に説法

□ 포인트	알맞은 속담 찾기. 부자와 비교해서 자신이 가진 돈의 양이 아주 적다는 의미가 되어야 한다.
□ 어구	金持(かねも)ち 부자 後(あと)の祭(まつ)り 소 잃고 외양간 고치기 泣(な)き面(つら)に蜂(はち) 설상가상
□ 해석	내가 가지고 있는 돈은 부자에 비하면 새발의 피다.

□ 포인트	알맞은 속담 찾기. 히라가나도 제대로 모르는 사람에게 어려운 것을 물어 본들 '소 귀에 경읽기' 이므로 「馬耳東風(ばじとうふう)」가 정답이다.
□ 어구	棚(たな)からぼたもち 굴러온 호박 釈迦(しゃか)に説法(せっぽう) 아무 소용이 없음
□ 해석	히라가나도 모르는 사람에게 그렇게 어려운 것을 물어 본들 '소 귀에 경읽기' 입니다.

9. 彼女は私の話を聞いて泣いてしまった。_____だったかも知れない。

(A) 七転び八起き
(B) 無くて七癖
(C) 言わぬが花
(D) 同じ穴の狢

□포인트 알맞은 속담 찾기. 그녀가 울어 버린 이유는 말하지 않아도 될 것을 말했기 때문일 것이다. 따라서 '말하지 않는 것이 약이다' 라는 속담이 와야 한다.

□어구 無(な)くて七癖(ななくせ) 버릇이 없는 사람은 없다
同(おな)じ穴(あな)の狢(むじな) 언뜻 보기에는 달라도 실은 같다

□해석 그녀는 나의 이야기를 듣고 울어 버렸다. 말하지 않는 것이 좋았을지도 모르겠다.

10. _____の上にも三年。一生懸命に勉強したのだから今度こそ合格してみせる。

(A) 板　　　　(B) 岩
(C) 石　　　　(D) 木

□포인트 속담의 알맞은 표현. 참고 해 나가면 나중에 보상을 받는다 라는 속담은 「石(いし)の上(うえ)にも三年(さんねん)」으로 표현한다.

□어구 合格(ごうかく) 합격
岩(いわ) 바위

□해석 바위 위에서도 삼년. 열심히 공부했기 때문에 이번에야말로 꼭 합격해 보이겠다.

II.

当時デジタルカメラは、庶民には気軽に手が届かない<u>高嶺の花</u>だった。

(A) 絵に描いたもち
(B) 月とすっぽん
(C) 焼け石に水
(D) 棚からぼたもち

□ 포인트	같은 의미의 속담.「高嶺(たかね)の花(はな)」는 '그림의 떡' 이라는 의미의 속담이므로, 같은 의미의 속담은 (B)의「絵(え)に描(か)いたもち」가 된다.
□ 어구	庶民(しょみん) 서민 気軽(きがる)に 선뜻 手(て)が届(とど)く 손이 닿다
□ 해석	당시 디지털카메라라는 서민에게는 선뜻 손이 닿지 않는 그림의 떡이었다.

【03. 7. 유제】

12.

彼は二人の女性を追い求め、結局二人とも失ってしまった。本当に<u>あぶ蜂取らず</u>だなあ。

(A) 知らぬが仏
(B) 七転び八起き
(C) ちりも積もれば山となる
(D) 二兎を追う者は一兎をも得ず

□ 포인트	같은 의미의 속담.「あぶ蜂取(はちと)らず」는 '욕심을 내다가 모두 놓치게 된다' 라는 의미이므로, 같은 의미의 속담은 보기(D)가 된다.
□ 어구	追い求める(おいもとめる) 추구하다, 쫓다 結局(けっきょく) 결국 失(うしな)う 잃다
□ 해석	그는 두 사람의 여성을 쫓아, 결국 두 사람 모두 잃어 버렸다. 정말로 욕심내다가 모두 놓치는 격이구나.

정답

1. (D) 2. (C) 3. (A) 4. (A) 5. (A) 6. (D) 7. (A) 8. (B) 9. (C) 10. (C)
11. (A) 12. (D)

이 것 만 은 확 인 하 고 넘 어 가 자

I. JPT 시험의 특성상 속담의 출제빈도는 그리 높지 않지만, 앞으로 출제될 가능성은 충분히 있다.

2. 대부분의 속담 문제는 적절한 속담을 넣는 문제의 형식으로 출제된다. 실제로 최근에는「馬耳東風」라는 속담을 찾는 문제가 출제되었다.

3. 정리한 속담 외의 속담도 기회가 있으면 외워 두도록 하자.

쉬 · 어 · 가 · 기

● **たぶん・きっと** ┃ 아마 · 틀림없이

「たぶん」과「きっと」는 거의 확신감에 찬 추측의 뜻으로 쓰이는 부사지만, 그 강도에는 약간의 차이가 있다.「たぶん」은 확실치는 않지만 자기 생각으로는 어느 정도 자신 있는 추측 '아마(~일 것이다)'라는 의미를 나타낸다. 한편「きっと」는 이미 확인한 절대 사실은 아니지만 자신의 예상을 거의 100％에 가깝게 믿고 있을 경우에 쓰여 '반드시, 꼭'이라는 의미로 사용된다.

彼はたぶんあしたのパーティーに行くに違いない。
그는 아마 내일 파티에 갈 것이다.

今度の試験には、この問題がきっと出ると思う。
이번 시험에는 이 문제가 꼭 나올 거라고 생각해.

시험에 자주 출제되는 표현들

한 번 나온 표현은 시험에 또 나온다.

JPT 시험에 응시하는 사람들에게 이런 질문을 해 본 적이 있다. "JPT 시험의 각 파트가 어떤 의도로 출제되는지 알고 계십니까?" 대답은 '아니오'였다. 필자는 대부분의 응시자가 각 파트에서 무엇을 요구하는지조차 모르는 상태에서 시험을 응시하고 있다는 사실에 놀라지 않을 수 없었다. 예를 들어 '오문정정'은 단순히 틀린 부분을 찾는 것이 아니라 전체 문장에서 어색한 부분이 왜 어색하며, 자연스러운 문장으로 바꾸면 어떻게 되는가까지 묻고 있다고 할 수 있다. 즉, 그런 방법을 통해 간접적으로 작문 실력을 테스트하는 것이다. 그렇다면 오문정정 파트에서 고득점을 올리려면 어떻게 해야 할까? 당연히 평소에 꾸준히 많은 작문을 해 봐야 할 것이다. 이런 기본적인 것조차 모르고 고득점을 바란다면 그것은 눈을 감고 시험을 치는 것과 마찬가지이다.

서론이 조금 길어졌는데, 이 장에서는 단기간에 JPT 시험에서 고득점을 올리는 가장 효과적인 방법에 대해 조금 설명하고자 한다. 우선 가장 중요한 것은 평소에 부단히 일본어 공부를 하는 것이고, 그 다음은 각 파트의 출제 경향에 맞추어 공부를 하는 것이다. 이렇게 공부를 하고 몇 번의 시험을 응시한 사람이라면 나름대로 시험의 규칙을 찾을 수 있을 것이다. 그것은 다름아닌 문제의 유사성이다. 그래서 이 책의 풍부한 유제는 실전에서도 분명히 도움이 된다고 믿어 의심치 않는다.

JPT 시험에서 나온 문제는 또 나올 가능성이 높다. 물론 똑같이 출제되는 일은 없겠지만, 어쨌든 시험에 자주 나오는 표현은 언제든지 다시 나올 수 있다는 것이다. 우리가 공략해야 할 점은 바로 이것이다. 이 장에서는 그러한 표현들을 중심으로 고득점의 길을 제시하려고 한다. 끝으로 한 가지 당부하고 싶은 점은 쉽다고 절대 그냥 넘어가서는 안 된다. 알고 있는 표현이라도 제대로 작문을 할 수 있을 때까지 많은 연습을 해 보기 바란다. 그렇게 연습을 하면 머지않아 JPT 990점의 길도 보일 것이다.

① 동사의 ます형 + 得る | ~할 수 있다

예 彼の経験談は十分にあり得る話である。

그의 경험담은 충분히 있을 수 있는 이야기이다.

② 동사의 ます형 + 得ない | ~할 수 없다

예 彼が他の女性を愛するなんてあり得ないことだ。

그가 다른 여성을 사랑하다니 있을 수 없는 일이다.

③ いくら~ても(でも・であれ・だって) | 아무리 ~라도

예 いくら願ってもできないことはできないですよ。

아무리 원해도 안 되는 것은 안 됩니다.

④ 동사의 ます형 + 立て | 갓 ~한, 막 ~한

예 夏は取り立ての魚のさしみに限る。

여름에는 갓 잡은 생선회가 제일이다.

⑤ 동사의 ます형 + かねる | ~하기 힘들다

예 その意見には賛成しかねます。

그 의견에는 찬성하기 힘듭니다.

⑥ 동사의 ます형 + かねない | ~일지도 모른다

예 彼のレポートをよく読んでみると、誤解を招きかねない部分が多数あった。

그의 보고서를 잘 읽어 보니, 오해를 받을지도 모르는 부분이 다수 있었다.

⑦ まるで~(の)ようだ | 마치 ~같다

예 彼女の踊りはまるで一匹の白鳥のようだ。

그녀의 춤은 마치 한 마리의 백조와 같다.

⑧ ~と~とどちらが | ~와 ~중 어느 쪽이

예 あなたは紅茶とコーヒーとどちらが好きですか。

당신은 홍차와 커피 중 어느 쪽을 좋아합니까?

⑨ 동사의 ます형 + ようがない ｜ ~할 수 없다, ~할 방법이 없다

　예 その国の情報が無ければ行きたくても行きようがないだろう。

　　그 나라의 정보가 없으면 가고 싶어도 갈 방법이 없을 것이다.

⑩ 동사의 ます형 + 放題 ｜ 마음대로 ~함

　예 この店は食べ放題だから、存分に食べてください。

　　이 가게는 마음대로 먹어도 되니까, 마음껏 드십시오.

⑪ ~てもいい ｜ ~해도 좋다(허가)

　예 机の上のボールペン、使ってもいいですか。

　　책상 위의 볼펜, 사용해도 좋습니까?

⑫ ~なければならない ｜ ~하지 않으면 안 된다

　예 約束したからには、やらなければならない。

　　약속한 이상은 하지 않으면 안 된다.

⑬ ~(の)ふりをする ｜ ~인 체 하다

　예 彼は知っているくせに、知らないふりをしている。

　　그는 알고 있는 주제에, 모르는 체 하고 있다.

⑭ ~につき ｜ ~에 대해서, ~당

　예 食費は一人につき、3千円かかります。

　　식비는 한 사람당 3천엔이 듭니다.

⑮ 동사의 ます형 + がたい ｜ ~하기 힘들다

　예 彼がそんなことをするとは、信じがたい話だ。

　　그가 그런 일을 하다니, 믿기 힘든 이야기이다.

⑯ 동사의 ます형 + にくい ｜ ~하기 어렵다(하려고 하면 할 수 있다는 뜻을 포함)

　예 山田先生の授業は難しくてわかりにくいです。

　　야마다 선생님의 수업은 어려워서 알아듣기 힘듭니다.

⑰ 동사의 ます형 + づらい ｜ ~하기 힘들다, ~하는 것이 거북하다

　예 悩むのは、何か言いづらいことがあるからです。

　　괴로워하는 것은 뭔가 말하기 힘든 일이 있기 때문입니다.

⑱ 동사의 ます형 + やすい | ~하기 쉽다

예 誰もがわかりやすい文章を書きたがるが、そんなに簡単にはできない。

누구나 알기 쉬운 문장을 쓰고 싶어하지만, 그렇게 간단히는 쓸 수 없다.

⑲ たとえ~ても(でも・であれ・だって) | 설사 ~일지라도, 설령 ~라도

예 たとえ大統領といっても、法律を勝手に変えてはいけない。

설사 대통령이라고 해도, 법률을 제 멋대로 바꾸어서는 안 된다.

⑳ ~おきに | ~걸러서, ~간격으로

예 ここはバスが5分おきに来ます。

여기는 버스가 5분 간격으로 옵니다.

㉑ ~度に | ~때 마다

예 今も『神田川』を歌う度に、あの風景が蘇るんです。

지금도 「칸다가와」를 부를 때마다 그 풍경이 되살아납니다.

㉒ 동사의 ない형 + ざるをえない | ~하지 않을 수 없다, ~해야만 한다

예 せっかく母が作った料理だから、食べざるをえなかった。

모처럼 어머니께서 만든 요리이니까, 먹지 않을 수 없었다.

㉓ ~ようになる | ~하게 되다

예 努力を惜しまず練習したら、1ヶ月で25m泳げるようになった。

노력을 아끼지 않고 연습했더니 1개월만에 25미터를 헤엄칠 수 있게 되었다.

㉔ ~てはいけない | ~해서는 안 된다

예 許可なしにここを通ってはいけない。

허가 없이 여기를 통과해서는 안 된다.

㉕ ~がちだ | ~하기 쉽다(그러한 경향이 강하다)

예 小学生の頃の先生は怒りがちなタイプの先生だった。

초등학교 시절의 선생님은 화를 잘 내는 타입의 선생님이었다.

점수를 마구마구 올려 주는 문제

I. どこにいるのか分からなくて、<u>連絡
の取りようがない</u>。

    (A) 連絡を取りたくない
    (B) 連絡を取ろうともしない
    (C) 連絡を取る方法がない
    (D) 連絡をとってほしい

□ 포인트	「ようがない」는 '~할 방법이 없다' 라는 의미이다.
□ 어구	連絡(れんらく)を取(と)る 연락을 취하다
□ 해석	어디에 있는지를 몰라서 연락을 취할 방법이 없다.

【01. 9. 유제】

2. 私一人の力では<u>とてもなし得ないこ
とでした</u>。

    (A) とうていできないことでした。
    (B) できるかどうかわかりません。
    (C) すぐできるかもしれません。
    (D) かんたんにできることでした。

□ 포인트	「~得(え)ない」구문에 대한 이해. '~할 수 없다' 라는 의미의 표현이다.
□ 어구	力(ちから) 힘 とても 매우, 도저히
□ 해석	나 혼자 힘으로는 도저히 할 수 없는 일이었습니다.

3. 今日のパーティーは<u>飲み放題ですか
ら</u>、好きなだけ飲んでください。

    (A) 存分に飲んでもいいですから
    (B) 飲み物しかないですから
    (C) 勝手に飲んではだめですから
    (D) 飲み物が好きな人が多いですから

□ 포인트	「~放題(ほうだい)」구문에 대한 이해. 「~放題」는 '마음대로 ~함' 이라는 의미의 표현이다.
□ 어구	存分(ぞんぶん)に 마음껏 勝手(かって)に 제멋대로
□ 해석	오늘 파티는 마음껏 마셔도 되니까, 좋아하는 만큼 마셔 주세요.

4. <u>彼を解雇しなければならない。</u>

    (A) 彼を解雇せざるをえない。

    (B) 彼を解雇することがむずかしい。

    (C) 彼を解雇するわけにはいかない。

    (D) 彼を解雇する必要がない。

□ 포인트	「~なければならない」는 '~하지 않으면 안 된다' 라는 의미의 표현이다. 같은 의미로는「ざるをえ(得)ない」가 있다.
□ 어구	解雇(かいこ) 해고
□ 해석	그를 해고시키지 않으면 안 된다.

5. <u>彼は日本人のふりをしている。</u>

    (A) 彼は本当の日本人だ。

    (B) 彼は日本人ではない。

    (C) 彼は日本人らしくない。

    (D) 彼は日本人に違いない。

□ 포인트	「~のふりをする」는 '~인 체하다' 라는 의미의 표현이지 실제 그렇다는 얘기는 아니다.
□ 어구	~に違(ちが)いない ~임에 틀림없다
□ 해석	그는 일본인인 체하고 있다.

6. 就職率は日本の<u>方</u>が高い<u>わけ</u>です
               (A)   (B)

  が、日本と韓国<u>と</u>会社が多いのは
                     (C)

  <u>どこ</u>ですか。
   (D)

□ 포인트	비교 표현에 대한 이해. 비교 표현은「どちら」라고 해야 옳다.「どこ」는 단순히 장소를 묻는 표현이다.
□ 어구	就職率(しゅうしょくりつ) 취직률 ~わけだ ~인 셈이다
□ 해석	취직률은 일본쪽이 높습니다만, 일본과 한국 중에서 회사가 많은 곳은 어느 쪽입니까?

7. 揚げたてのてんぷらですから、冷める
(A)　　　　　　　　　　　(B)　(C)
うちに召し上がってください。
(D)

【02. 4. 유제】

8. 友だちに電話すると、どうしても長
(A)　　　(B)
話になり気味で、いつも父親に文句
(C)
を言われる。
(D)

9. 燃えるごみは一日 _____ 集めて
います。

(A) おきに　　　　(B) たびに
(C) ずつに　　　　(D) ほどに

□ **포인트**　'식기 전에'라는 의미가 되려면 (C)를 「冷(さ)めない」로 바꿔야 한다.

□ **어구**　揚(あ)げたて 막 튀긴
召し上がる(めしあがる) 드시다

□ **해석**　막 튀긴 튀김이니까, 식기 전에 드십시오.

□ **포인트**　'~하는 경향이 있다'라는 표현은 「동사의 ます형+がちだ」로 표현한다. 「~気味(ぎみ)」는 '~하는 기미, ~기색'이라는 의미로 사용된다.

□ **어구**　長話(ながばなし) 긴 이야기
文句(もんく)を言(い)う 불만을 말하다

□ **해석**　친구에게 전화를 하면, 아무래도 이야기기 길어지는 경향이 있기 때문에, 항상 아버지에게 야단맞는다.

□ **포인트**　'~간격으로'라는 표현은 「~おきに」로 표현한다. 「~たびに」는 빈도수를 나타내는 말이다.

□ **어구**　燃(も)える 타다
ごみ 쓰레기

□ **해석**　타는 쓰레기는 하루 간격으로 모으고 있습니다.

10.

_____ おしどり夫婦だって喧嘩
はします。

(A) いくら   (B) まさか
(C) いくつ   (D) もし

【02. 7. 유제】【03. 7. 유제】

11.

娘が泣きながら頼むので、その男に
_____ ざるをえなかった。

(A) 会い   (B) 会う
(C) 会え   (D) 会わ

【02. 3. 유제】

12.

彼はまるで事故の現場にいた _____
____ 詳しく話しました。

(A) そうに   (B) みたいで
(C) かのように   (D) ようで

□ 포인트   구문에 대한 이해. '아무리 ~ 해도'는 「いくら~だって」라고 표현한다.

□ 어구   おしどり夫婦(ふうふ) 잉꼬 부부
    喧嘩(けんか) 싸움

□ 해석   아무리 잉꼬 부부라도 싸움은 합니다.

□ 포인트   알맞은 접속형 찾기. '~하지 않을 수 없다'라는 의미의 「ざるをえ(得)ない」는 앞에 부정형이 접속되어야 한다.

□ 어구   娘(むすめ) 딸
    頼(たの)む 부탁하다

□ 해석   딸이 울면서 부탁하기 때문에, 그 남자를 만나지 않을 수 없었다.

□ 포인트   '~인 것처럼'이라는 표현은 「まるで~かのように」로 표현한다.

□ 어구   現場(げんば) 현장
    詳(くわ)しい 상세하다

□ 해석   그는 마치 사고 현장에 있었던 것처럼 상세하게 이야기했습니다.

13.

この辞書、もし今使わなかったら
<u>(A)</u>　　　　<u>(B)</u>　　　　<u>(C)</u>
ちょっとお借りしてはいいですか。
　　　　　　　　<u>(D)</u>

【05. 5. 유제】

14.

作業を進めるに際しては、万が一爆
　　　　　　　<u>(A)</u>　　　　<u>(B)</u>
発でもすれば大惨事を招きかねるの
　　　　　　　　　　　　<u>(C)</u>
で、安全確保を最優先すべきだろう。
　　　　　　　　　　<u>(D)</u>

□ 포인트	표현의 오용. '~해도 좋습니까?'는 「~てもいいですか」라는 문형을 사용한다. 따라서 (D)를 「しても」로 바꾸어야 올바른 표현이 된다.
□ 어구	辞書(じしょ) 사전 もし 만약 お借(か)りする '빌리다'의 겸양표현
□ 해석	이 사전, 만약 지금 사용하지 않는다면 잠시 빌려도 좋습니까?
□ 포인트	문법표현의 오용. 「동사의 ます형+かねる」는 '~하기 어렵다'라는 의미의 표현이므로, 문장의 내용과는 맞지 않다. '~일지도 모른다'라는 의미가 되려면 (C)를 「かねない」로 바꾸어야 한다.
□ 어구	作業(さぎょう) 작업 爆発(ばくはつ) 폭발 大惨事(だいさんじ) 대참사 招(まね)く 초래하다
□ 해석	작업을 진행시킬 때에는 만에 하나 폭발이라도 나면 대참사를 초래할지도 모르기 때문에, 안전확보를 최우선해야만 할 것이다.

정답

1. (C)　2. (A)　3. (A)　4. (A)　5. (B)　6. (D)　7. (C)　8. (C)　9. (A)　10. (A)

11. (D)　12. (C)　13. (D)　14. (C)

이것만은 확인하고 넘어가자

I JPT 시험은 문제은행에서 문제를 뽑아서 만드는 시험이라는 것을 기억해 두자. 시험에 출제된 표현은 언젠가 반드시 다시 출제된다.

2 대부분의 문제가 '정답 찾기' 파트에서 출제되며, '오문정정' 파트에서는 동사를 구분하는 문제가 출제되고 있다. 그리고 마지막 파트인 '공란 메우기'는 호응 관계를 나타내는 표현들이 주로 출제된다.

3 자주 출제되는 표현으로는 「いくら～ても」, 「～なければならない」, 「～がち」, 「～ざるを得ない」 등이 있다.

4 기타 부족한 표현들은 부록 파트에 문법으로 다시 정리해 두었으니 함께 보도록 하자.

쉬·어·가·기

● ～につれて・～にしたがって | ～함에 따라

「～につれて」와 「～にしたがって」를 각각 한자로 적으면, 「～に連(つ)れて」, 「～に従(したが)って」가 된다. 즉, 두 표현 모두 원래는 공간적인 의미로 사용되었다는 것을 알 수 있다. 「つれて」는 「AがBを連れて」에서 알 수 있는 것처럼, 두 가지 사물이 동시에 이동하는 것을 나타내는 말이고, 「したがって」는 「AがBにしたがって」에서 알 수 있는 것처럼, 어떤 사물이 다른 사물의 뒤를 이어서 이동하는 것을 나타내는 말이다. 이것이 시간적인 순서에 의해 사용된 예가 「年(とし)を重(かさ)ねるにつれて」나 「年を重ねるにしたがって」 등의 표현이다. 「～につれて」와 「～にしたがって」는 시간적인 의미로 사용되는 경우에는 의미에 차이가 없지만, 「～につれて」 쪽이 다소 문어적인 표현이라고 할 수 있다. 그러나, 「～にしたがって」가 원래 공간적인 의미의 용법을 가지는 것에 반해, 「～につれて」에는 그러한 용법이 없다.

太郎(たろう)にしたがって（○）/ 太郎につれて（×）

太郎の計画(けいかく)にしたがって（○）/ 太郎の計画につれて（×）

시험에 자주 출제되는 문법 표현

문법에 자신 있는 사람들도 틀리는 문법이 있다.

JPT 시험의 전 부분에 걸쳐서 출제될 확률이 가장 높은 것을 꼽으라면 누구나가 문법 표현을 꼽을 것이다. 매 시험마다 빠짐없이 두 문제 이상씩 출제되고 있지만, 실제로 다 맞추는 사람은 드물다. 이유는 간단하다. 문법 표현이 워낙 많기 때문이다. 그나마 일본어능력시험을 준비한 적이 있는 사람이라면 쉽게 맞출 수 있는 부분도 많지만, 혼자서 독학으로 공부한 사람들에게는 대부분이 너무나도 생소한 표현이고 이해되지 않는 표현도 많다.

> 彼女が太った原因は、ストレスにほかならない。

위의 예문에 사용된 「〜にほかならない」라는 표현을 정확하게 해석하는 사람은 아마도 드물 것이다. 어쩌면 왠만큼 공부를 했다고 자부하는 사람들 중에서도 이 표현을 처음 본 사람이 있을지도 모른다. 왜냐하면, 딱딱한 문어체적인 표현이기 때문에 시중에 나온 책에는 잘 쓰이지 않는 경우도 있기 때문이다. 「〜にほかならない」는 '〜임이 틀림없다'라는 의미이다. 예문을 하나 더 보도록 하자.

> この街は年末ともなるといっそう忙しくなる。

위의 예문에 사용된 「ともなると」라는 표현도 일상 회화에서는 좀처럼 들어보기 힘든 표현이다. 하지만 이런 표현이 JPT 시험에는 꾸준히 출제되고 있다. 왜냐하면 비록 일상 회화에서는 자주 사용되지 않을지 몰라도 일본어적인 면에서는 반드시 알아 두어야 하는 표현이기 때문이다.

문법 표현은 솔직히 이해가 필요없다. 왜 이런 표현이 되었냐는 질문에 속 시원히 대답해 줄 사람이 과연 몇이나 있을까? 이제 선택은 하나이다. 자주 출제되는 문법 표현을 무조건 외워서 다 맞추든지, 포기를 하고 10점을 버리든지 둘 중의 하나를 선택할 수 밖에 없다.

자주 출제되는 문법 표현 30

① **～とはいえ** ┃ ～라고는 해도
- 예 子供とはいえ、そんなことをするとは。信じられない。
  아이라고는 해도, 그런 일을 하다니, 믿을 수 없다.

② **～(よ)うにも～ない** ┃ ～하려고 해도 ～할 수 없다
- 예 荷物が重くて持とうにも持てなかった。
  짐이 무거워서 들려고 해도 들 수 없었다.

③ **～はおろか** ┃ ～은 커녕
- 예 2年前日本に来たにもかかわらず、カタカナはおろかひらがなも書けないとは。
  2년 전에 일본에 왔음에도 불구하고, 가타카나는 커녕 히라가나도 쓸 수 없다니.

④ **～ときたら** ┃ ～로 말하자면
- 예 うちの息子ときたら、ろくに勉強もしないでゲームばかりしている。
  우리 아들로 말하자면, 제대로 공부도 하지 않고 게임만 하고 있다.

⑤ **～をよそに** ┃ ～을 아랑곳하지 않고
- 예 彼女は両親の反対をよそに彼と結婚した。
  그녀는 부모님의 반대를 아랑곳하지 않고 그와 결혼했다.

⑥ **～によって** ┃ ～에 의해, ～에 따라
- 예 国によって言葉や習慣が違う。
  나라에 따라 말이나 습관이 다르다.

⑦ **～からには** ┃ ～한 이상은
- 예 約束したからには、守らなければなりません。
  약속한 이상은 지키지 않으면 안 됩니다.

⑧ **～(た)ところで** ┃ ～해 봤자, ～한 들
- 예 急いだところで、今からでは間に合わないだろう。
  서두른다고 해도, 지금으로선 시간에 맞출 수 없을 것이다.

⑨ 〜とあって ｜ 〜이기 때문에

🔵 もうすぐ期末試験とあって学生たちは熱心に勉強している。
<ruby>期末試験<rt>き まつ し けん</rt></ruby>　<ruby>学生<rt>がくせい</rt></ruby>　<ruby>熱心<rt>ねっしん</rt></ruby>　<ruby>勉強<rt>べんきょう</rt></ruby>

이제 곧 기말시험이기 때문에 학생들은 열심히 공부하고 있다.

⑩ 〜ともなれば(〜ともなると) ｜ 〜쯤 되면, 〜라면 당연히

🔵 超一流レストランともなれば、値段も高いだろう。
<ruby>超一流<rt>ちょういちりゅう</rt></ruby>　<ruby>値段<rt>ね だん</rt></ruby>　<ruby>高<rt>たか</rt></ruby>

초일류 레스토랑쯤 되면, 가격도 비쌀 것이다.

⑪ 〜からといって ｜ 〜라고 해서

🔵 先生になったからといって、全部知っているとはかぎらない。
<ruby>先生<rt>せんせい</rt></ruby>　<ruby>全部<rt>ぜん ぶ</rt></ruby>　<ruby>知<rt>し</rt></ruby>

선생님이 되었다고 해서, 전부 알고 있다고는 볼 수 없다.

⑫ 〜をおいて ｜ 〜을 제외하고

🔵 山田君をおいてこの問題の正解を知っている人はいないだろう。
<ruby>山田君<rt>やま だ くん</rt></ruby>　<ruby>問題<rt>もんだい</rt></ruby>　<ruby>正解<rt>せいかい</rt></ruby>　<ruby>知<rt>し</rt></ruby>　<ruby>人<rt>ひと</rt></ruby>

야마다 군을 제외하고 이 문제의 정답을 알고 있는 사람은 없을 것이다.

⑬ 〜かたわら ｜ 〜하는 한편

🔵 彼女は先生をするかたわら、家事もきちんとやっている。
<ruby>彼女<rt>かのじょ</rt></ruby>　<ruby>先生<rt>せんせい</rt></ruby>　<ruby>家事<rt>か じ</rt></ruby>

그녀는 선생님을 하는 한편, 집안일도 확실하게 하고 있다.

⑭ 〜もさることながら ｜ 〜도 물론이지만

🔵 彼女は外見もさることながら、性格もとてもいいです。
<ruby>彼女<rt>かのじょ</rt></ruby>　<ruby>外見<rt>がいけん</rt></ruby>　<ruby>性格<rt>せいかく</rt></ruby>

그녀는 외견은 물론이고 성격도 매우 좋습니다.

⑮ 〜をめぐって ｜ 〜을 둘러싸고

🔵 原子力発電所の建設をめぐって様々な意見が出た。
<ruby>原子力発電所<rt>げん し りょくはつでんしょ</rt></ruby>　<ruby>建設<rt>けんせつ</rt></ruby>　<ruby>様々<rt>さまざま</rt></ruby>　<ruby>意見<rt>い けん</rt></ruby>　<ruby>出<rt>で</rt></ruby>

원자력발전소 건설을 둘러싸고 여러 가지 의견이 나왔다.

⑯ 〜めく ｜ 〜다워지다

🔵 雪がとけはじめ、この地域もようやく春めいてきた。
<ruby>雪<rt>ゆき</rt></ruby>　<ruby>地域<rt>ち いき</rt></ruby>　<ruby>春<rt>はる</rt></ruby>

눈이 녹기 시작해, 이 지역도 겨우 봄다워져 왔다.

⑰ 〜そばから ｜ 〜하자마자 바로

🔵 うちの子供は片付けるそばから部屋を散らかす。
<ruby>子供<rt>こども</rt></ruby>　<ruby>片付<rt>かた づ</rt></ruby>　<ruby>部屋<rt>へ や</rt></ruby>　<ruby>散<rt>ち</rt></ruby>

우리집 아이는 치우자마자 바로 방을 어지럽힌다.

⑱ ～どころか　┃　~은 커녕

㉕ 彼は毎日1時間<u>どころか</u>30分も勉強しない。
かれ　　まいにち　じかん　　　　　　　　　ぶん　べんきょう

그는 매일 1시간은 커녕 30분도 공부하지 않는다.

⑲ ～において　┃　~에 있어서

㉕ 運動<u>において</u>は彼の方が上だ。
うんどう　　　　　　　　かれ　ほう　うえ

운동에 있어서는 그 쪽이 위다.

⑳ ～をかわきりに　┃　~을 시작으로

㉕ 今度のコンサートは東京<u>をかわきりに</u>全国10カ所で行われる。
こんど　　　　　　　　とうきょう　　　　　　　　ぜんこく　かしょ　おこな

이번 콘서트는 도쿄를 시작으로 전국 10개소에서 행해진다.

㉑ ～きらいがある　┃　~할 우려가 있다, ~인 경향이 있다

㉕ 最近主人はお酒を飲みすぎる<u>きらいがある</u>。
さいきんしゅじん　　さけ　の

최근 남편은 과음하는 경향이 있다.

㉒ ～(た)あげく　┃　~한 끝에

㉕ 彼は親にさんざん迷惑をかけ<u>たあげく</u>、自殺してしまった。
かれ　おや　　　　　　めいわく　　　　　　　　　じさつ

그는 부모님에게 아주 많이 폐를 끼친 끝에, 자살해 버렸다.

㉓ ～をもって　┃　~으로, ~으로써

㉕ 身<u>をもって</u>体験することこそ、本物の知識と言えるだろう。
み　　　　　　たいけん　　　　　　　　　　ほんもの　ちしき　い

몸소 체험하는 것이야말로, 진정한 지식이라고 말할 수 있을 것이다.

㉔ ～(た)以上　┃　~한 이상
　　　　いじょう

㉕ やると決め<u>た以上</u>、最後までがんばります。
き　　　いじょう　さいご

한다고 결정한 이상, 끝까지 분발하겠습니다.

㉕ ～にすぎない　┃　~에 지나지 않다

㉕ 彼の主張はあくまでも理論<u>にすぎない</u>。
かれ　しゅちょう　　　　　　りろん

그의 주장은 어디까지나 이론에 지나지 않는다.

㉖ ～(た)とたん　┃　~하자마자

㉕ 彼は家を出<u>たとたん</u>、事故に遭った。
かれ　いえ　で　　　　　　じこ　あ

그는 집을 나오자마자 사고를 당했다.

㉗ ～にほかならない | (바로) ～인 것이다

예 子供を叱るということは親の愛にほかならない。

아이를 꾸짖는다고 하는 것은 바로 부모의 사랑인 것이다.

㉘ ～にちがいない | ～임에 틀림없다

예 外国に行ったことがないから、彼女の話はうそにちがいない。

외국에 간 적이 없기 때문에, 그녀의 이야기는 거짓말임에 틀림없다.

㉙ ～をもとにして | ～을 근거로 해서, ～을 기초로 해서

예 この小説は歴史的な事件をもとにして書かれた。

이 소설은 역사적 사건을 기초로 해서 쓰여졌다.

㉚ ～や否や | ～하자마자

예 ベルが鳴るや否や、彼は教室を飛び出していった。

벨이 울리자마자, 그는 교실을 뛰쳐나갔다.

점수를 마구마구 올려 주는 문제

1. うちの主人と _____ 、休日には
いつも家でごろごろしている。

(A) したら (B) きたら
(C) やったら (D) なったら

□ 포인트	'~로 말하자면' 이라는 표현은 「~ときたら」라고 표현한다.
□ 어구	主人(しゅじん) 남편 ごろごろ 빈둥빈둥거리는 모양
□ 해석	우리집 남편으로 말하자면, 휴일에는 항상 집에서 빈둥빈둥거리고 있다.

【02. 3. 유제】

2. その歌手は演奏活動の _____ 子
供向けの本も書いているそうだ。

(A) そばから (B) かたわら
(C) からして (D) よそに

□ 포인트	'~하는 한편' 이라는 표현은 「~かたわら」라고 한다. 나머지는 전부 거리가 먼 표현들이다.
□ 어구	演奏活動(えんそうかつどう) 연주활동 ~向(む)け ~용
□ 해석	그 가수는 연주활동을 하는 한편으로 아이용 책도 쓰고 있다고 한다.

3. そんな仕事は彼を _____ 、でき
る人がいないだろう。

(A) よそに (B) かぎって
(C) おいて (D) めぐって

□ 포인트	'~을 제외하고' 라는 표현을 묻는 문제로 「~をおいて」가 정답이다.
□ 어구	仕事(しごと) 일 できる 할 수 있다, 가능하다
□ 해석	그런 일은 그를 제외하고, 할 수 있는 사람이 없을 것이다.

4. あの店は味もさること _____ 値
段も本当に安い。

(A) ながら　　　　(B) であれ
(C) とともに　　　(D) でなく

□ 포인트	'~은 물론이고' 라는 표현은 「~もさることながら」라고 한다.
□ 어구	味(あじ) 맛 値段(ねだん) 가격
□ 해석	저 가게는 맛은 물론이고 가격도 정말로 싸다.

5. ゴルフ場の建設を _____、住民
と建築会社が戦っている。

(A) めぐって　　　(B) おいて
(C) かわきりに　　(D) もって

□ 포인트	'~을 둘러싸고' 라는 표현은 「~をめぐって」라고 한다.
□ 어구	建築会社(けんちくがいしゃ) 건축회사 戦(たたか)う 싸우다, 다투다
□ 해석	골프장 건설을 둘러싸고, 주민과 건축회사가 싸우고 있다.

6. 仕事を片付ける _____ 次の仕事
が入るので、体が持ちません。

(A) そばから　　　(B) なり
(C) ゆえに　　　　(D) かたわら

□ 포인트	'~하자마자 바로' 라는 표현은 「~そばから」라고 한다. 뒤에는 대체로 부정적인 의미가 많이 온다.
□ 어구	片付(かたづ)ける 처리하다, 치우다 体(からだ)が持(も)たない 몸이 견디지 못하다
□ 해석	일을 처리하자마자 바로 다음 일이 들어오기 때문에, 몸이 견디지 못합니다.

7. 頭の中にいいアイデアが浮んでこな
いので、書こう＿＿＿＿＿＿書けない。

(A) とは　　　　　(B) とも
(C) のに　　　　　(D) にも

【02. 5. 유제】

8. 有名に＿＿＿＿＿＿とたんに、彼女は
横柄な態度をとるようになった。

(A) なる　　　　　(B) なり
(C) なった　　　　(D) なれる

【02. 5. 유제】【05. 6. 유제】【07. 2. 유제】

9. いろいろ考えた＿＿＿＿＿＿、私は彼
女と別れることにした。

(A) あげく　　　　(B) ところで
(C) とたん　　　　(D) とはいえ

□ 포인트	문법 표현의 바른 구문. 문맥상 '~하려고 해도 ~할 수 없다' 라는 의미가 됨을 알 수 있다. 이 표현은 「~にも~ない」의 형태로 표현한다.
□ 어구	浮(うか)ぶ 떠오르다
□ 해석	머리 속에 좋은 생각이 떠오르지 않아서 쓰려고 해도 쓸 수가 없다.
□ 포인트	'~하자마자' 라는 표현은 「~たとたんに」라고 한다. 반드시 과거형에 접속한다는 점에 주의하자.
□ 어구	横柄(おうへい) 건방짐 態度(たいど) 태도
□ 해석	유명해지자마자, 그녀는 건방진 태도를 취하게 되었다.
□ 포인트	'~한 끝에' 라는 의미의 문법 표현은 「~たあげく」라고 표현한다.
□ 어구	別(わか)れる 헤어지다 ~ことにする ~하기로 하다
□ 해석	여러 가지로 생각한 끝에, 나는 그녀와 헤어지기로 했다.

10.
彼が試合で優勝したのは弛まぬ努力の結果に _____ 。

(A) ほかならない
(B) あたらない
(C) とどまらない
(D) たえない

□ 포인트	'바로 ~인 것이다'라는 강조를 나타내는 표현을 묻는 문제로「~にほかならない」가 정답이다.
□ 어구	優勝(ゆうしょう) 우승 弛(たゆ)まぬ 꾸준한, 끊임없는
□ 해석	그가 시합에서 우승한 것은 꾸준한 노력의 결과이다.

11.
約束した _____ 、最後までやるつもりです。

(A) とたん　　　(B) 以上
(C) きり　　　(D) なり

□ 포인트	'~한 이상'이라는 의미의 문법 표현은「~(た)以上(いじょう)」라고 표현한다.
□ 어구	約束(やくそく) 약속 つもり 예정, 생각 ~きり ~한 채
□ 해석	약속한 이상, 끝까지 할 생각입니다.

12.
昨日の会議では、部長の発言 _____ 、反対意見が続出した。

(A) をかわきりに
(B) をもって
(C) において
(D) によって

□ 포인트	'~을 시작으로'는「~をかわきりに」라고 표현한다. 나머지 보기는 의미상 전혀 맞지 않는 표현들이다.
□ 어구	発言(はつげん) 발언 続出(ぞくしゅつ) 속출
□ 해석	어제 회의에서는, 부장님의 발언을 시작으로 반대의견이 속출했다.

13. 厳しい冬も終わり、このあたりもようやく春 _____ きた。

(A) めいて   (B) っぽく

(C) らしく   (D) そうに

□ 포인트	'~다워지다'라는 표현을 묻는 문제로, 명사 다음에「~めく」가 접속된다.
□ 어구	厳(きび)しい 혹독하다 辺(あた)り 근처 ようやく 겨우 春(はる) 봄
□ 해석	혹독한 겨울도 끝나고, 이 근처도 겨우 봄다워졌다.

14. 最近主人は<u>お酒を飲みすぎるきらいがある</u>。

(A) お酒を飲む機会が少ない

(B) お酒を飲みすぎる傾向がある

(C) お酒を飲まないことにしている

(D) お酒をあまり飲まないから安心だ

□ 포인트	「~きらいがある」는 '~할 우려가 있다, ~인 경향이 있다'라는 의미의 문법표현이므로, 같은 의미의 문장은 보기 (B)가 된다.
□ 어구	機会(きかい) 기회 傾向(けいこう) 경향 ~ことにする ~하기로 하다
□ 해석	최근 남편은 과음하는 경향이 있다.

---

1. (B) 2. (B) 3. (C) 4. (A) 5. (A) 6. (A) 7. (D) 8. (C) 9. (A) 10. (A)

11. (B) 12. (A) 13. (A) 14. (B)

이것만은 확인하고 넘어가자

I. JPT 시험에서 문법 표현은 매번 반드시 출제되는 표현이므로 반드시 다 암기하고 있어야 한다.

2. 대부분의 문제가 '공란 메우기' 파트에서 출제되는데, 간혹 '오문정정' 파트에서 출제되는 경우도 있으니 비슷한 의미의 표현들은 용법을 구분해 두어야 한다.

3. 실제로 출제되거나 자주 나오는 표현으로는 「~をめぐって」, 「~(た)とたん」, 「~とはいえ」, 「~ようにも~ない」, 「~以上」, 「~ならでは」, 「~ともなると」 등이 있다.

쉬·어·가·기

● **そして・それから・それで** ┃ 그리고, 그래서

「そして」, 「それから」, 「それで」는 모두 순접의 접속 표현처럼 느껴진다. 따라서, 세 개의 접속사가 같은 문맥에서 동등하게 사용되는가 하면, 그렇지는 않다. 밑의 문장처럼 원인을 나타내는 문맥에서 「それで」는 사용할 수 있지만, 「そして」, 「それから」는 사용할 수 없다.

太郎は昨日花子と喧嘩した。それで機嫌が悪いのだ。(○)

太郎は昨日花子と喧嘩した。そして／それから機嫌が悪いのだ。(×)

타로는 어제 하나코와 싸움을 했다. 그래서 기분이 나쁜 것이다.

「そして」와 「それから」 중 아래 문장처럼 사물을 열거할 경우에는 「それから」를 사용한다.

リンゴとオレンジと、それから苺を買ってきました。(○)

リンゴとオレンジと、そして苺を買ってきました。(×)

사과와 오렌지, 그리고 딸기를 사 왔습니다.

한편, 행위를 열거할 경우에는

歯を磨き、顔を洗い、それから髭を剃った。(○)

歯を磨き、顔を洗い、そして髭を剃った。(○)

이를 닦고 세수를 하고, 그리고 수염을 깎았다.

처럼 어느 쪽도 사용할 수 있지만, 그와 같은 경우에도 아래와 같은 차이가 있다.

遊びに行きたいのなら、宿題をして、それから出掛けなさい。(○)

遊びに行きたいのなら、宿題をして、そして出掛けなさい。(×)

놀러 가고 싶다면, 숙제를 하고 그리고 나서 나가거라.

시험에 자주 출제되는 カタカナ

올바른 외래어의 사용은 일본어 실력의
또다른 척도가 될 수 있다.

일본과 관련된 서적이나 기타 매체를 보면 무수히 많은 カタカナ가 등장한다. 그런데 대부분 국적을 알 수 없는 말들이 많다. 영어에서 온 말이 대부분을 차지하지만 일본어 음운의 특성상 모음의 부족으로 인해 표현할 수 있는 발음에 한계가 있기 때문에 한국인이 カタカナ를 듣고 바로 이해하기란 거의 무리에 가깝다. 다음 예문의 단어들이 어떤 의미인지 한번 맞춰 보자.

 マクドナルド・ツアー・カラオケ

일단 기본적으로 カタカナ를 읽을 수 있는 사람이라면 처음의 단어는 쉽게 이해가 될 것이다. 미국의 대표적인 브랜드인 '맥도날드'의 일본어 발음이다. 그런데 두 번째 단어는 아무리 발음을 해 보아도 의미파악이 결코 쉽지 않다. 「ツアー」는 영어의 'tour'에서 나온 말로 '여행'을 의미하는 단어이다. 마지막으로 세 번째 단어는 일본어와 외래어가 합해져서 만들어진 단어이다. カタカナ로 「カラオケ(가라오케)」라고 표기하면 쉽게 이해가 되지만 원래는 한자와 외래어의 조합에서 만들어진 단어이다. 기존의 외래어만으로도 머리가 아픈데, 일본인들은 새로운 단어 만들기를 좋아하는 것 같다. 최근에 만들어져 빈번하게 사용되고 있는 カタカナ를 몇 개 살펴보도록 하자.

 プリクラ・テレクラ・セクハラ

위의 단어들은 영어에는 존재하지 않는 외래어이다. 우선 처음에 나오는 「プリクラ」는 우리나라에도 들어와 있는 '스티커 사진'을 의미한다. 영어의 'print'에 'club'이라는 단어가 결합된 합성어이다. 두 번째 「テレクラ」는 흔히 말하는 '전화방'이란 의미로 'telephone'에 'club'이라는 단어가 결합되어 만들어졌다. 마지막의 「セクハラ」는 성희롱이라는 의미를 나타낸다. 이처럼 カタカナ에는 우리들이 쉽게 이해할 수 있는 표현도 있지만 전혀 이해할 수 없는 새로운 표현도 다수 존재한다. JPT 시험에서도 カタカナ가 출제 되지만 절대 어려운 표현을 묻는 문제는 없다. 기본적으로 일본인이라면 누구나 알 수 있는 표현들 위주로 출제되고 있다. 다만 비슷한 의미의 표현들은 구분해 둘 필요가 있다.

자주 출제되는 カタカナ

• ナンセンス 넌센스	• ブーム 유행, 인기
• ハンサム 잘생김, 미남	• コンパ 회합, 모임, 뒷풀이
• マンネリ 천편일률	• スケジュール 스케줄, 일정
• ユニーク 독특함	• ブランド 상품명, 상표
• セクハラ 성희롱	• ローン 융자, 대부
• アイデア 아이디어	• コーナー 매장, 코너
• プログラム 프로그램	• リサイクル 재활용
• ペット 애완동물	• アンケート 설문 조사
• ロマンチック 로맨틱	• デザイン 디자인
• プライド 자존심	• ルーズ (시간에) 정확하지 못함
• プライベート 사적, 개인적	• フレンド 친구, 동료
• ヒステリー 히스테리	• トラブル 문제
• アイドル 우상	• バーゲン 바겐세일
• ファッション 패션	• グッズ 상품
• イメージ 이미지	• リストラ 구조조정, 정리해고
• レポート 보고서	• キャリア 경력
• ベテラン 베테랑	• タレント 재능, 탤런트
• トレーニング 훈련	• メディア 미디어, 대중매체
• コピー 복사	• クール 냉정한, 산뜻한
• エチケット 에티켓	• マナー 매너, 몸가짐, 태도
• ターゲット 타겟, 표적	• ツアー 투어
• アルバイト 아르바이트	• トラウマ 정신적 외상
• カロリー 칼로리	• カテゴリー 카테고리
• セオリー 이론	• アイロニー 아이러니
• ストレス 스트레스	• メリット 장점, 이점
• ストライキ 파업	• ピリオド 종지부

예

いくら 考えてみてもいい<u>アイデア</u>が出てこない。

아무리 생각해 봐도 좋은 생각이 나오지 않는다.

<u>街</u>で面白い<u>アンケート</u>調査をしていた。

거리에서 재미있는 설문 조사를 하고 있었다.

<u>レポート</u>は水曜日までに提出してください。

보고서는 수요일까지 제출해 주십시오.

この商品は<u>デザイン</u>は気に入るが、色は気に入らない。

이 상품은 디자인은 마음에 들지만, 색깔이 마음에 들지 않는다.

誰もが<u>ロマンチック</u>な恋愛を夢見る。

누구나가 로맨틱한 연애를 꿈꾼다.

最近日本では<u>ペット</u>を飼っている家が増えている。

최근 일본에서는 애완동물을 기르고 있는 집이 늘어나고 있다.

JPT 시험에서 カタカナ는 출제 비율이 그리 높지 않은 파트이다. 하지만 최근 일본에서는 외래어 사용이 급증하고 있기 때문에, 이에 따라 생활 속에서도 많은 カタカナ를 사용하고 있는 실정이다. 기본적인 단어들은 모두 외워 두길 바라며, 더불어 비슷한 의미의 단어는 용법과 쓰임새를 구분해 두도록 하자.

점수를 마구마구 올려 주는 문제

1. 昨日、映画の_____を買いました。

    (A) チケット   (B) ポケット
    (C) ロケット   (D) ラケット

□ **포인트**   '입장권'이라는 뜻의「カタカナ」를 찾는 문제. '입장권'은「チケット」라고 한다. 유사한 발음에 주의하자.

□ **어구**   映画(えいが) 영화
買(か)う 사다

□ **해석**   어제 영화 입장권을 샀습니다.

【02. 3. 유제】

2. あの店の店員は_____で、優しい人です。

    (A) ブーム   (B) ハンサム
    (C) プレゼント   (D) マンネリ

□ **포인트**   '잘생기다'라는 뜻의「カタカナ」를 찾는 문제. '잘생기다'는「ハンサムだ」라고 한다.

□ **어구**   ブーム 유행
プレゼント 선물
マンネリ 천편일률

□ **해석**   저 가게의 점원은 잘 생기고, 상냥한 사람입니다.

【03. 7. 유제】

3. 私は来週まで_____が詰まっていて、休む暇もないです。

    (A) ファン   (B) スケジュール
    (C) サイン   (D) コーナー

□ **포인트**   '일정'이라는 뜻의「カタカナ」를 찾는 문제. '일정'은「スケジュール」라고 한다.

□ **어구**   詰(つ)まっている 꽉 차 있다
暇(ひま) 여유, 겨를
コーナー 코너

□ **해석**   나는 다음 주까지 일정이 꽉 차 있어서 쉴 겨를도 없습니다.

4. 新学期になると学校では新入生歓迎の _____ がよく行われる。

   (A) ミーティング
   (B) パーティー
   (C) コンパ
   (D) スタディー

□ 포인트	'모임, 회합'이라는 뜻의「カタカナ」를 찾는 문제. 우리가 흔히 술을 마시면서 얘기를 나누는 그런 자리를 일본어로「コンパ」라고 한다.「ミーティング」는 회의라는 의미로, 우리말의 미팅과는 전혀 다른 뜻이다.
□ 어구	新入生(しんにゅうせい) 신입생 歓迎(かんげい) 환영
□ 해석	신학기가 되면 학교에서는 신입생 환영 모임이 자주 열린다.

5. いい製品を作り売ることで、会社の _____ は上がるだろう。

   (A) イメージ
   (B) バリア
   (C) ブーム
   (D) イミテーション

□ 포인트	알맞은「カタカナ」찾기. '이미지'는「イメージ」라고 한다.
□ 어구	製品(せいひん) 제품 作(つく)り売(う)る 만들어 팔다
□ 해석	좋은 제품을 만들어 파는 것으로 회사의 이미지는 올라갈 것이다.

6. _____ といえばまずテレビ、新聞などが挙げられます。

   (A) メディア
   (B) バリア
   (C) キャリア
   (D) ボランティア

□ 포인트	문맥상 '미디어'라는 표현이 와야 한다. '미디어'는「メディア」라고 한다.
□ 어구	まず 우선 挙(あ)げる 들다
□ 해석	미디어라고 하면 우선 텔레비전, 신문 등을 들 수 있습니다.

7. ただ言われたままにするのは＿＿＿
＿＿ が許さない。

(A) プライド　　　　(B) ブライド
(C) プライベート　　(D) フレンド

8. 公害や資源節約という観点から＿＿＿
＿＿＿ 運動は注目を集めている。

(A) リストラ　　　　(B) バーゲン
(C) リッチ　　　　　(D) リサイクル

9. この学校には経験豊かな＿＿＿＿
＿ の先生が多いです。

(A) キャリア　　　　(B) ベテラン
(C) タレント　　　　(D) キャプテン

□ 포인트	'자존심'이라는 뜻의 「カタカナ」를 찾는 문제. '자존심'은 「プライド」라고 한다.
□ 어구	言(い)われたままにする 시키는 대로 하다 許(ゆる)す 허락하다, 용서하다
□ 해석	그냥 시키는 대로 하는 것은 자존심이 허락하지 않는다.

□ 포인트	'재활용'이라는 뜻의 「カタカナ」를 찾는 문제. '재활용'은 「リサイクル」라고 한다.
□ 어구	公害(こうがい) 공해 資源(しげん) 자원 注目(ちゅうもく)を集(あつ)める 주목을 모으다
□ 해석	공해나 자원절약이라는 관점에서 재활용 운동은 주목을 모으고 있다.

□ 포인트	'노련함, 베테랑'이라는 뜻의 「カタカナ」를 찾는 문제. '노련함, 베테랑'은 「ベテラン」이라고 한다.
□ 어구	豊(ゆた)かだ 풍부하다
□ 해석	이 학교에는 경험이 풍부한 베테랑 선생님이 많습니다.

10. 海外旅行をする韓国人の ＿＿＿＿＿ が悪いとはよく言われています。

(A) ルール
(B) エチケット
(C) マナー
(D) ムード

【01. 9. 유제】【04. 7. 유제】

11. 十人がやってもできなかったことを 一人でできるなんて、それは ＿＿＿＿ ＿＿ ですよ。

(A) クイズ
(B) スピーチ
(C) エピソード
(D) ナンセンス

【03. 1. 유제】

12. このダイエット食品は20代の若い女 性を ＿＿＿＿＿ にしている。

(A) ユニーク
(B) アイドル
(C) トラウマ
(D) ターゲット

□ 포인트 ‘매너’라는「カタカナ」를 찾는 문제. 문맥상「マナー」가 가장 적당하다. (B)는 단순히 ‘예의’라는 의미만 가지며 ‘몸가짐’이나 ‘태도’라는 의미와는 조금 다르다.

□ 어구 海外旅行(かいがいりょこう) 해외여행

□ 해석 해외여행을 하는 한국인의 매너가 나쁘다고는 자주 말해지고 있습니다.

□ 포인트 ‘넌센스’라는「カタカナ」를 찾는 문제. ‘터무니 없다’라는 의미의「カタカナ」는「ナンセンス」라고 한다. 다른 단어들은 문맥과는 전혀 어울리지 않는 단어들이다.

□ 어구 クイズ 퀴즈 エピソード 일화

□ 해석 열 사람이 해도 불가능했던 일을 혼자서 할 수 있다니, 그것은 넌센스입니다.

□ 포인트 문장 전체의 내용상 ‘타겟, 표적’이라는 의미의 표현이 필요함을 알 수 있다. 따라서 정답은 (D)가 된다.

□ 어구 食品(しょくひん) 식품

□ 해석 이 다이어트 식품은 20대의 젊은 여성을 타겟으로 하고 있다.

13. 最近対人関係での悩みで _____ がたまっている。

(A) ピリオド　　(B) ストレス
(C) キャリア　　(D) マンネリ

【03. 4. 유제】

14. 我が社の商品は全部 _____ によって分類されています。

(A) アイロニー　　(B) カテゴリー
(C) ヒステリー　　(D) アンケート

【03. 3. 유제】

15. マーガリンはバターより _____ が少ないと思われるかもしれないが、ほぼ同じだそうだ。

(A) カロリー　　(B) メリット
(C) アルバイト　　(D) ストライキ

□ 포인트	앞부분에 '고민' 이라는 단어가 있으므로, 정답은 (B)의 '스트레스' 가 된다.
□ 어구	対人関係(たいじんかんけい) 대인관계 / 悩(なや)み 고민
□ 해석	최근 대인관계에서의 고민 때문에 스트레스가 쌓이고 있다.

□ 포인트	상품은 '카테고리' 에 따라 분류되어 있다는 내용이 되어야 자연스러울 것이다. 따라서 정답은 (B)가 된다.
□ 어구	我(わ)が社(しゃ) 우리회사 / 商品(しょうひん) 상품 / 分類(ぶんるい) 분류
□ 해석	우리회사의 상품은 전부 카테고리에 따라 분류되어 있습니다.

□ 포인트	마가린과 버터는 '칼로리' 가 많은 식품이므로, 내용상 (A)가 정답임을 쉽게 알 수 있다.
□ 어구	~かもしれない ~일지도 모른다 / ほぼ 거의 / ストライキ 파업
□ 해석	마가린은 버터보다 칼로리가 적다라고 생각될지도 모르겠지만, 거의 같다고 한다.

정답

1. (A)　2. (B)　3. (B)　4. (C)　5. (A)　6. (A)　7. (A)　8. (D)　9. (B)　10. (C)

11. (D)　12. (D)　13. (B)　14. (B)　15. (A)

I. 「カタカナ」는 JPT 시험에서 일 년에 두 번 정도 출제되고 있다. 비중은 크지 않지만 가끔씩 나오는 부분이므로 이번 기회에 전부 외워 두도록 하자.

2. 최근 일본인의 외래어 사용이 급증함에 따라 새로 생성된 「カタカナ」도 함께 들어가 있으니 외워두기 바란다. 특히 독해보다도 청해에서 「カタカナ」가 출제되면 상당히 이해하기 힘들기 때문에 평소에 꾸준히 사용해 보는 것이 좋다.

3. 가장 최근에 출제된 문제로는 「ナンセンス」와 「ハンサム」가 있는데, 두 표현 모두 실제 일본인이 자주 사용하는 표현이다. 이처럼 「カタカナ」는 일본인이 자주 사용하는 표현 중심으로 공부하기 바란다.

쉬 . 어 . 가 . 기

● せっかく・わざわざ ┃ 모처럼, 일부러

「せっかく」와 「わざわざ」는 의미상으로는 '굳이 무언가를 한다'로 똑같기 때문에, 다음과 같은 문장에서는 어느 것을 써도 상관이 없다.

せっかく／わざわざ来てもらったのに留守にしていて悪かったね。
모처럼 왔는데 아무도 없어서 미안해.

그런데, 둘은 뉘앙스면에서 차이가 있다. 우선 「せっかく」는 뒤에 이어지는 내용이 바람직한 것으로서 평가받고 있다는 것을 나타내고, 「わざわざ」는 뒤에 이어지는 내용이 곤란하거나 노력이 필요한 것으로, 원래 할 필요가 없다고 생각되어 진다는 뉘앙스가 있다. 또, 다음과 같은 문장에서는 「せっかく」와 「わざわざ」를 교체해 쓸 수 없다.

せっかく鎌倉に来たのだから、長谷まで足を伸ばそう。
모처럼 가마쿠라까지 왔으니 하세까지 가 보자.

彼がわざわざ出向くからには何か理由があるはずだ。
그가 일부러 나간 데에는 뭔가 이유가 있을 터이다.

부사는 의미와 한자를 동시에

매번 빠짐없이 출제되는 부사에는
어떤 것이 있을까?

JPT 시험에서 문법 표현과 함께 매번 빠지지 않고 출제되고 있는 것이 부사이다. 그만큼 중요하다는 얘기도 되겠지만, 일상 생활에서 일본인이 부사를 많이 사용하고 있다는 증거도 될 것이다. 품사로 볼 때 부사의 기본적인 역할은 동사나 형용사 등의 용언을 수식해 보다 의미를 풍부하게 하는 것이다. 우선은 문장에서 부사가 어떻게 사용되고 있는지 알아볼 필요가 있다.

 ただ触（さわ）ってみただけなのに、壊（こわ）れてしまった、まったく…
最近（さいきん）の製品（せいひん）は…。

위의 예문에는 부사가 모두 두 군데 사용되고 있다. 「ただ」와 「まったく」인데, 여기서 질문을 하나 해 보자. 위의 두 부사의 한자를 알고 있는가? 모른다면 부사에 대한 이해가 부족한 사람이다. 아니 JPT 시험의 최근 출제 경향을 전혀 모르는 사람이다. 최근 부사 부분에서 가장 두드러진 특징 중에 하나가 직접적인 부사보다는 한자를 묻는 문제가 많이 출제되고 있다는 점이다. 이런 출제 경향도 모르고 어떻게 고득점을 올릴 수 있을까? 그럼 실력 테스트 차원에서 다음 보기 중에서 한자의 정확한 발음을 아는 부사가 과연 몇 개나 되는지 스스로의 실력을 점검해 보자.

 却って・折角・殆んど・敢えて・磉に・滅多に・余程・専ら・大分・
辛うじて・尽く

5개 이상 모르는 사람은 부사에 대해서 공부를 다시 해야 한다. 거듭 말하지만 최근의 출제 경향은 단순한 의미보다는 한자 위주이다.

자주 출제되는 필수 부사

- 却(かえ)って 도리어, 오히려
- 尽(ことごと)く 전부, 모두, 모조리
- 全(まった)く 정말, 완전히, 전혀
- 果(は)たして 과연
- 恐(おそ)らく 아마, 필시
- 余程(よほど) 상당히, 꽤
- 丸(まる)で 마치, 전혀
- 滅多(めった)に 거의, 좀처럼
- 確(たし)か 확실히, 분명히
- 殆(ほと)んど 거의, 대부분
- 早速(さっそく) 당장, 즉시
- ほっと 휴~, 안심하는 모양
- しばしば 때때로
- ぐっすり 푹, 편안히
- ぽっかり 뚝, 짝, 뻥, 두둥실
- あいにく 공교롭게도
- まさか 설마
- つい 그만, 자신도 모르게
- ざっと 대충, 대강
- ちっとも 조금도, 전혀
- わざと 고의로
- 一斉(いっせい)に 일제히
- 徐々(じょじょ)に 서서히
- 今更(いまさら) 이제와서
- 度々(たびたび) 때때로
- 既(すで)に 이미
- 未(いま)だに 아직까지

- 大分(だいぶ) 꽤, 상당히
- 常(つね)に 항상, 늘
- 折角(せっかく) 모처럼, 일부러
- 少(すく)なくとも 적어도
- 必(かなら)ず 꼭, 반드시
- 辛(かろ)うじて 겨우, 간신히
- 是非(ぜひ) 제발, 꼭
- 専(もっぱ)ら 오로지, 전적으로
- 多分(たぶん) 아마, 대개
- 碌(ろく)に 제대로, 충분히
- 敢(あ)えて 굳이, 감히
- うっかり 무심코, 멍청히, 깜박
- すっと 상쾌함, 개운함
- てっきり 틀림없이, 꼭
- そっくり 전부, 몽땅
- しきりに 자꾸, 자주, 빈번히
- あっさり 담백하게, 시원스럽게
- なにしろ 어쨌든, 여하튼
- ぎっしり 가득, 잔뜩
- わざわざ 일부러, 특별히
- すっかり 완전히
- はっきり 확실히
- 主(おも)に 주로
- 直(じか)に 직접
- ひたすら 오로지
- 一概(いちがい)に 일괄적으로
- まもなく 곧, 머지않아

都合がよろしければ是非訪問してください。

형편이 좋으시다면 꼭 방문해 주십시오.

昨夜はぐっすり寝た。

어제는 푹 잤다.

朝起きて新聞をざっと読んだ。

아침에 일어나서 신문을 대충 읽었다.

彼が犯人だという証拠は未だに見つかっていない。

그가 범인이라고 하는 증거는 아직까지 발견되지 않았다.

子供の将来を考えて両親は敢えてその意見に反対した。

아이의 장래를 생각해서 부모님은 굳이 그 의견을 반대했다.

走って行ったので、辛うじて電車の時間に間に合った。

뛰어서 갔기 때문에, 겨우 전철 시간에 맞추었다.

JPT 시험에서 부사는 매번 한 문제 이상씩 출제되고 있다. 그렇게 어려운 부사를 요구하는 문제는 그다지 없기 때문에 쉽게 맞출 수가 있을 것이다. 그런데 최근에는 단순히 부사를 묻는 문제가 아니라 한자까지 묻는 문제가 늘어나고 있다. 따라서 평소에 자주 사용하는 부사는 반드시 한자도 함께 익혀 두어야 한다.

점수를 마구마구 올려 주는 문제

【01. 9. 유제】【04. 4. 유제】【05. 4. 유제】

I. 昨日はたいへんだったと思います

が、＿＿＿＿＿＿ 眠れましたか。

(A) ぎっしり   (B) はっきり

(C) ぐっすり   (D) あっさり

□ 포인트	'푹 자다' 라는 표현을 묻는 문제. 「ぐっすり」는 '푹 자는 모양' 을 나타내는 부사이다.
□ 어구	ぎっしり 가득 들어 있는 모양 あっさり 산뜻한 모양
□ 해석	어제는 힘들었다고 생각합니다만, 푹 잤습니까?

【01. 9. 유제】

2. ＿＿＿＿＿＿ 彼が試験に落ちるとは。

想像もできませんでした。

(A) たしか   (B) まさか

(C) あくまで   (D) たぶん

□ 포인트	'설마' 라는 부사. '설마' 는 「まさか」라고 표현한다.
□ 어구	想像(そうぞう) 상상 たしか 확실히 あくまで 어디까지나 たぶん 아마도
□ 해석	설마 그가 시험에 떨어지다니. 상상도 못했습니다.

【01. 7. 유제】

3. この地域では同じような盗難事件が

＿＿＿＿＿＿ 起っています。

(A) さっそく   (B) はやく

(C) かならず   (D) しばしば

□ 포인트	'때때로' 라는 부사는 「しばしば」라고 표현한다.
□ 어구	地域(ちいき) 지역 盗難事件(とうなんじけん) 도난사건 起(おこ)る 일어나다, 발생하다
□ 해석	이 지역에서는 비슷한 도난사건이 때때로 일어나고 있습니다.

【02. 1. 유제】【04. 7. 유제】

4. すっかり長居をしてしまいました。
　　　　＿＿＿＿＿ 失礼します。

　　(A) そろそろ　　　(B) わざわざ
　　(C) すらすら　　　(D) じろじろ

□ 포인트	'슬슬'이라는 부사는「そろそろ」라고 표현한다.
□ 어구	長居(ながい)をする 오랫동안 머물다 わざわざ 특별히, 일부러 すらすら 술술 じろじろ 힐끗힐끗
□ 해석	너무 오랫동안 있었습니다. 슬슬 실례하겠습니다.

5. 申し訳ありません。＿＿＿＿＿ 部長は今席を外しておりますが。

　　(A) あいにく　　　(B) まるで
　　(C) まさか　　　　(D) かえって

□ 포인트	적절한 부사 찾기. 문맥상 '공교롭게도'라는 의미의「あいにく」가 적당하다.
□ 어구	まるで 마치　まさか 설마 かえって 오히려
□ 해석	죄송합니다. 공교롭게도 부장님은 지금 자리를 비우셨습니다만.

【01. 11. 유제】

6. その作家は一年間努力したあげく、
　　　　＿＿＿＿＿ 原稿を完成しました。

　　(A) きっと　　　(B) やっと
　　(C) すっと　　　(D) はっと

□ 포인트	적절한 부사 찾기. 의미상 '겨우, 간신히'란 표현이 적당하다.
□ 어구	～たあげく ～한 끝에 原稿(げんこう) 원고 はっと 깜짝 놀라는 모양
□ 해석	그 작가는 일년간 노력한 끝에, 겨우 그 원고를 완성했습니다.

7. 英語を毎日、一年間勉強すれば上手
になると言われたが _____ どの
程度まで上手になるのだろうか。

(A) はたして　　(B) まるで
(C) たとえ　　　(D) かえって

□ 포인트	적절한 부사 찾기. 내용의 흐름상 '과연'이라는 의미의「はたして」가 가장 적당하다.
□ 어구	まるで 마치 たとえ 비록
□ 해석	영어를 매일 일년간 공부하면 잘하게 된다고 들었는데 과연 어느 정도까지 잘하게 되는 것일까?

8. 司法試験に合格するためには、毎日
_____ 10時間以上は勉強すべき
だと思っています。

(A) きっと　　　(B) すくなくとも
(C) だいぶ　　　(D) なかなか

□ 포인트	적절한 부사 찾기. 문맥상 '적어도'라는 의미가 필요함을 알 수 있다. 따라서「すく(少)なくとも」가 정답이 된다.
□ 어구	司法試験(しほうしけん) 사법시험 だいぶ(大分) 상당히
□ 해석	사법시험에 합격하기 위해서는 매일 적어도 10시간 이상은 공부해야 한다고 생각합니다.

9. 難しい手術が無事に成功したと聞い
て、ほっと _____ 。

(A) した　　　　(B) きた
(C) いった　　　(D) うけた

□ 포인트	'안심하다'라는 표현은「ほっとする」라고 한다.
□ 어구	手術(しゅじゅつ) 수술 無事(ぶじ)に 무사히 成功(せいこう) 성공
□ 해석	어려운 수술이 무사히 성공했다고 듣고, 안심했다.

【02. 7. 유제】

10. 太るとわかっていながらあまりおいしそうなケーキだったので＿＿＿＿食べてしまった。

(A) つい   (B) きっと
(C) あいにく   (D) すっと

□ 포인트	적절한 부사 찾기. 자신도 모르게 무언가를 해 버릴 경우에는 「つい」라는 부사를 사용한다.
□ 어구	太(ふと)る 살찌다 〜ながら 〜면서도
□ 해석	살찐다는 것을 알고 있으면서도 너무 맛있어 보이는 케이크였기 때문에 그만 먹어 버렸다.

【02. 1. 유제】

11. 空を見上げると、＿＿＿＿＿と雲が浮んでいた。

(A) ぎっしり   (B) ぽっかり
(C) ぐっすり   (D) あっさり

□ 포인트	적절한 부사 찾기. 구름이 두둥실 떠 있는 모양은 「ぽっかり」라는 부사를 사용한다.
□ 어구	見上(みあ)げる 올려다보다 ぎっしり 가득히
□ 해석	하늘을 올려다보니 두둥실 구름이 떠 있었다.

12. お忙しいところ＿＿＿＿＿おいでいただきまして誠にありがとうございます。

(A) せっかく   (B) わざと
(C) わざわざ   (D) すっかり

□ 포인트	적절한 표현찾기. 문맥상 '일부러'라는 의태어가 필요함을 알 수 있다.
□ 어구	わざわざ 일부러, 특별히 わざと 고의로 すっかり 완전히
□ 해석	바쁘실텐데 일부러 와주셔서 정말 감사합니다.

13. この会社は _____ 子供向けの本を扱っているそうだ。

    (A) まもなく   (B) 主に
    (C) 未だに   (D) 今更

□ 포인트	적절한 부사 찾기. 전체 내용으로 보아 밑줄에는 '주로' 라는 의미인 (B)의 「主(おも)に」가 오는 것이 자연스럽다.
□ 어구	～向(む)け ~용 扱(あつか)う 다루다, 취급하다 未(いま)だに 아직까지 今更(いまさら) 이제와서
□ 해석	이 회사는 주로 아이용 책을 취급하고 있다고 한다.

14. 信号が青になると、車が _____ 動き出した。

    (A) 一斉に   (B) 既に
    (C) 一概に   (D) やがて

□ 포인트	적절한 부사 찾기. 전후의 내용으로 보아 '일제히' 라는 의미인 (A)의 「一斉(いっせい)に」가 정답이 됨을 알 수 있다.
□ 어구	信号(しんごう) 신호 動(うご)き出(だ)す 움직이기 시작하다 既(すで)に 이미 一概(いちがい)に 일괄적으로
□ 해석	신호가 파란색으로 바뀌자 자동차가 일제히 움직이기 시작했다.

15. 今まで沈黙を続けていた被告は _____ 口を開いた。

    (A) ほとんど   (B) はっきり
    (C) 度々   (D) 徐々に

□ 포인트	적절한 부사 찾기. '서서히, 천천히' 라는 의미의 부사는 (D)의 「徐々(じょじょ)に」이다.
□ 어구	沈黙(ちんもく) 침묵 被告(ひこく) 피고 口(くち)を開(ひら)く 입을 열다
□ 해석	지금까지 계속 침묵해 왔던 피고는 서서히 입을 열었다.

정답

1. (C)   2. (B)   3. (D)   4. (A)   5. (A)   6. (B)   7. (A)   8. (B)   9. (A)   10. (A)

11. (B)   12. (C)   13. (B)   14. (A)   15. (D)

이것만은 확인하고 넘어가자

1. 부사는 매 시험마다 반드시 출제되고 있으므로 완벽한 이해가 필요하다. 외울 때에는 반드시 한자도 함께 외우도록 하자.

2. 비슷한 의미의 부사는 구분해서 외울 필요가 있다. 어떤 상황에서 사용할 수 없는지를 알아야 '오문정정' 파트에 부사가 나와도 당황하지 않는다.

3. 자주 출제되는 부사로는 「まさか」, 「ぎっしり」, 「すくなくとも」, 「ぽっかり」, 「ぜひ」 등이 있다.

쉬·어·가·기

● 帰る・戻る **|** 돌아가다

　「帰る」와 「戻る」는 둘 다 원래 있던 장소에서의 이동을 나타낸다는 점에서는 동일하다. 그러나, 「帰る」가 지점 A(현재 있는 장소)에서 지점 B(원래 있던 장소)로의 직선적인 이동을 나타내는 것에 비해, 「戻る」는 지점 B(원래 있던 장소)에서 지점 A(현재 있는 장소)로의 이동을 염두해 두고, 지점 A에서 B로의 이동을 나타내고 있는 것처럼 느껴진다. 즉, 「帰る」가 직선적인 이동이라면, 「戻る」는 U자형 이동을 나타낸다고 할 수 있다. 따라서, 「戻る」는 지점 A에 머물러 있는 기간이 짧다는 것을 함축하고 있다고 말할 수 있다. 바꿔 말하면, 「戻る」에는 지점 B가 그 사물이 원래 속한 장소라는 뉘앙스가 있는 것이다. 다음의 예를 보면 쉽게 이해가 될 것이다.

　　Aさんはいますか。 A씨 있습니까?
　　→ いや、さっき家に帰りましたよ。(○)
　　→ いや、さっき家に戻りましたよ。(×)
　　아니오, 조금 전에 집에 돌아갔습니다.

또 다음과 같은 물음에 대해서는 양쪽 다 사용이 가능하다.

　　ご主人はご在宅ですか。 남편께서는 집에 계십니까?
　　→ ええ、今帰ったところです。
　　→ ええ、今戻ったところです。
　　예, 지금 막 돌아왔습니다.

한방으로 간단히 끝내는 접속사

먼저 전체적인 의미 파악을 해야
접속사를 알 수 있다.

JPT 시험에서 접속사 문제만큼 쉬운 문제도 없다. 그러나, 접속사의 대부분이 순수 독해 파트에서 출제되기 때문에, 시간 배분에 실패해 놓치는 사람들이 의외로 많다. 우선은 보기에 접속사가 있으면 반드시 전후 문맥을 한 문장만이라도 읽어 보자. 그러면 쉽게 답을 찾을 수 있을 것이다. 한편 이 접속사가 '공란 메우기'에 출제되면 상당히 까다로울 수 있다. 다음 예문에 알맞은 접속사를 함께 생각해 보자.

> 예 この書類に住所_____名前を書いてください。
> しょるい じゅうしょ なまえ か

위의 예문에서 우선 생각할 수 있는 접속사가 「または」나 「および」정도가 될 것이다. 두 접속사는 '또는'이라는 의미의 대등의 접속사이다. 이런 간단한 문장이라면 누구나 맞출 수 있을 것이다. 그럼 수준을 조금 높여서 같은 대등의 접속사 간에는 어떤 의미 차이가 있는지 알아 보도록 하자.

> 예 ビールにしますか。_____ 焼酎にしますか。
> しょうちゅう

위의 예문에서 과연 「または」나 「および」를 사용할 수 있을까? 언뜻 보기에는 될 것도 같지만, 가장 적절한 접속사는 「それとも」이다. 「それとも」는 주로 의문문에 사용되며, 두 가지 중에서 한 가지를 선택할 때 사용하는 접속사이다. 이처럼 비슷한 대등의 접속사에도 의미의 차이는 분명히 존재한다. 접속사 부분은 출제 비중이 낮다고 절대 간과해서는 안 된다. 남들이 다 맞추는 문제는 기본적으로 맞춰야 고득점을 올릴 수 있다.

한방으로 간단히 끝내는 접속사

❶ 대등 | 내용 추가나 두 가지 이상을 함께 이야기할 때

- そして・それから 그리고, 그 다음
- また 또
- あるいは 또는
- そのうえ・おまけに 게다가
- ならびに・および 및
- それとも 그렇지 않으면

❷ 화제를 바꿀 때

- それでは 그렇다면
- ところで・さて 그런데

❸ 앞 문장과 뒷 문장을 이어줌 | 원인·결과의 관계, 서로 상반되는 내용

- だから・したがって 그러므로
- それで 그래서
- しかし・ところが 그러나
- それなのに 그럼에도 불구하고
- ただし 다만
- すると 그러자
- でも 하지만, 그렇지만
- それでも 그래도

❹ 내용을 요약함

- つまり 즉
- すなわち 즉, 다시 말하면
- ようするに 즉, 요약하면

예

時計が壊れてしまった。それで、新しいのを買った。

시계가 부서져 버렸다. 그래서 새로운 것을 샀다.

雨が降っているが、それでも試合は続けるそうだ。

비가 내리고 있지만, 그래도 시합은 계속한다고 한다.

蓋を開けてみた。すると、中から化け物が出てきた。

뚜껑을 열어 보았다. 그러자, 안에서 괴물이 튀어나왔다.

JPT 시험에서 접속사는 주로 순수 독해 문제에서 자주 출제되고 있다. 하지만 간혹 '공란 메우기' 문제에도 출제되므로 암기할 필요가 있다. 그렇게 어려운 부분이 아니므로 이번 기회에 확실히 이해하고 넘어가도록 하자.

점수를 마구마구 올려 주는 문제

I. 外は土砂降りでした。＿＿＿＿＿出かけることにしました。

(A) それで　　　(B) それでも
(C) だから　　　(D) そのうえ

□ 포인트	역접을 나타내는 접속사. 문장의 전체적인 의미로 볼 때「それでも」가 적당하다.
□ 어구	それで 그래서 だから 따라서, 그렇기 때문에 そのうえ 게다가
□ 해석	밖은 비가 억수같이 내리고 있었습니다. 하지만 외출하기로 했습니다.

【02. 1. 유제】

2. 鈴木さんは昨日奥さんとけんかした。＿＿＿＿＿今日機嫌が悪いのだ。

(A) すると　　　(B) それで
(C) しかし　　　(D) でも

□ 포인트	원인이나 이유를 나타내는 접속사. 싸운 것이 원인이 되어 오늘 기분이 좋지 않은 것이므로「それで」가 적당하다.
□ 어구	すると 그러자 しかし 그러나
□ 해석	스즈키 씨는 어제 아내와 싸움을 했다. 그래서 오늘 기분이 나쁜 것이다.

【04. 3. 유제】

3. 日本は最近経済状態がよくない。＿＿＿＿＿失業も増えている。

(A) しかし　　　(B) あるいは
(C) さて　　　(D) それで

□ 포인트	원인을 나타내는 접속사. 실업이 증가하는 것은 경제 상태가 좋지 않기 때문이다. 이처럼 원인과 결과를 이어 주는 접속사는「それで」이다.
□ 어구	状態(じょうたい) 상태 失業(しつぎょう) 실업
□ 해석	일본은 최근 경제 상태가 좋지 않다. 그래서 실업도 증가하고 있다.

4. 私はりんごとオレンジと、＿＿＿＿＿＿
＿ いちごを買ってきました。

    (A) それで   (B) そのうえ
    (C) そして   (D) それから

□ 포인트	사물의 열거를 나타내는 접속사는 「それから」이다.
□ 어구	それで 그래서 そのうえ 게다가
□ 해석	나는 사과와 오렌지, 그리고 딸기를 사 왔습니다.

5. この市場は安いし、＿＿＿＿＿＿＿ 品物
も多いのでいつも混んでいます。

    (A) あるいは   (B) それに
    (C) しかし   (D) だから

□ 포인트	첨가를 나타내는 접속사 「それに」가 정답이 된다.
□ 어구	市場(いちば) 시장 混(こ)む 붐비다 あるいは 또는
□ 해석	이 시장은 싸고 게다가 물건도 많기 때문에 항상 붐빕니다. (붐비고 있습니다)

6. 小林さんはとなりの部屋のドアを
ノックしました。＿＿＿＿＿＿、中から
「はい」という声がしました。

    (A) すると   (B) あるいは
    (C) および   (D) それでは

□ 포인트	조건부로 이어 주는 접속사. 두 문장을 조건부로 이어 주는 접속사는 「すると」이다.
□ 어구	声(こえ)がする 목소리가 나다 あるいは 또는 および ~및
□ 해석	고바야시 씨는 옆방의 문을 노크했습니다. 그러자, 안에서 「예」라는 소리가 났습니다.

7. 彼女は美人で、_____成績も優
秀な学生です。

(A) それとも   (B) そのかわり
(C) それなら   (D) そのうえ

□ 포인트	첨가를 나타내는 접속사. 대등하게 연결되어 있는 문장에서 첨가를 나타내는 접속사는 「そのうえ」이다.
□ 어구	優秀(ゆうしゅう) 우수 それとも 그렇지 않으면
□ 해석	그녀는 미인이고, 게다가 성적도 우수한 학생입니다.

8. この駐車場はデパートに来た人なら
だれでも利用できます。_____
時間は2時間です。

(A) ただし   (B) それで
(C) すると   (D) だから

□ 포인트	한정을 나타내는 접속사. '다만' 이라는 한정을 나타내는 접속사는 「ただし」이다.
□ 어구	駐車場(ちゅうしゃじょう) 주차장 利用(りよう) 이용
□ 해석	이 주차장은 백화점에 온 사람이라면 누구라도 이용할 수 있습니다. 다만 시간은 2시간입니다.

9. まず私の説明をよく聞いて、_____
____ 答案用紙に記入してください。

(A) だから   (B) ただし
(C) それから   (D) それとも

□ 포인트	내용의 첨가를 나타내는 접속사는 「それから」이다.
□ 어구	答案用紙(とうあんようし) 답안용지 記入(きにゅう) 기입
□ 해석	먼저 저의 설명을 잘 듣고, 그 다음에 답안용지에 기입해 주십시오.

I0. 申請書類に住所 _____ 名前を書いてください。

(A) および　　　　　(B) そのうえ
(C) すると　　　　　(D) さて

【02. 7. 유제】

II. 日本を象徴する人 _____ 天皇は日本人にとって一体どんな存在だろうか。

(A) ところで　　　　(B) すると
(C) すなわち　　　　(D) それで

I2. 飲み物はコーヒーにしますか、_____ 紅茶にしますか。

(A) それに　　　　　(B) それとも
(C) だから　　　　　(D) つまり

□ 포인트	내용의 병렬을 나타내는 접속사. 문맥상 '~및' 이라는 병렬을 나타내는 접속사가 필요함을 알 수 있다. 따라서 정답은 「および」가 된다.
□ 어구	申請(しんせい) 신청 名前(なまえ) 이름
□ 해석	신청서류에 주소 및 이름을 써 주십시오.

□ 포인트	내용의 부연 설명을 나타내는 접속사. 내용을 부연 설명할 경우에는 「すなわち」를 사용한다.
□ 어구	象徴(しょうちょう) 상징 天皇(てんのう) 천황
□ 해석	일본을 상징하는 사람 즉, 천황은 일본인에게 있어서 도대체 어떤 존재일까?

□ 포인트	선택을 나타내는 접속사. '그렇지 않으면' 이라는 의미로 선택을 나타낼 때에는 「それとも」라는 접속사를 사용한다.
□ 어구	飲(の)み物(もの) 마실 것 ~にする ~로 하다 紅茶(こうちゃ) 홍차
□ 해석	마실 것은 커피로 하겠습니까, 그렇지 않으면 홍차로 하겠습니까?

13.
この会場では飲食、_____喫煙は禁止されている。

(A) それでも　　　(B) しかし
(C) および　　　　(D) では

【03. 10. 유제】

14.
この製品はやすい。_____品質があまりよくない。

(A) ところが　　　(B) あるいは
(C) すると　　　　(D) それでは

15.
今朝駅の近くで事故があった。_____電車が遅れている。

(A) でも　　　　　(B) それから
(C) そのために　　(D) ところで

□ 포인트	적절한 접속사. 전후의 내용으로 보아 밑줄에는 '~및' 이라는 의미인 (C)의 「および」가 필요함을 알 수 있다.
□ 어구	飲食(いんしょく) 먹고 마심, 식음 喫煙(きつえん) 흡연 禁止(きんし) 금지
□ 해석	이 회장에서는 식음 및 흡연은 금지되어 있다.
□ 포인트	역접을 나타내는 접속사. '하지만, 그렇지만' 이라는 의미로 역접을 나타낼 때에는 「ところが」라는 접속사를 사용한다.
□ 어구	製品(せいひん) 제품 品質(ひんしつ) 품질
□ 해석	이 제품은 싸다. 하지만 품질은 그다지 좋지 않다.
□ 포인트	원인이나 이유를 나타내는 접속사. 전체 내용으로 보아 '그래서, 그 때문에' 라는 의미로 원인이나 이유를 나타내는 접속사가 필요함을 알 수 있다. 따라서 (C)가 정답이 된다.
□ 어구	近(ちか)く 근처 事故(じこ) 사고 遅(おく)れる 늦어지다
□ 해석	오늘 아침 역 근처에서 사고가 있었다. 그 때문에, 전철이 늦어지고 있다.

정답

1. (B)　2. (B)　3. (D)　4. (D)　5. (B)　6. (A)　7. (D)　8. (A)　9. (C)　10. (A)

11. (C)　12. (B)　13. (C)　14. (A)　15. (C)

이것만은 확인하고 넘어가자

1 접속사는 우선 문장의 전체적인 의미를 파악한 후 찾아야 실수하는 일이 없다.

2 비슷한 의미로 사용되더라도 문장의 내용에 따라 용법이 달라지므로 비슷한 접속사는 쓰임새의 구분이 반드시 필요하다.

3 최근에는 역접의 「でも」, 첨가의 「そのうえ」, 요약의 「すなわち」 등의 접속사가 자주 출제되고 있다.

쉬·어·가·기

● さて・ところで **|** 그런데(화제 전환의 접속사)

「さて」와 「ところで」는 모두 화제를 전환하는 접속사라는 공통점이 있다. 하지만 「さて」와 「ところで」는 선행문맥(선행하는 문장이나 상황)과의 관계에 있어서 차이가 나타난다.

우선 「さて」는 선행문맥의 내용을 받아서 그것을 요약하거나 무언가를 진술하는 문장에서 사용된다. 이에 반해 「ところで」는 선행문맥과 관련이 없는 내용을 뒤에 이어서 전환하는 역할을 한다. 또 「ところで」를 사용한 문장은 이야기하는 사람이 듣는 사람의 준비가 다 되기를 기다리면서 듣는 사람과 어떤 화제로 이야기를 하고 있다는 의미를 나타내기도 한다.

長男と次男は二歳違いです。次男と三男は三歳違いです。
장남과 차남은 두 살 차이입니다. 차남과 삼남은 세 살 차이입니다.

さて長男と三男はいくつ違いでしょう。
그러면 장남과 삼남은 몇 살 차이일까요?

これで講義を終了します。ところで皆さん、この後お時間はおありでしょうか。
이것으로 강의를 끝내겠습니다. 그런데 여러분, 이 후에 시간이 있으십니까?

의미가 많아본 들
답이 뻔한 다의어

일본어의 특징 중의 하나가 동음이의어와 함께 같은 단어지만 의미가 상당히 많은 다의어가 존재한다는 것이다. 이는 음수의 제한으로 나타낼 수 있는 단어에 한계가 있기 때문에 나타나는 어쩔 수 없는 현상이라고 할 수 있다.

 예　足がいたい・足が出た・足が早い・足を奪われる

위의 예문에서 「足(あし)」는 다양한 의미로 사용되고 있다. 처음에 나오는 「足」는 '다리'를 의미하고, 두 번째 나오는 「足」는 '적자, 손해'라는 의미이며, 세 번째의 「足」는 '음식이 상함'이라는 의미로 사용되고 있다. 마지막에 사용된 「足」는 '교통 수단'을 의미하고 있다. 이처럼 「足」라는 단어 하나만으로도 무수히 많은 의미를 표현할 수 있다. 다음은 형용사를 예로 들어 보자.

 예　このくつはきつい／この仕事はきつい

위의 예문에서 「きつい」라는 い형용사는 각각 다른 의미로 사용되고 있다. 처음에 나오는 「きつい」는 '꽉 끼다'라는 의미이고, 두 번째 나오는 「きつい」는 '힘들다'라는 의미로 사용되었다.

서두에서 말했던 것처럼 일본어에는 무수히 많은 다의어가 존재하기 때문에 시험에도 비중있게 출제되고 있다. 하지만 쉽게 푸는 방법은 있다. 시험에 다의어가 출제되면 반드시 먼저 자신이 아는 의미를 전부 적어 놓고 문제를 풀기 바란다. 미리 의미를 적어 놓고 문제를 풀어야지 바로 문제를 보면 지문에 구애를 받기 때문에 정확한 의미를 알기 힘들다. 아무쪼록 쉽지 않은 다의어지만, 꼭 나오는 문제이기 때문에 정리하고 넘어가길 바란다.

자주 출제되는 다의어

- で ~에서(장소), ~으로(수단이나 방법), ~로(한정)
- ながら ~하면서, ~인데도, ~대로
- とは 정의, 놀람, 인용
- 顔(かお) 얼굴, 안면, 체면, 표정
- 足(あし) 다리, 교통 수단, 보조, 발길, 드나듦, 출입
- 口(くち) 입, 입구, 말, 일자리
- 道(みち) 길, 도로, 일의 분야, 도리, 진리
- うち 집, 안, 내가 소속한 집단, (~うちに의 형태로) ~하는 동안에
- うまい 잘하다, 능숙하다, 맛있다
- きつい 힘들다, 괴롭다, 옷이 꽉 끼다
- くらい 어둡다, 희망이 없다, 우울하다, 물정을 잘 모르다
- あつい 두껍다, 뜨겁다, 덥다, 위독하다
- きびしい 엄하다, 심하다, 혹독하다, 지독하다
- ~っぽい ~인 경향이 있다, ~같다, 그런한 색을 띄다
- かける 쓰다, 걸치다, 노력을 들이다, 소비하다, 수고하다
- 当(あた)る 들어맞다, 당첨되다, 담당하다, 해당하다
- 回(まわ)る 돌다, 퍼지다, 순번이 돌아오다, 잘 작용하다
- 乗(の)る 타다, 오르다, 응하다, 여세를 몰다, 우쭐해지다
- とる 잡다, 뽑다, 취하다, 붙잡다, 찍다
- ひく 당기다, 빼다, 연주하다, 찾다
- たつ 출발하다, 서다, 끊다, 경과하다
- もつ 가지다, 들다, 구성하다, 부담하다
- おさめる 거두어들이다, 납부하다, 다스리다, 수양하다
- はかる 도모하다, 재다, 측정하다, 상의하다
- ください 주십시오, ~해 주십시오(~てください), 경어(お+ます형+ください의 형태)

다의어는 매 시험마다 반드시 한 문제 이상 출제되고 있다. 주로 '정답 찾기' 문제로 출제되는데, 평소에 문장을 통해 정확한 용법을 구분해 두지 않으면 정답을 찾기가 상당히 까다로운 부분이다. 다의어는 나올 때마다 노트에 따로 정리해 두는 습관을 들이도록 하자.

점수를 마구마구 올려 주는 문제

【03. 5. 유제】

1. 会社はそのビジネスから手を<u>ひいた</u>。

    (A) 5から3を<u>ひく</u>と2になる。
    (B) 子供がピアノを<u>ひいて</u>いる。
    (C) 父は会社から身を<u>ひいた</u>。
    (D) わからないところがあって辞書
        を<u>ひいて</u>みた。

□ 포인트	다의어 「ひ(引)く」의 의미 구분. 동사 「ひく」에는 '빼다, 빠져 나오다, 그만두다, 찾다' 등의 의미가 있다. '악기를 연주하다'에는 「ひ(弾)く」를 쓴다.
□ 어구	辞書(じしょ)をひ(引)く 사전을 찾다
□ 해석	회사는 그 사업에서 손을 뗐다.

【02. 4. 유제】

2. 藤原さんは運転が本当に<u>うまい</u>です。

    (A) あの店の料理は<u>うまい</u>です。
    (B) 仕事は<u>うまく</u>行っていますか。
    (C) 私はコンピューターの操作が<u>うまい</u>です。
    (D) 韓国の焼き肉は本当に<u>うまい</u>です。

□ 포인트	다의어 「うまい」의 의미 구분. 형용사 「うまい」는 '맛있다, 잘하다, 순조롭게 되어 가다' 등 여러 가지 의미로 사용된다.
□ 어구	うまく行(い)く 순조롭게 진행되다 操作(そうさ) 조작
□ 해석	후지와라 씨는 운전을 정말로 잘합니다.

【01. 9. 유제】

3. この服はきれいだが、ちょっと<u>きつい</u>。

(A) 彼は私の手を<u>きつく</u>握りました。
(B) スカートが<u>きつく</u>ていけません。
(C) 大久保さんは性格が<u>きつく</u>て付き合いにくいです。
(D) 給料が上がらないので、生活が<u>きつい</u>です。

□ 포인트	다의어「きつい」의 의미 구분. 질문에서는 '옷이 꽉 끼다'라는 의미로 사용되었다.
□ 어구	握(にぎ)る 잡다 給料(きゅうりょう) 급료
□ 해석	이 옷은 예쁘지만, 조금 꽉 낀다.

4. 私の<u>顔</u>に面じて許してください。

(A) 佐藤さんは<u>顔</u>が広いから、知り合いが多い。
(B) 話を聞いていた彼女は悲しそうに<u>顔</u>を曇らせた。
(C) <u>顔</u>に覚えはあるけど、名前が思い出せない。
(D) 母の<u>顔</u>を立てるため、しぶしぶお見合いをした。

□ 포인트	다의어「顔(かお)」의 의미 구분. 명사「顔」에는 '얼굴, 안면, 표정, 체면' 등 다양한 의미가 있다. 질문에서는 '체면'이라는 의미로 사용었다.
□ 어구	顔が広(ひろ)い 발이 넓다 顔を曇(くも)らせる 얼굴을 어둡게 하다 顔を立(た)てる 체면을 세우다
□ 해석	내 체면을 봐서 용서해 주세요.

【02. 1. 유제】

5. ビールを三本<u>ください</u>。

    (A) お上がり<u>ください</u>。
    (B) 部屋を出る時は電気を消して<u>ください</u>。
    (C) 理解できないので、もう一度説明して<u>ください</u>。
    (D) きれいな花を<u>ください</u>。

□ 포인트	다의어「ください」의 의미 구분.「ください」는 단순한 동사의 용법과「~てください」로 사용되는 보조 용언의 용법이 있다. 문제에서는 단순히 '주십시오' 라는 동사의 형태로 사용되었다.
□ 어구	お上(あ)がりください 들어 오십시오 電気(でんき)を消(け)す 불을 끄다 説明(せつめい) 설명
□ 해석	맥주를 세 병 주십시오.

【02. 4. 유제】【07. 4. 유제】

6. パソコン<u>とは</u>個人で使える小型のコンピューターのことだ。

    (A) あの人がこんなうそをつく<u>とは</u>。
    (B) 私にとって家族<u>とは</u>一体何なのだろうか。
    (C) ベテラン登山家の彼が遭難する<u>とは</u>。
    (D) 人の足を踏んで「すみません」の一言もない<u>とは</u>。

□ 포인트	다의어「とは」의 의미 구분.「とは」는 '정의, 놀람, 인용' 이라는 다양한 의미가 있다.
□ 어구	小型(こがた) 소형 遭難(そうなん) 조난
□ 해석	퍼스널컴퓨터라는 것은 개인이 사용할 수 있는 소형 컴퓨터를 말한다.

7. 彼はあき<u>っぽい</u>性格で、何をやって
もすぐ止めてしまう。

    (A) 彼女は黒<u>っぽい</u>服を着ていた。
    (B) そんなことで怒るなんて子供<u>っ</u>
    <u>ぽい</u>ね。
    (C) あの人はいつも忘れ<u>っぽく</u>て困る。
    (D) このジュースは水<u>っぽく</u>てまずい。

□ 포인트	다의어 「っぽい」의 의미 구분. 「っぽい」는 기본적으로 '~인 경향이 있다' 라는 의미이지만, 보기 (A)에서는 '그러한 색을 띠고 있다' 라는 의미이며, (B)는 '~같다' 라는 의미로 사용되고 있다. (D)는 '물기가 많은 느낌이 들다' 라는 의미이다.
□ 어구	あ(飽)きっぽい 싫증을 잘 내다 性格(せいかく) 성격
□ 해석	그는 싫증을 잘 내는 성격으로 무슨 일을 해도 금방 그만둬 버린다.

8. このくつは<u>足</u>に慣れたくつだ。

    (A) 歩きすぎて、<u>足</u>が棒になった。
    (B) この食べ物は<u>足</u>が早いから注意
    してください。
    (C) 彼はいつも私の<u>足</u>を引っ張るや
    つだ。
    (D) 台風の影響で<u>足</u>を奪われた。

□ 포인트	다의어 「足(あし)」의 의미 구분. 「足」는 '다리, 교통수단, 드나듦' 등의 의미로 사용되는 다의어이다. 문제에서는 기본적인 의미인 '발, 다리'로 사용되었다.
□ 어구	足が早(はや)い 음식이 쉽게 상하다 足を引(ひ)っ張(ぱ)る 원활한 진행을 방해하다 足を奪(うば)われる 교통이 두절되다
□ 해석	이 구두는 발에 길들여진 구두이다.

9. 宝くじが<u>当って</u>、大金を儲けた。

    (A) 天気予報が<u>当り</u>、よい天気になりました。

    (B) この部屋は南向きでよく日が<u>当ります</u>。

    (C) この患者の診察に<u>当った</u>医者はだれですか。

    (D) 本人に<u>当る</u>かどうか確かめてください。

□ 포인트	다의어「当(あた)る」의 의미 구분.「当る」는 '해당하다, 당첨되다, 들어맞다, 담당하다' 등의 의미로 사용되는 동사이다.
□ 어구	儲(もう)ける 돈을 벌다 患者(かんじゃ) 환자 診察(しんさつ) 진찰
□ 해석	복권이 당첨되어 많은 돈을 벌었다.

【04. 9. 유제】

10. そんなに時間やお金を<u>かけた</u>のに、結局無駄だった。

    (A) あの眼鏡を<u>かけて</u>いる人はだれなの。

    (B) 先生にいろいろ迷惑を<u>かけて</u>しまった。

    (C) この薬は生涯を<u>かけて</u>完成したものだ。

    (D) そのサッカー選手は足に保険を<u>かけた</u>そうだ。

□ 포인트	다의어「かける」의 의미 구분. 문제의「かける」는 '시간이나 노력을 들이다' 라는 의미로 사용되었다.
□ 어구	無駄(むだ) 소용이 없음 迷惑(めいわく)をかける 폐를 끼치다 保険(ほけん)をかける 보험을 들다
□ 해석	그렇게 시간이랑 돈을 들였는데도, 결국 아무 소용이 없었다.

II.

最後までがんばったおかげで、勝利をおさめた。

(A) その病をおさめるのはもう手遅れだ。

(B) 幅広い宣伝が効果をおさめている。

(C) 彼は小学校３年しかおさめていない。

(D) 部品は遅くても来週までにはおさめます。

□ 포인트 다의어「おさめる」의 의미 구분. 문제와 보기 (B)가 '거두다' 라는 의미인데, (A)는 '치료하다', (C)는 '수학하다, 학문을 익히다', (D)는 '납부하다' 라는 의미로 사용되고 있다.

□ 어구 勝利(しょうり) 승리
手遅(ておく)れ 때늦음
宣伝(せんでん) 선전
部品(ぶひん) 부품

□ 해석 마지막까지 분발한 덕분에, 승리를 거두었다.

I2.

彼は机の上の本を手にとって見ている。

(A) みんな手に手をとって輪になってください。

(B) 昨日電車の中で財布をとられてしまった。

(C) すみませんが、写真をとってくださいませんか。

(D) 今年この会社では新卒をとらない計画だそうだ。

□ 포인트 다의어「とる」의 의미 구분. 문제와 보기(A)가「取る」라는 한자로 '들다, 집다' 라는 의미가 된다. (B)는 '훔치다' 라는 의미인「盗る」의 수동형, (C)는 '찍다, 촬영하다' 라는 의미인「撮る」, (D)는 '뽑다, 채용하다' 라는 의미인「採る」가 된다.

□ 어구 輪(わ)になる 원이 되다
財布(さいふ) 지갑
新卒(しんそつ) 금년 졸업생
計画(けいかく) 계획

□ 해석 그는 책상 위의 책을 손에 들고 보고 있다.

정답

I. (C) 2. (C) 3. (B) 4. (D) 5. (D) 6. (B) 7. (C) 8. (A) 9. (A) I0. (C)

II. (B) I2. (A)

이것만은 확인하고 넘어가자

I. 다의어는 JPT 시험 중에서도 가장 어렵고 까다로운 부분이다. 다의어는 평소에 많은 문장을 보고 의미를 구분하는 것이 가장 좋은 방법이다.

2. 출제 영역은 명사에서부터 동사, 조동사에 이르기까지 거의 모든 품사에서 출제되고 있다.

3. 그 중에서도 가장 출제빈도가 높은 것은 조사나 조동사이다. 실제로「で」,「を」,「ながら」,「ましょう」등의 표현이 출제되었다.

쉬 . 어 . 가 . 기

● 準備 · 支度 · 用意 ㅣ 준비
　じゅんび　したく　ようい

　이 표현들은 작문을 할 때 틀리기 쉬운 표현들인데 비슷하게 사용되는 것 같지만 의미면에서는 상당한 차이가 있다. 먼저「準備」는 규모가 크고 대대적인 행사나 여행 · 시험 등을 잘 치르기 위하여 여러 가지 배려와 과정 등을 거쳐서 계획적이며 단계적으로 하는 준비를 가리킨다.

　다음으로「支度」는 극히 대상이 한정되어 있으며, 보다 일상적인 일에 쓰인다. 예를 들어「旅行(りょこう)の準備をする」가 일정 확인 및 여러 가지 물품을 챙기는 일을 의미한다면,「旅行の支度をする」는 여행을 곧 떠나기 전에 앞서 등산복으로 갈아입는다거나, 문단속 등을 챙긴다는 의미이다.

　마지막으로「用意」는 이미 다 준비되어 바로 행동으로 옮길 수 있는 상태를 의미하며,「準備」와 같이 오랜 과정을 요하지 않는다. 가령 비가 올 경우에 바로 쓸 수 있도록 우비, 우산 등을 챙긴다는 의미의 준비는「用意」가 적당하다.

　　旅行の準備をする。 여행 준비를 하다.
　　食事の支度をする。 식사 준비를 준비하다.
　　しょくじ
　　傘を用意する。 우산을 준비하다.
　　かさ

명사는 이것만 알아 두자

명사는 구분이 제일 중요하다.
나누고 또 나누자!

앞에서 형식명사에 관해서는 자세하게 살펴보았다. 이제 지겨울 법도 하지만 JPT 시험에서 명사가 꾸준히 출제되고 있는 만큼 명사를 좀 더 공부해 둘 필요가 있다. 대부분의 명사 문제는 점수를 거저 준다. 실제로 JPT 시험에서 파본 검사 시간에 문제를 대충 훑어보면 '정답 찾기' 파트에는 명사 문제가 거의 없다. 그런데, '오문정정' 파트로 넘어가면 「つもり」나 「よてい」를 교묘하게 바꾸어 놓거나 「ところ」 앞의 접속을 엉뚱한 형태로 해 놓거나 해서 사람을 혼동되게 만든다. 그나마 '공란 메우기' 파트에서는 기본적인 명사의 발음이나 한자를 찾는 문제가 나와 안심하게 된다. 여기서 명사 문제가 끝나면 얼마나 좋을까! 뒤로 가 보면 이번에는 접두어나 접미어 문제가 튀어나와 우리를 또 힘들게 만든다. 어쨌든 명사는 묻는 형태만 다를 뿐 독해의 전 부분에서 고르게 출제되고 있다. 이 과에서는 시험에 가장 많이 출제되는 명사를 중심으로 문제를 공략하려고 한다. 우선 형식명사의 구분부터 해 보도록 하자.

 遠くからピアノを弾いている _____ が聞こえる。

위의 밑줄에 들어갈 형식명사는 「もの」, 「こと」, 「の」 중에서 어느 것일까? 쉬운 듯 하면서도 쉽지 않은 문제이다. 결론부터 얘기하자면 「聞こえる」처럼 사람의 시각이나 청각을 나타내는 동사 앞에서는 「の」밖에 사용할 수 없다. 그럼 다음으로 자주 출제되는 「つもり」에 대해서 알아보자. 다음 예문을 「つもり」에 주의해서 한번 해석해 보기 바란다.

 高級レストランに行った<u>つもり</u>で、貯金しました。

해석이 되는가? 「つもり」는 기본적으로 '생각, 작정'이라는 의미로 사용되는 명사이지만, 앞에 과거형이 오면 의미가 전혀 달라진다. 위의 문장을 해석하면 '고급 레스토랑에 간 셈 치고 저금했습니다'라는 의미이다. 즉, 「동사의 과거형+つもりで」는 '~한 셈 치고'라는 의미를 나타낸다. 이처럼 명사는 쉬운 듯하면서도 쉽지 않다. 고득점을 올리려면 이런 명사를 구분하고 또 구분해서 사용해야만 한다.

기본만 알면 다 맞추는 명사

① もの・こと・の

- 구체적인 명사나 사물, 눈에 보이는 '것'은 「もの」와 「の」둘 다 사용 가능하다.
- 대치될 명사가 있는 경우에는 「の」만 사용 가능하다.
- 대치될 명사가 없는 경우에는 「もの」와 「こと」만 사용 가능하다.
- 「見る」, 「見える」, 「聞く」, 「聞こえる」등 시각이나 청각을 나타내는 동사 앞에서는 「の」만 사용 가능하다.
- 동적인 장면이나 지금 현재 행해지는 장면에서는 「の」만 사용 가능하다.

> 今日学校を休んだのは風邪を引いたからです。
> 오늘 학교를 쉰 것은 감기에 걸렸기 때문입니다.
>
> だれかが泣いているのが聞こえる。
> 누군가가 울고 있는 소리가 들린다.

② つもり・予定

- 「つもり」는 의지, 의도를 나타내는 표현으로 화자의 의지나 제3자의 의지 모두에 가능하다.
- 「동사의 현재형+つもりで」는 '그러한 의지를 가지고'라는 의미로 사용된다.
- 「동사의 과거형+つもりで」는 '~한 셈 치고, ~했다고 생각하고'라는 의미로 어떤 행위를 하는 전제로서의 가정을 의미한다.
- 「予定」는 구체적인 일정이나 계획성이 있는 예정에 사용한다.

> 死んだつもりでがんばれば、できないことはない。
> 죽은 셈 치고 노력하면 못 할 일은 없다.
>
> あした取引先のお客さんが来る予定です。
> 내일 거래처의 손님이 올 예정입니다.

암기 「つもり」앞에 현재형이 올 때와 과거형이 올 때의 의미 차이는 주로 '오문정정' 파트에서 바꾸어 출제된다. 간혹 '공란 메우기' 파트에서 앞의 접속 형태를 묻는 경우도 있다.

③ ところ

- 동작이 행해지는 장소나 상황을 나타낸다.
- 「기본형 + ところ」는 '~하려던 참'이라는 의미를 나타낸다.
- 「진행형 + ところ」는 '~하고 있는 중'이라는 의미를 나타낸다.
- 「과거형 + ところ」는 '막 ~하다'라는 의미를 나타낸다.

> 예
> 赤ちゃんが今寝た<u>ところ</u>だから、静かにしなさい。
> 아기가 지금 막 잠들었으니 조용히 해라.
> 今勉強している<u>ところ</u>ですから、邪魔しないでください。
> 지금 공부하고 있는 중이니까, 방해하지 마십시오.

④ うち

- 단순히 명사로 사용되면 '안, 집, 자신'을 나타낸다.
- 「~ているうちに」는 '~하는 동안에'라는 의미를 나타낸다.
- 「~ないうちに」는 '~하기 전에'라는 의미를 나타낸다.

> 예
> 太陽が出ている<u>うちに</u>洗濯をしよう。
> 해가 떠 있는 동안에 빨래를 해요.
> 桜が散ら<u>ないうちに</u>、花見に行きましょう。
> 벚꽃이 지기 전에, 꽃구경을 갑시다.

암기 「~ないうちに」는 반드시 해석에 주의를 해야 한다. 이 표현은 「~前(まえ)に」와 바꾸어 쓸 수도 있다.

시험에서 명사는 의외로 자주 출제되고 있다. 가장 대표적인 위의 표현들 외에도 목적이나 이유를 나타내는 「ため」나 접두어 · 접미어에 대한 공부도 필요하다.

점수를 마구마구 올려 주는 문제

I.

日本<u>で</u>生活していると、知らず知ら
(A)
<u>ずのうちに</u>納豆が<u>食べられる</u> <u>ことに</u>
(B) (C)
<u>なった</u>。
(D)

□ 포인트	'~하게 되다'라는 의미이면서 변화에 중점을 두는 표현은 「~ようになる」이다.
□ 어구	知(し)らず知らずのうちに 어느 샌가 納豆(なっとう) 낫토(콩을 발효시켜 만든 일본음식)
□ 해석	일본에서 생활하고 있으니, 어느 샌가 낫토를 먹을 수 있게 되었다.

2.

ストレス解消も兼ねる<u>つもりで</u>、
(A)
プール<u>に</u>行ったけど<u>よけい</u>ストレス
(B) (C)
が<u>集まって</u>しまった。
(D)

□ 포인트	이 문장에서 '쌓이다'라는 동사는 「たまる」를 써야 한다. 「集(あつ)まる」는 실제로 모이는 것을 나타내는 동사이다.
□ 어구	~つもりで ~할 생각으로 解消(かいしょう) 해소 兼(か)ねる 겸하다 よけい 도리어
□ 해석	스트레스 해소도 겸할 생각으로, 수영장에 갔지만 오히려 스트레스가 쌓여 버렸다.

3.

子供は<u>叱られる</u>と自分の悪い<u>もの</u>は
(A) (B)
忘れて、他の人の<u>せい</u>に <u>しがちだ</u>。
(C) (D)

□ 포인트	형식명사의 용법 구분. 문맥상 '나쁜 점'이라는 의미가 되어야 하므로 「もの」를 형식명사 「ところ」로 고쳐야 자연스러운 문장이 된다.
□ 어구	叱(しか)る 꾸짖다 ~がちだ ~하기 쉽다
□ 해석	아이는 꾸지람을 들으면 자신의 나쁜 점은 잊어 버리고 다른 사람 탓으로 하는 경향이 많다.

4. だれかピアノをひいている ＿＿＿＿＿＿
＿ が聞こえます。

    (A) こと　　　　　(B) の
    (C) もの　　　　　(D) ところ

□ 포인트	형식명사의 용법 구분. 「聞(き)こえる」라는 동사로 보아 앞에는 형식명사 「の」가 와야 한다는 것을 알 수 있다.
□ 어구	ピアノを弾(ひ)く 피아노를 치다
□ 해석	누군가 피아노를 치고 있는 소리가 들립니다.

【01. 11. 유제】

5. A　もしもし、山田さんいますか。

    B　今お風呂に ＿＿＿＿＿＿＿ ところなんです。

    (A) 入った　　　　(B) 入る
    (C) 入ろう　　　　(D) 入っている

□ 포인트	알맞은 접속 형태를 찾는 문제. 「〜ているところ」는 '마침 〜하고 있는 중' 이라는 의미이다.
□ 어구	お風呂(ふろ)に入(はい)る 목욕을 하다
□ 해석	A 여보세요, 야마다 씨 있습니까? B 지금 마침 목욕하고 있는 중입니다.

6. 両親が元気な ＿＿＿＿＿＿＿、新しい家でも建ててあげようと思っています。

    (A) なかに　　　　(B) あとに
    (C) うちに　　　　(D) ところに

□ 포인트	'〜하는 동안에' 라는 표현은 「〜うちに」라고 한다.
□ 어구	両親(りょうしん) 양친, 부모님 建(た)てる 짓다, 세우다
□ 해석	부모님이 건강하신 동안에, 새로운 집이라도 지어 드리려고 생각하고 있습니다.

7. 静かに。少し前に赤ちゃんがやっと
　　　_____ ところなんだから。

　(A) 寝た　　　　　(B) 寝て
　(C) 寝ている　　　(D) 寝る

□ 포인트	'막 ~하다' 라는 표현은 「~た ところ」라고 한다.
□ 어구	赤(あか)ちゃん 아기 やっと 겨우
□ 해석	조용히. 조금 전에 아기가 겨우 잠들었으니까.

8. お忙しい _____、わざわざ来て
いただいて、誠にありがとうござい
ます。

　(A) ところで　　　(B) どころか
　(C) ところを　　　(D) ところへ

□ 포인트	관용적인 표현에 대한 이해. '바쁘신 와중에' 는 「お忙(いそが)しいところを」라고 표현한다. 숙어처럼 반드시 하나의 표현으로 외워 두자.
□ 어구	わざわざ 일부러 誠(まこと)に 정말로
□ 해석	바쁘실텐데 일부러 와 주셔서 정말로 감사합니다.

9. 札幌では二月から「雪祭り」が行われ
る _____ です。

　(A) もの　　　　　(B) だけ
　(C) わけ　　　　　(D) よてい

□ 포인트	예정을 나타내는 표현의 구분. 예정을 나타내는 표현에서 구체적인 경우에는 「よてい(予定)」를 사용한다.
□ 어구	雪祭(ゆきまつ)り 눈축제 行(おこな)う 행하다
□ 해석	삿뽀로에서는 2월부터 「눈축제」가 열릴 예정입니다.

10. 車が＿＿＿＿スピードで走り去った。

    (A) 激   (B) 猛

    (C) 真   (D) 度

□ 포인트	알맞은 접두어 찾기. 문맥상 '맹렬한 스피드로' 라는 의미이므로 「猛(もう)スピード」가 알맞다.
□ 어구	走(はし)り去(さ)る 달려가다
□ 해석	자동차가 맹렬한 스피드로 달려갔다.

【01. 11. 유제】

11. 彼がそんな主張をした＿＿＿＿本人です。

    (A) 長   (B) 真

    (C) 張   (D) 猛

□ 포인트	알맞은 접두어 찾기. 내용으로 보아 '장본인' 이라는 의미가 되어야 한다.
□ 어구	主張(しゅちょう) 주장
□ 해석	그가 그런 주장을 한 장본인입니다.

12. 昨日のパーティーに行けなかったこと
              (A)   (B)
は急用ができてしまったからです。
  (C)   (D)

□ 포인트	형식명사 「の」의 용법. 바꿀 수 있는 명사가 있는 경우에는 「の」만 사용이 가능한데, 문제에서 (B)는 「理由(りゆう)」나 「原因(げんいん)」 정도로 바꿀 수 있다.
□ 어구	急用(きゅうよう) 급한 볼일 できる 생기다, 발생하다
□ 해석	어제의 파티에 갈 수 없었던 것은 급한 볼일이 생겼기 때문입니다.

13. 死ぬつもりで努力すればできないこと
(A)　　　　　(B)　　　　　(C)
はありません。諦めないで、頑張って
(D)
ください。

14. 子供たちが公園で遊んでいる＿＿＿＿
＿＿＿ が見える。

(A) の 　　　　　　　(B) もの
(C) こと 　　　　　　(D) ところ

15. 忘れない＿＿＿＿＿＿、メモしておき
ましょう。

(A) 先に 　　　　　　(B) 前に
(C) うちに 　　　　　(D) 後で

□ 포인트	접속 형태의 오용. 「기본형 + つもりで」는 '그러한 의지를 가지고, 그럴 생각으로' 라는 의미인데, 문제에서는 '~한 셈 치고' 라는 의미가 되어야 하므로, (A)는 과거형인 「死(し)んだ」가 되어야 한다.
□ 어구	諦(あきら)める 포기하다 頑張(がんば)る 분발하다
□ 해석	죽은 셈 치고 노력하면 불가능한 일은 없습니다. 포기하지 말고 분발해 주십시오.
□ 포인트	형식명사의 구분. 시각이나 청각을 나타내는 동사 앞에서는 「の」만 사용할 수 있으므로, 정답은 (A)가 된다.
□ 어구	公園(こうえん) 공원 遊(あそ)ぶ 놀다
□ 해석	아이들이 공원에서 놀고 있는 것이 보인다.
□ 포인트	적절한 표현. 전체 내용상 '잊어버리기 전에' 라는 의미가 되어야 하는데, 밑줄 앞에 「ない」형이 있으므로, (C)가 정답이 된다. 참고로 (B)는 의미는 동일하지만 동사의 기본형에 접속된다.
□ 어구	忘(わす)れる 잊다 メモする 메모하다
□ 해석	잊어버리기 전에 메모해 둡시다.

이것만은 확인하고 넘어가자

1. 명사 부분도 거의 매 시험에서 출제되고 있으므로 확실한 용법 구분이 필요하다.

2. 형식명사「もの・こと・の」의 구분은 '오문정정' 파트나 '공란 메우기' 파트에 주로 출제된다.

3. 「つもり」는 잠정적인 사항의 예정에, 「予定(よてい)」는 구체적인 사항에 사용하는 표현이다.

4. 「ところ」는 거의 대부분이 앞의 동사 형태를 묻는 문제이다.

5. 「〜うちに」는 '〜하는 동안에', 「〜ないうちに」는 '〜하기 전에' 라는 의미이다.

6. 명사 부분에서는 접두어나 접미어를 묻는 문제도 간혹 출제된다. 주로 접두어가 출제되는데 자주 나오는 접두어로는 「猛」, 「真」, 「素」, 「張」 등이 있다.

쉬 · 어 · 가 · 기

● **とりあえず・一応(いちおう)** | 일단, 우선

「とりあえず」, 「一応」는 '임시방편으로, 일단' 이라는 의미일 때 같이 쓰이기도 하지만, '우선' 이라는 의미로 쓰일 때는 뉘앙스의 차이가 있다. 먼저 「とりあえず」는 '여러 가지 종류가 있지만 우선 처음에는 ~으로 하겠다' 라는 의미를 나타낸다. 이에 반해 「一応」는 '충분하지는 않지만 대충' 이라는 의미를 나타낸다. 비슷한 듯하면서도 용법에서는 차이가 나므로 구분해서 사용하도록 하자.

A お客(きゃく)さん、何(なに)になさいますか。 손님 무엇으로 하시겠습니까?

B とりあえずビール。 우선은 맥주.

一応覚(いちおうおぼ)えたが、まだよく分(わ)からない。 대충은 외웠지만 아직 잘 모르겠다.

결코 어렵지 않은 의성어·의태어

짧은 의성어·의태어 속에는 무한한
표현들이 들어 있다.

일본어를 공부하다 보면 어느 순간에 의성어·의태어란 것이 나타나 사람을 당황하게 만든다. 의미가 상당히 많은 것도 문제지만 비슷하게 생긴 것들이 워낙 많아서 학습자를 더욱 혼란스럽게 만든다. 그렇다고 시험에 출제되는 부분을 전혀 공부하지 않을 수도 없다. 이러지도 저러지도 못하는 부분이었던 의성어·의태어를 효과적으로 공부할 수 있는 방법은 없을까? 우선 의성어와 의태어는 왜 시험에 출제되는 것일까? 그 의문의 해결이 공부의 단서가 될 것이다. 다음 문장을 의성어나 의태어를 전혀 사용하지 않고 일본어로 바꾸면 어떻게 될까?

> 오랫동안 걸어서 다리가 후들후들 떨린다.
> 長い時間歩いたので、足の力がなくなり、不安定に揺れている。
> 長い時間歩いたので、足がふらふらしている。

첫 번째 문장을 보면 상당히 문장이 긴 느낌이 들 것이다. 그런데 두 번째 문장은 장황한 설명을 「ふらふら」라는 의태어로 대체함으로써 문장도 간결하고 훨씬 의미전달이 쉬운 느낌이 든다. 이처럼 의성어나 의태어는 문장의 간결성과 특정 상황을 나타내는 말을 사용하여 정확한 의미 전달을 하는데 목적이 있다고 할 수 있을 것이다. 이러한 필요성에 대해 알았다 하더라도 유사한 형태의 표현이 많아서 혼동을 일으키기 쉬운 부분이 바로 의성어·의태어이다.

> くすくす・ぐずぐず・うきうき・てきぱき・はきはき

위의 의성어·의태어는 비슷한 형태지만 의미는 전혀 다른 표현들이다. 「くすくす」는 웃는 모양을, 「ぐずぐず」는 꾸물거리는 모양을 나타낸다. 이처럼 탁점의 유무에 따라서도 상당히 의미가 달라지기 때문에 꼼꼼히 보지 않으면 틀리기 쉽다. 의성어·의태어의 효과적인 학습법은 우선 비슷한 상황에 사용되는 표현들을 모두 모아서 함께 암기하는 것이다. 그리고 나서 세부적인 의미의 차이를 공부해야 완벽한 이해가 가능할 것이다. 이런 고충을 덜어 주고자 대표적인 의성어와 의태어를 정리해 보았다. 시험은 이 범위 안에서 출제될 것이다.

자주 출제되는 필수 의성어 · 의태어

- いらいら 안달복달하며 초조한 모양
- ごろごろ 아무 일도 않고 노는 모양
- ぶらぶら 지향 없이 거니는 모양
- くすくす 웃음을 억지로 참는 모양
- てきぱき 일을 척척 해내는 모양
- どしどし 쉴 새 없이 계속되는 모양
- はきはき 기질이 활발하고 똑똑한 모양
- べたべた 끈적끈적 들러붙는 모양
- からから 바싹 마른 모양
- じめじめ 습기가 많은 모양
- のろのろ 동작이나 진행이 느린 모양
- ぴりぴり 바늘에 찔린 듯이 아픈 모양
- へとへと 몹시 지쳐서 힘이 없는 모양
- もじもじ 우물거리거나 망설이는 모양
- どさどさ 무거운 물건이 떨어지는 모양
- ぴんぴん 원기왕성한 모양
- ぎりぎり 빠듯한 모양
- きらきら 반짝반짝 빛나는 모양
- くよくよ 사소한 일을 걱정하는 모양
- すらすら 막힘없이 원활히 진행되는 모양
- ぞくぞく 추위를 느끼는 모양
- だらだら 액체가 줄줄 흐르는 모양
- するする 미끄러지는 모양
- すたすた 총총걸음으로 걷는 모양
- ぶかぶか 헐렁한 모양
- むくむく 겹쳐서 솟아오르는 모양
- もくもく 연기 따위가 피어오르는 모양
- よちよち 어린아이가 걷는 모양

- くどくど 같은 말을 반복하는 모양
- ぐらぐら 흔들흔들 흔들리는 모양
- ひそひそ 몰래 속삭이는 모양
- でこぼこ 울퉁불퉁한 모양
- どんどん 일이 순조롭게 진행되는 모양
- ぐずぐず 판단이나 행동이 느리고 굼뜬 모양
- ぶつぶつ 투덜투덜 불평을 하는 모양
- くだくだ 말을 장황하게 늘어놓는 모양
- ぐるぐる 빙글빙글 도는 모양
- ふわふわ 가볍게 뜨거나 움직이는 모양
- てくてく 터벅터벅 걷는 모양
- ちらちら 작은 것이 날리는 모양
- じりじり 조금씩 확실하게 나아가는 모양
- ぺらぺら 외국어를 유창하게 말하는 모양
- がちがち 단단한 물건이 잇따라 부딪치는 모양

道がよくわからなくて、何度も同じところをぐるぐる回った。
길을 잘 몰라서 몇 번이나 같은 곳을 빙글빙글 돌았다.

예 授業中に、となりの人とひそひそ話をしてはいけません。
수업 중에 옆 사람과 소근소근 이야기를 해서는 안 됩니다.

緊張して、言葉がすらすら出ませんね。
긴장을 해서 말이 술술 나오지 않는군요.

암기 비슷하게 생겼지만 탁점에 따라 의미가 달라지는 단어는 반드시 외워 두자.

JPT 시험에서 의성어·의태어는 상당히 자주 출제되는 부분이다. 문장 전체의 의미를 파악해야만 찾을 수 있는 문제가 대부분이기 때문에 정확한 의미와 용법을 숙지할 필요가 있다. 예문은 발음이 비슷한 표현들을 나열해 놓은 경우가 많으므로 탁점의 유무에 따라서 의미가 달라지는 의성어·의태어에 특히 주의하자.

점수를 마구마구 올려 주는 문제

【02. 3. 유제】

1. 家を出てはじめて、両親のありがた
   さを痛切に感じました。

   (A) はっきり　　　(B) さんざん
   (C) ぴりぴり　　　(D) ひしひし

□ 포인트	같은 의미의 의태어를 찾는 문제. 「痛切(つうせつ)に」는 '가슴 깊이 느끼는 모양'으로 비슷한 의미의 의태어는 「ひしひし」이다.
□ 어구	はっきり 확실히 さんざん 심하게 ぴりぴり 따끔한 모양
□ 해석	집을 나오고 나서 비로소 부모님의 고마움을 절실히 느꼈습니다.

【03. 5. 유제】

2. 彼はいつも _____ 文句ばかり
   言っているので、気に入らない。

   (A) ぶつぶつ　　　(B) ごろごろ
   (C) げらげら　　　(D) ぶらぶら

□ 포인트	불만을 나타내는 의태어로는 「ぶつぶつ」를 사용한다.
□ 어구	文句(もんく)を言(い)う 불만을 말하다 気(き)に入(い)らない 마음에 들지 않다
□ 해석	그는 항상 투덜투덜 불만만 말하기 때문에, 마음에 들지 않는다.

【01. 9. 유제】

3. 2時間も運動したので、汗で下着が
   _____ くっついた。

   (A) へとへと　　　(B) べたべた
   (C) ぺらぺら　　　(D) ぺこぺこ

□ 포인트	'물건이 들러붙는 모양'을 나타내는 표현은 일본어로 「べたべた」라고 한다.
□ 어구	へとへと 지쳐서 녹초가 된 모양 ぺらぺら 술술 ぺこぺこ 몹시 배가 고픈 모양
□ 해석	2시간이나 운동을 해서, 땀으로 속옷이 끈적끈적 달라붙었다.

4. あしたのデートのことを考えると胸が＿＿＿＿＿＿する。

    (A) はきはき   (B) わんわん
    (C) にやにや   (D) わくわく

□ 포인트	적절한 표현 찾기. 기쁨으로 인해서 가슴이 뛰는 것은 「わくわく」라고 표현한다.
□ 어구	わんわん 개가 짖는 모양 にやにや 히죽히죽
□ 해석	내일의 데이트를 생각하면 가슴이 두근두근한다.

【04. 10. 유제】

5. 難しい手術が成功したというのを聞いて＿＿＿＿＿＿した。

    (A) ほっと   (B) はっと
    (C) ぼうっと   (D) ぱっと

□ 포인트	'안심하다' 라는 표현은 「ほっとする」라고 표현한다.
□ 어구	難(むずか)しい 어렵다 手術(しゅじゅつ) 수술
□ 해석	어려운 수술이 성공했다는 것을 듣고 안심했다.

【02. 3. 유제】【05. 1. 유제】【07. 1. 유제】

6. ＿＿＿＿＿＿言わないで、はっきり要点だけ言ってください。

    (A) くどくど   (B) ひそひそ
    (C) すらすら   (D) どんどん

□ 포인트	'장황하게 말하는 모양' 을 나타내는 의태어. 같은 말을 장황하게 되풀이하는 모양은 「くどくど」라고 한다.
□ 어구	ひそひそ 소근소근 すらすら 술술 どんどん 척척
□ 해석	장황하게 말을 반복하지 말고, 확실히 요점만 말씀해 주십시오.

7. かわいい赤ちゃんが ＿＿＿＿＿＿ 眠っ
ています。

(A) うとうと　　　(B) ぐうぐう
(C) すいすい　　　(D) すやすや

□ 포인트	아기가 조용히 자는 모습을 나타내는 의태어.
□ 어구	うとうと 꾸벅꾸벅 ぐうぐう 쿨쿨
□ 해석	귀여운 아기가 새근새근 자고 있습니다.

【02. 1. 유제】
8. 今日提出しなければならないレポー
トを ＿＿＿＿＿＿ して家において来て
しまった。

(A) うっかり　　　(B) ぐっすり
(C) ぴったり　　　(D) がっかり

□ 포인트	'깜빡 잊은 모양' 을 나타내는 표현은 일본어로 「うっかりする」라고 한다.
□ 어구	ぐっすり 푹 ぴったり 딱 がっかり 낙담하여, 실망하여
□ 해석	오늘 제출하지 않으면 안 되는 보고서를 깜빡하고 집에 두고 와 버렸다.

【02. 9. 유제】【02. 11. 유제】
9. 工事現場の担当者が ＿＿＿＿＿＿ やっ
たので、仕事が早く終わったと思い
ます。

(A) うきうき　　　(B) てきぱき
(C) いきいき　　　(D) はきはき

□ 포인트	'일을 척척하는 모양' 을 나타내는 표현은 일본어로 「てきぱきする」라고 한다.
□ 어구	うきうき 두근두근 いきいき 생생함 はきはき 시원시원
□ 해석	공사현장의 담당자가 일을 척척 진행시켰기 때문에, 일이 빨리 끝났다고 생각합니다.

10. 新製品をつくったばかりなのに、もう注文が _____ 入ってきます。

(A) どしどし　　(B) どきどき
(C) だらだら　　(D) ぐるぐる

□ 포인트	'쉴새없이 계속되는 모양'을 나타내는 표현은 일본어로「どしどし」라고 한다.
□ 어구	どきどき 두근두근 だらだら 줄줄 ぐるぐる 빙글빙글
□ 해석	신제품을 막 만들었는데, 벌써 주문이 쉴새없이 계속 들어오고 있습니다.

11. 彼は会社を辞めて _____ しています。

(A) ぶらぶら　　(B) はらはら
(C) ひらひら　　(D) すらすら

□ 포인트	'하는 일 없이 빈둥빈둥 지내는 모양'을 나타내는 표현은 일본어로「ぶらぶら」라고 한다.
□ 어구	はらはら 조마조마 ひらひら 팔랑팔랑, 펄럭펄럭 すらすら 슬슬, 척척
□ 해석	그는 회사를 그만두고 놀고(빈둥거리고) 있습니다.

12. 安定していた物価が _____ 上がっている。

(A) のろのろ　　(B) じめじめ
(C) ぴりぴり　　(D) じりじり

□ 포인트	조금씩 확실하게 나아가는 모양은 일본어로「じりじり」라고 한다.
□ 어구	安定(あんてい) 안정 物価(ぶっか) 물가 のろのろ 느릿느릿, 꾸물꾸물
□ 해석	안정되어 있던 물가가 조금씩 올라가고 있다.

13. 彼は英語が _____ だから、
本当に羨ましい。

    (A) ぺらぺら   (B) ぞくぞく
    (C) ちらちら   (D) でこぼこ

□ 포인트	외국어 따위를 아주 유창하게 말하는 모습은 「ぺらぺら」라고 표현한다.
□ 어구	英語(えいご) 영어 羨(うらや)ましい 부럽다 でこぼこ 울퉁불퉁한 모양
□ 해석	그는 영어가 아주 유창하기 때문에, 정말로 부럽다.

14. あまりにも寒くて、歯が _____
いう。

    (A) いらいら   (B) ぶかぶか
    (C) もじもじ   (D) がちがち

□ 포인트	단단한 물건이 잇따라 부딪치는 모양은 「がちがち」라고 한다.
□ 어구	あまりにも 너무나도 歯(は) 이 もじもじ 머뭇머뭇, 꾸물꾸물 ぶかぶか 헐렁헐렁
□ 해석	너무나도 추워서 이가 딱딱거린다.

15. 昨日家族と一緒に _____ しなが
らサーカスを見た。

    (A) ねばねば   (B) はらはら
    (C) まごまご   (D) するする

□ 포인트	몹시 걱정이 되어 조바심하는 모양은 「はらはら」라고 표현한다.
□ 어구	～と一緒(いっしょ)に ～와 함께 ねばねば 끈적끈적 まごまご 우물쭈물
□ 해석	어제 가족과 함께 조마조마하면서 서커스를 봤다.

정답

1. (D)   2. (A)   3. (B)   4. (D)   5. (A)   6. (A)   7. (D)   8. (A)   9. (B)   10. (A)

11. (A)   12. (D)   13. (A)   14. (D)   15. (B)

이 것 만 은 확 인 하 고 넘 어 가 자

I. 의성어·의태어는 JPT 시험에 단골로 출제되는 부분이므로 완벽한 숙지가 필요하다.

2. 대부분 일상 회화에서 자주 사용하는 단어 위주로 출제되고 있으며, 간혹 발음이 비슷한 것을 나열해 놓고 알맞은 것을 찾는 문제로도 출제된다.

3. 의성어·의태어는 평소에 잘 사용하지 않는 사람들이 대부분이기 때문에, 고득점을 올리려면 평소에도 많은 의성어와 의태어를 사용하는 연습을 해야한다.

쉬 · 어 · 가 · 기

● 美しい・きれいだ ┃ 아름답다, 예쁘다

「美しい」는 시각적으로나 청각적으로 매우 아름답고, 예술적 가치가 있는 상태일 경우에 사용한다. 또 정신적으로나 도덕적으로 그 언행이 훌륭하여 다른 사람을 감동하게 하는 경우에 쓰이기도 한다.

　絵のように美しい景色。그림처럼 아름다운 경치.
　美しい友情の話。아름다운 우정 이야기.

「きれいだ」는 시각적, 청각적으로 깨끗하고 조화를 잘 이루고 있는 상태일 때 쓰인다. 「美しい」와는 다르게 예술적 가치는 문제가 되지 않는다. 그러나 청결한 상태, 또는 도덕에 어긋나지 않는 순수한 마음을 나타낼 때는, 「美しい」를 쓸 수가 없다.

　きれいな着物。예쁜 기모노.
　部屋をきれいに【美しく(×)】掃除する。방을 깨끗하게 청소하다.
　きれいな【美しい(×)】勝負をする。깨끗한 승부를 하다.

참고로 「きれいに」의 꼴로 '남김없이, 완전히, 깨끗이' 라는 뜻으로도 쓰인다.

　きれいに食べてしまう。말끔히 먹어 버리다.

정답을 콕콕 찍어주는 문제

정답을 콕콕 찍어 주는 문제

【01. 7. 유제】

I. あの人が真理<u>先生</u>です。

    (A) せんせい   (B) せんぜい

    (C) せんしょう   (D) ぜんせい

□ 포인트	기본적인 명사의 발음. 선생님은 「先生(せんせい)」라고 읽으며 「さん」을 붙이지 않는다.
□ 해석	저 사람이 마리 선생님입니다.

【02. 1. 유제】

2. 私は今仕事<u>中</u>です。

    (A) じゅう   (B) ちゅう

    (C) なか   (D) しゅう

□ 포인트	읽는 법이 다양한 「中(なか)」의 발음. 「中」이 '~을 하는 도중'으로 해석되면 「ちゅう」라고 읽는다.
□ 어구	仕事(しごと) 일
□ 해석	나는 지금 일을 하고 있는 중입니다.

【01. 11. 유제】

3. 私は朝起きると、すぐ<u>顔</u>を洗います。

    (A) みみ   (B) かお

    (C) あたま   (D) からだ

□ 포인트	기본적인 명사의 발음. '얼굴'은 「顔(かお)」라고 발음한다.
□ 어구	洗(あら)う 씻다 みみ(耳) 귀　からだ(体) 몸
□ 해석	나는 아침에 일어나면, 바로 세수를 합니다.

【01. 9. 유제】

4. 古い写真を見て、故郷の<u>郷愁</u>を感じる。

    (A) きょうじゅ   (B) きょじゅう

    (C) きょうしゅ   (D) きょうしゅう

□ 포인트	기본적인 명사의 발음. '향수'는 「郷愁(きょうしゅう)」라고 발음한다.
□ 어구	故郷(こきょう) 고향
□ 해석	오래된 사진을 보고 고향의 향수를 느낀다.

【02. 7. 유제】

5. このお菓子は<u>甘くて</u>、私の口には合わない。

(A) あまくて　　(B) からくて
(C) つらくて　　(D) おおくて

□ 포인트	기본적인 い형용사의 발음.「甘(あま)い」는 '달다' 라는 의미의 형용사이다.
□ 어구	口(くち)に合(あ)わない 입에 맞지 않다 つら(辛)い 괴롭다, 힘들다 おお(多)い 많다
□ 해석	이 과자는 달아서 나의 입에는 맞지 않는다.

【02. 4. 유제】

6. 最後まで<u>粘った</u>ので、試合で優勝できました。

(A) ねぎった　　(B) ねだった
(C) ねばった　　(D) ねった

□ 포인트	기본적인 동사의 발음. 粘(ね ば)る는 '끈기있게 하다' 라는 의미의 동사이다.
□ 어구	優勝(ゆうしょう) 우승
□ 해석	마지막까지 끈기있게 했기 때문에, 시합에서 우승할 수 있었습니다.

【02. 7. 유제】

7. 生まれた故郷を<u>立ち退く</u>。

(A) たちのく　　(B) たちしりぞく
(C) たちいく　　(D) たちむく

□ 포인트	기본적인 동사의 발음.「立(た) ち退(の)く」는 '떠나다' 라는 의미의 동사이다. 발음이 조금 특이한 동사이므로 주의하도록 하자.
□ 어구	生(う)まれる 태어나다
□ 해석	태어난 고향을 떠나다.

【02. 4. 유제】

8. 授業料は来週までに<u>おさめて</u>ください。

(A) 修めて　　(B) 治めて
(C) 納めて　　(D) 収めて

□ 포인트	기본적인 동사의 한자. '납부 하다' 라는 동사의 올바른 한자 는 「納(おさ)める」이다.
□ 어구	授業料(じゅぎょうりょう) 수업료
□ 해석	수업료는 다음 주까지 납부해 주십시오.

【02. 7. 유제】【03. 3. 유제】

9. ひさしぶりに友達と色々な話を<u>かわした</u>。

(A) 買わした (B) 交わした

(C) 飼わした (D) 支わした

□ 포인트	기본적인 동사의 한자. '주고 받다' 라는 동사는「交(かわ)す」이다.
□ 어구	ひさ(久)しぶりに 오랜만에
□ 해석	오랜만에 친구와 여러 가지 이야기를 나누었다.

【02. 3. 유제】【04. 4. 유제】

10. <u>さっそく</u>行かなければ、間に合わないかも知れません。

(A) 早く (B) 早速

(C) 早即 (D) 速く

□ 포인트	부사의 올바른 한자 찾기.「さっそく」의 올바른 한자는「早速」이다.
□ 어구	間(ま)に合(あ)う 　　시간에 맞추다 ~かも知(し)れません ~일지도 모릅니다
□ 해석	즉시 가지 않으면 제시간에 도착하지 못할 지도 모릅니다.

【02. 4. 유제】

11. なかなか電車が来ないので、<u>苛々</u>した。

(A) くすくす (B) ぴりぴり

(C) いらいら (D) むかむか

□ 포인트	의태어의 발음 찾기. '초조하다' 는「苛々(いらいら)する」라고 표현한다.
□ 어구	くすくす 킥킥 웃는 모양 むかむか 메슥메슥
□ 해석	좀처럼 전철이 오지 않아서, 안달복달했다.

12. 朝寝坊をしてしまったが、電車の時間に<u>ぎりぎり</u>間に合った。

(A) 辛うじて (B) 十分に

(C) あいにく (D) いよいよ

□ 포인트	대체할 수 있는 표현.「ぎりぎり」는 '한계점에 다다른 모양, 빠듯함' 이라는 의미인데, 문제의 문장에서는 '겨우, 간신히' 라는 의미의 부사「辛(かろ)うじて」로 바꿀 수 있다.
□ 어구	朝寝坊(あさねぼう)をする 　　늦잠을 자다 十分(じゅうぶん)に 충분히 あいにく 공교롭게도 いよいよ 드디어, 마침내
□ 해석	늦잠을 자버렸지만, 전철 시간에 겨우 시간을 맞췄다.

13. 最近日本では韓国への関心が<u>信じが</u>
<u>たいほど</u>高まっています。

(A) 信じ合えないほど
(B) 信じられないほど
(C) 信じたくないほど
(D) 信じるかどうかわからないほど

【02. 7. 유제】

14. 食費は<u>一人につき</u>一日3千円かかり
ます。

(A) 一人当たり
(B) 一人おきに
(C) 一人を加えて
(D) 一人をおいて

15. その意見には<u>賛成しかねます。</u>

(A) 賛成しようと思っています。
(B) 賛成できないです。
(C) 賛成したいです。
(D) 賛成する必要がありません。

□ 포인트	관용 표현의 올바른 의미. 「동사의 ます형+がたい」는 '~하기 힘들다' 라는 의미이다.
□ 어구	関心(かんしん) 관심
□ 해석	최근 일본에서는 한국에의 관심이 믿을 수 없을 정도로 높아지고 있습니다.
□ 포인트	「~につき」는 '~에 대해서, ~당' 이라는 의미로, 「~当(あ)たり」가 가장 가까운 의미이다.
□ 어구	食費(しょくひ) 식비 かかる 돈이 들다
□ 해석	식비는 1인당 하루 3천엔이 들어갑니다.
□ 포인트	「~かねる」 구문에 대한 이해. 「동사의 ます형+かねる」는 '~하기 힘들다' 라는 의미를 나타낸다.
□ 어구	意見(いけん) 의견 賛成(さんせい) 찬성
□ 해석	그 의견에는 찬성하기 어렵습니다.

16. こんなにたくさん、いくら美味しくても<u>食べきれる</u>ものではないよ。

(A) 全部食べられる
(B) 早く食べられる
(C) 一人で食べられる
(D) ゆっくり食べられる

【02. 3. 유제】

17. 彼女は静かな<u>どころ</u>か、すごいおしゃべりだ。

(A) 仕事が残っていて、酒を飲んでいる<u>どころ</u>ではない。
(B) 彼女は独身<u>どころ</u>か、子供が四人もいる。
(C) こう天気が悪くては海水浴<u>どころ</u>ではない。
(D) こう忙しくては、のんびり釣り<u>どころ</u>の話ではない。

【02. 7. 유제】

18. 金魚に餌を<u>やる</u>。

(A) これは私が<u>やる</u>から、君が他の仕事をやりなさい。
(B) 後輩の重い荷物を持って<u>やった</u>。
(C) 弟にふるさとのお菓子を送って<u>やった</u>。
(D) 毎日花に水を<u>やる</u>のは面倒くさい。

□ 포인트 「~きる」 구문에 대한 이해. 「동사의 ます형+きる」는 '완전히 ~하다' 라는 의미이다. 따라서 「食(た)べきれる」는 '전부 먹을 수 있다' 라는 의미가 된다.

□ 어구 いくら~ても 아무리 ~해도

□ 해석 이렇게 많이, 아무리 맛있어도 다 먹을 수 없어.

□ 포인트 같은 용법 찾기. 질문의 「どころ」는 '~은커녕' 이라는 의미로 사용되었다.

□ 어구 独身(どくしん) 독신
のんびり 한가하게, 느긋하게

□ 해석 그녀는 조용하기는커녕, 대단한 수다쟁이이다.

□ 포인트 같은 용법 찾기. 「やる」는 '하다, 주다, ~해 주다' 라는 다양한 용법으로 사용되는 동사이다. 문제에서는 '주다' 라는 의미로 사용되었다.

□ 어구 餌(えさ) 먹이
面倒(めんどう)くさい 성가시다

□ 해석 금붕어에게 먹이를 준다.

19.

彼は<u>目</u>が肥えていていい作品なのか
がすぐわかる。

(A) 彼の態度はいつも<u>目</u>に余る。
(B) 私はお菓子に<u>目</u>がない。
(C) 山田先生は絵に<u>目</u>が高い。
(D) 最近は<u>目</u>が回るほど忙しい。

□ 포인트	같은 용법 찾기. 문제의 「目(め)」는 '안식, 안목'이라는 의미로 사용되었다.
□ 어구	目がない 아주 좋아하다 目が回(まわ)る 매우 바쁘다
□ 해석	그는 안목이 높아서 좋은 작품인지를 바로 안다.

20.

そんな<u>根も葉もない</u>噂は気にしなく
てもいいよ。

(A) びっくりする
(B) 大切な
(C) くだらない
(D) 根拠もない

□ 포인트	관용구의 의미 이해. 「根(ね)も葉(は)もない」는 '근거가 없다' 라는 의미이다.
□ 어구	噂(うわさ) 소문 気(き)にする 신경을 쓰다 びっくりする 깜짝 놀라다
□ 해석	그런 근거도 없는 소문은 신경 쓰지 않아도 돼.

21.

きれいだ<u>と</u>言われるの<u>と</u>かわいいと
      (A)   (B)
言われるの<u>と</u> <u>どれ</u>が好きですか。
      (C)   (D)

□ 포인트	비교 구문에 대한 이해. 「~と~とどちらが」는 비교를 나타내는 대표적인 구문이다. 「どちら」를 「どれ」로 하지 않도록 주의한다.
□ 어구	言(い)われる 말을 듣다 かわいい 귀엽다
□ 해석	예쁘다는 소리를 듣는 것과 귀엽다는 소리를 듣는 것 중 어느 쪽이 좋습니까?

22. <u>初め</u> <u>会った</u>瞬間、彼女の<u>きれいな</u>姿
    (A)   (B)   (C)

に<u>見とれて</u>しまった。
  (D)

□ 포인트	「初(はじ)め」와 「初(はじ)めて」의 구분. 최초로 만난 경험의 유무를 묻는 문제이기 때문에 「初めて」가 되어야 한다.
□ 어구	瞬間(しゅんかん) 순간 姿(すがた) 모습 見(み)とれる 반하다, 넋을 잃다
□ 해석	처음 만난 순간 그녀의 아름다운 모습에 넋을 잃고 말았다.

【04. 4. 유제】

23. 冷蔵庫の中に<u>果物</u>や<u>飲料水</u>などが<u>入</u>
             (A)   (B)   (C)

れ<u>ています</u>。
  (D)

□ 포인트	타동사의 상태 표현은 「~てある」로 나타낸다.
□ 어구	果物(くだもの) 과일 飲料水(いんりょうすい) 음료수
□ 해석	냉장고 안에 과일이랑 음료수 등이 들어 있습니다.

24. 一連の犯行が<u>同じ</u>人<u>による</u>ものである
             (A)   (B)

ことは<u>もはや</u>疑う<u>余裕</u>がないだろう。
      (C)   (D)

□ 포인트	유의어의 구분. 전체 문맥으로 보아 「余裕(よゆう)」가 아니라 「余地(よち)」가 되어야 한다.
□ 어구	犯行(はんこう) 범행 もはや 이미
□ 해석	일련의 범행이 같은 사람에 의한 것이라는 것은 이미 의심의 여지가 없을 것이다.

25. 金さんは日本へ何回か<u>行った</u>ことが
(A)

<u>ありそうだ</u>が、李さんは今回が
(B)

<u>はじめて</u> <u>だそうだ</u>。
(C)   (D)

□ 포인트	전문을 나타내는 「そうだ」의 용법. 「そうだ」의 전문의 용법은 기본형에 그대로 접속한다.
□ 어구	~たことがある ~한 적이 있다 はじ(初)めて 최초의, 처음의
□ 해석	김 씨는 일본에 몇 번인가 간 적이 있다고 하지만, 이 씨는 이번이 처음이라고 한다.

26. 道子さんは<u>学生時代</u>都会<u>を</u>あこがれ
(A)   (B)

て大阪<u>に</u> <u>来たそうだ</u>。
(C)   (D)

□ 포인트	'~을 동경하다' 라는 표현은 「~にあこが(憧)れる」라고 표현한다. 조사에 주의하자.
□ 어구	~時代(じだい) ~시절 ~たそうだ ~했다고 한다
□ 해석	미치코 씨는 학창 시절 도회지를 동경해서 오사카에 왔다고 한다.

【02. 7. 유제】

27. こんな問題も<u>知ら</u>ないようでは、
(A)

<u>今度</u>の試験<u>に</u>受かる<u>はず</u>はない。
(B)   (C)   (D)

□ 포인트	'알다' 라는 동사의 구분. 「知(し)る」와 「分(わ)かる」는 모두 '알다' 라는 의미의 동사이지만, 「知る」는 주로 지식적인 측면을 강조하는 말이고, 「分かる」는 이해를 강조하는 동사이다.
□ 어구	受(う)かる (시험에) 붙다, 합격하다
□ 해석	이런 문제도 몰라서는 이번 시험에 붙을 리는 없다.

28. 昨夜<u>は</u>テレビを見<u>ている</u> <u>うちに</u>、
    (A)   (B)   (C)

<u>ぐずぐず</u>眠ってしまった。
    (D)

□ 포인트 올바른 의태어 찾기. 꾸벅꾸벅 조는 모양은 「うとうと」이다.

□ 어구 ～ているうちに ～하고 있는 동안에, ～하고 있는 사이에
ぐずぐず 우물쭈물

□ 해석 어젯밤에는 텔레비전을 보고 있는 사이에 꾸벅꾸벅 잠들어 버렸다.

29. <u>取引処</u>から大切な電話がかかっ<u>てきた</u>
    (A)   (B)

が、電話が<u>遠くて</u>よく<u>聞こえない</u>。
          (C)   (D)

□ 포인트 '거래처' 라는 단어의 올바른 표현. 거래처는 우리나라와는 달리 일본에서는 「取引先(とりひきさき)」로 표현한다. 반드시 한자에 주의하자.

□ 어구 電話(でんわ)が遠(とお)い (전화의) 감이 멀다

□ 해석 거래처에서 중요한 전화가 걸려 왔지만, 감이 멀어서 잘 들리지 않는다.

30. 人はだれ<u>でも</u> <u>欠点</u>があり、同時に
            (A)   (B)

<u>長点</u>も<u>必ず</u>持っています。
 (C)   (D)

□ 포인트 '장점' 의 올바른 일본어. 일본에서는 '장점'을 「長点」이라고 하지 않고 「長所(ちょうしょ)」라고 표현한다.

□ 어구 欠点(けってん) 결점
必(かなら)ず 반드시

□ 해석 사람은 누구나 결점이 있고, 동시에 장점도 반드시 가지고 있습니다.

31. ただ借金が<u>あると</u>の<u>理由だけ</u>で採用
　　　　　(A)　　　(B)
を<u>見合わせる</u>なんて<u>もってこい</u>だと
　　(C)　　　　　　　　　(D)
思います。

32. <u>まだ</u>学生が黒板を<u>写して</u>いる<u>のに</u>、
　　　　(A)　　　　　　(B)　　　　　(C)
先生は<u>せっせと</u>消してしまった。
　　　　(D)

33. <u>わざわざ</u>来る<u>の</u>が面倒な<u>境遇</u>は、電
　　　(A)　　　　(B)　　　　　(C)
話<u>して</u>もいいです。
　　(D)

34. 四民平等の原則<u>にとって</u>、だれ<u>でも</u>
　　　　　　　　(A)　　　　　　　　　(B)
教育<u>が</u>受けられる<u>ようになった</u>。
　　(C)　　　　　　　　　(D)

□ 포인트	'~에 의해'라는 표현은「~에 의해」라고 표현한다.
□ 어구	四民平等(しみんびょうどう) 사민평등 ~ようになる ~하게 되다
□ 해석	사민평등의 원칙에 의해, 누구라도 교육을 받을 수 있게 되었다.

【02. 3. 유제】

35. <u>さっき買ってきた</u>ビールを冷蔵庫の
　　　(A)　　　　　　　(B)
中に<u>入れて</u> <u>さむくした</u>。
　　(C)　　　　(D)

□ 포인트	い형용사의 의미 구분. 내용상 '춥다'가 아닌 '차갑다'라는 형용사가 필요하다. 따라서 (D)를 「冷(つめ)たくした」로 고쳐야 한다.
□ 어구	冷蔵庫(れいぞうこ) 냉장고
□ 해석	조금 전에 사 온 맥주를 냉장고 안에 넣어서 차갑게 했다.

36. 子供<u>の</u>時は、<u>暗く</u>なるまで<u>外</u>で遊ん
　　　　(A)　　　　　(B)　　　　　(C)
<u>だ</u>ことだ。
　(D)

□ 포인트	과거의 습관을 나타내는 표현은 「~ものだ」로 나타낸다.
□ 어구	暗(くら)い 어둡다
□ 해석	어릴 때는 어두워질 때까지 밖에서 놀곤 했다.

37. 子供は大人になると、親から一人
         (A)
ずつ離れていく ことです。
   (B) (C)   (D)

□ 포인트	진리나 습성을 나타내는 표현. 당연한 사실이나 본성을 나타낼 때에는 「〜ものだ」를 사용한다.
□ 어구	〜ずつ 〜씩 〜ていく 〜해 가다
□ 해석	아이는 어른이 되면 부모로부터 하나씩 떨어져 나가는 법입니다.

38. うそをついた ばかりに信用をなくし
         (A)   (B)
てしまった。もう二度とうそは
              (C)
つかまい。
  (D)

□ 포인트	고어의 접속. 부정의 추량을 나타내는 「まい」는 기본형에 그대로 접속한다.
□ 어구	うそ(嘘)をつく 거짓말을 하다 もう二度(にど)と 이제 두 번 다시
□ 해석	거짓말을 한 탓에 신용을 잃어버렸다. 이제 두 번 다시 거짓말은 하지 않을 것이다.

39. 鈴木さんは大学を卒業してから、貿
              (A)   (B)
易会社で勤めています。
   (C) (D)

□ 포인트	'〜에서 근무하다'는 「〜に勤(つと)める」라고 표현한다.
□ 어구	卒業(そつぎょう) 졸업 貿易(ぼうえき) 무역
□ 해석	스즈키 씨는 대학을 졸업하고 나서, 무역 회사에서 근무하고 있습니다.

40. この<u>近く</u> <u>に住んでいる</u><u>村々</u>は、みん
_(A) _(B) _(C)

な<u>親切</u>でやさしいです。
_(D)

□ 포인트	앞에 「~に住(す)んでいる」라는 문장이 있으므로, 뒤에는 사람을 나타내는 「人々(ひとびと)」가 와야 한다.
□ 어구	~に住んでいる ~에 살고 있다 親切(しんせつ)だ 친절하다
□ 해석	이 근처에 살고 있는 사람들은, 모두 친절하고 상냥합니다.

41. 私は厚い辞書 _____ ほしいです。

(A) で (B) に
(C) の (D) が

□ 포인트	기본 조사에 대한 이해. '~을 갖고 싶다'는 「~がほしい」로 표현한다.
□ 어구	厚(あつ)い 두껍다 辞書(じしょ) 사전
□ 해석	나는 두꺼운 사전을 갖고 싶습니다.

42. 果物 _____ お菓子とどちらが好
きですか。

(A) は (B) と
(C) の (D) や

□ 포인트	구문에 대한 이해. '~와 ~중에서 어느 쪽이'라는 구문은 「~と~とどちらが」라고 표현한다.
□ 어구	果物(くだもの) 과일 お菓子(かし) 과자
□ 해석	과일과 과자 중 어느 쪽을 좋아합니까?

43. 山田さんは病気 _____ 仕事を休
んでいます。

(A) ので   (B) の
(C) で   (D) から

□ 포인트	원인을 나타내는 조사. 보기 중에서 원인을 나타내는 조사는 (A), (C), (D)이나, 접속 형태로 보아 명사 뒤에 바로 접속하는 「で」가 정답임을 알 수 있다. 조사 「で」에는 원인을 나타내는 용법이 있다는 것을 기억해 두자.
□ 어구	病気(びょうき) 병 休(やす)む 쉬다
□ 해석	야마다 씨는 병으로 일을 쉬고 있습니다.

44. 私は駅の近く _____ 住んでいます。

(A) で   (B) から
(C) の   (D) に

□ 포인트	기본적인 조사의 용법. '~에 살다'는 「~に住(す)む」로 나타낸다.
□ 어구	駅(えき) 역 近(ちか)く 근처
□ 해석	나는 역 근처에 살고 있습니다.

45. 雨が降っています。それに _____ も鳴っています。

(A) 風   (B) 雪
(C) 嵐   (D) 雷

□ 포인트	적절한 명사 찾기. 뒤에 「鳴(な)る」라는 동사가 있는 것으로 보아 「雷(かみなり)」가 정답이다.
□ 어구	それに 게다가 嵐(あらし) 폭풍우
□ 해석	비가 내리고 있습니다. 게다가 천둥도 치고 있습니다.

46. 外は _____ 雨のふりそうな天気
です。

(A) 今にも   (B) 今から
(C) 今でも   (D) 今まで

□ 포인트	적절한 부사 찾기. 보기 중에서 '당장에라도'라는 의미의 부사는 「今(いま)にも」이다.
□ 어구	天気(てんき) 날씨
□ 해석	밖은 당장에라도 비가 내릴 것 같은 날씨입니다.

47.

A あの人は _____ ですか。

B 山田先生の友達です。

(A) どこ   (B) だれ

(C) どちら   (D) どれ

□ 포인트	사람을 묻는 표현. 사람을 물을 때에는 「だれ(誰)」를 사용한다.
□ 어구	友達(ともだち) 친구
□ 해석	A 저 사람은 누구입니까? B 야마다 선생님의 친구입니다.

48.

A もしもし、 _____ は韓国の李ですが、井上さんいますか。

B はい、います。

(A) こちら   (B) そちら

(C) あちら   (D) どちら

□ 포인트	자기를 지칭할 때는 「こちら」라는 지시 대명사를 사용한다.
□ 어구	もしもし 여보세요
□ 해석	A 여보세요, 저는 한국의 이(李)입니다만, 이노우에 씨 있습니까? B 예, 있습니다.

49.

A もう少し _____ ですか。

B いいえ、もういいです。

(A) こう   (B) そう

(C) ああ   (D) どう

□ 포인트	권유의 표현은 「どうですか」라는 표현을 사용한다.
□ 어구	もう少(すこ)し 좀 더
□ 해석	A 좀 더 어떻습니까? B 아니오, 이제 됐습니다.

50.

この機械はお金を下ろす _____ 使います。

(A) ので   (B) のに

(C) のが   (D) のも

□ 포인트	동작의 목적을 나타내는 표현으로 「~のに」는 '~하는 데에'라는 의미이다.
□ 어구	機械(きかい) 기계 お金(かね)を下(お)ろす 　　돈을 인출하다
□ 해석	이 기계는 돈을 인출하는 데에 사용합니다.

51.

昨日のテストはあまり＿＿＿＿＿
ありませんでした。

(A) むずかしい (B) むずかし
(C) むずかしく (D) むずかしいでは

【03. 9. 유제】

52.

A 韓国から日本までは遠いですか。

B 普通、飛行機で2時間＿＿＿＿＿
かかります。

(A) ごろ (B) ぐらい
(C) しか (D) あいだ

【02. 7. 유제】

53.

この仕事は一人ではやりきれないの
で、二人で＿＿＿＿＿した方がいい
と思う。

(A) 分担 (B) 分離
(C) 分解 (D) 分析

54.

私は5年前からこのアパートに＿＿＿
＿＿＿。

(A) 住んだ (B) 住みました
(C) 住みましょう (D) 住んでいます

□ 포인트	い형용사의 부정은 「～くない」, 「～くありません」으로 표현한다.
□ 어구	あまり 그다지 むずか(難)しい 어렵다
□ 해석	어제 시험은 그다지 어렵지 않았습니다.

□ 포인트	시간이 걸리는 정도를 나타내는 부사는 「ぐらい」이다. 「ごろ(頃)」는 시각이나 날짜를 나타내는 말과 함께 사용한다.
□ 어구	～から～まで ～부터 ～까지 普通(ふつう) 보통
□ 해석	A 한국에서 일본까지는 멉니까? B 보통, 비행기로 2시간 정도 걸립니다.

□ 포인트	혼자서 할 수 없는 일은 두 사람이 분담해서 해야 한다. '분담'은 「分担(ぶんたん)」이라고 한다.
□ 어구	やりきれない 다 할 수 없다
□ 해석	이 일은 혼자서는 다 할 수 없기 때문에, 두 사람이 분담하는 것이 좋다고 생각한다.

□ 포인트	'～에 살다' 라는 표현은 「～に住(す)む」로 표현하는데, 동작성 동사이기 때문에 반드시 진행형으로 나타내어야 한다.
□ 어구	～前(まえ)から ～전부터
□ 해석	나는 5년 전부터 이 아파트에 살고 있습니다.

55. あれ? この時計 _____ いますね。

(A) 越して　　　　(B) 進んで
(C) 上がって　　　(D) 出て

□ 포인트	시계의 시간이 원래보다 늦게 가는 경우에는 「遅(おく)れる」를 사용하고, 빠른 경우에는 「進(すす)む」를 사용한다.
□ 어구	時計(とけい) 시계
□ 해석	아니! 이 시계 (시간이) 빨리 가고 있군요.

56. 彼女は _____ 小鳥のようにきれいな声で歌を歌います。

(A) いくら　　　　(B) まるで
(C) たとえ　　　　(D) おそらく

□ 포인트	'마치 ~처럼' 이라는 표현은 「まるで~のように」로 표현한다.
□ 어구	歌(うた)を歌(うた)う 노래를 부르다
□ 해석	그녀는 마치 작은 새처럼 예쁜 목소리로 노래를 부릅니다.

57. 病院では時々医療 _____ が起こったりします。

(A) 事故　　　　(B) 事件
(C) 事態　　　　(D) 事実

□ 포인트	정확한 표현. 문맥상 「医療事故(いりょうじこ)」라고 해야 올바른 표현이 된다.
□ 어구	時々(ときどき) 때때로
□ 해석	병원에서는 때때로 의료사고가 일어나기도 합니다.

58. 中村さんはいい人なんですが、気分に _____ があって付き合いにくいです。

(A) むら　　　　(B) くも
(C) とげ　　　　(D) ばち

【04. 3. 유제】
59. 彼は _____ をこぼしてばかりいて、ぜんぜん仕事をしない。

(A) 小言　　　　(B) 不平
(C) 愚痴　　　　(D) 不満

60. この建物は来年の春の完成を _____ にしています。

(A) わざ　　　　(B) めど
(C) しるし　　　(D) こつ

□ 포인트　관용 표현의 이해. 「気分(きぶん)にむらがある」는 '기분이 일정치 않다' 라는 의미로 변덕이 심한 사람을 나타낼 때 사용하는 표현이다.

□ 어구　付(つ)き合(あ)う 사귀다

□ 해석　나카무라 씨는 좋은 사람입니다만, 변덕이 심해서 사귀기가 힘듭니다.

□ 포인트　관용 표현의 이해. '푸념을 늘어놓다, 불평하다' 라는 의미의 관용구를 묻는 문제이다. 이 표현은 「愚痴(ぐち)をこぼす」로 표현한다.

□ 어구　〜てばかりいる 〜만 하고 있다
不満(ふまん) 불만, 불평

□ 해석　그는 불평만 늘어놓고 전혀 일을 하지 않는다.

□ 포인트　적절한 단어 찾기. 「めど(目処)」는 '목표, 목적' 이라는 의미로 사용되는 단어이다.

□ 어구　完成(かんせい) 완성
わざ(技) 기술

□ 해석　이 건물은 내년 봄에 완성을 목표로 하고 있습니다.

61. A 木村先生の電話番号を知っていますか。

B いいえ、＿＿＿＿＿。

(A) 知っていません
(B) 知りません
(C) 知りませんでした
(D) 知っていませんでした

□ 포인트	'알다'라는 의미의 동사「知(し)る」의 부정형은「知らない」혹은「知りません」으로 표현한다. 그리고 긍정문이나 의문문은 반드시 진행형을 사용해야 한다.
□ 어구	番号(ばんごう) 번호
□ 해석	A 기무라 선생님의 전화번호를 알고 있습니까? B 아니오, 모릅니다.

62. さすが料理のプロだけあって＿＿＿＿＿＿がいい。

(A) きざし (B) みとおし
(C) しるし (D) てぎわ

□ 포인트	전체적인 문맥상 '솜씨가 좋다'라는 의미가 되어야 한다.
□ 어구	～だけあって ～인만큼 兆(きざ)し 징조, 징후
□ 해석	역시 요리의 프로인만큼 솜씨가 좋다.

63. A どうもお待たせしました。

B いいえ、今来た＿＿＿＿＿です。

(A) だけ (B) まま
(C) ばかり (D) ごろ

□ 포인트	'막 ～한'이라는 의미의 표현. 방금 왔다는 것을 나타내는 문장이므로「～たばかり」라는 문형이 필요하다.
□ 어구	お待(ま)たせしました 오래 기다리셨습니다
□ 해석	A 오래 기다리셨습니다. B 아니오, 방금 왔습니다.

64. 彼は ＿＿＿＿＿＿ とうそをつくから、
まったく信用できません。

(A) 平常   (B) 平生
(C) 平然   (D) 平静

□ 포인트   비슷한 단어의 구분. 문맥상 '아무렇지도 않게' 라는 의미의 단어가 필요하다. 따라서 정답은 「平然(へいぜん)」이다.

□ 어구   うそ(嘘)をつく 거짓말을 하다
平生(へいぜい) 평소
平常(へいじょう) 평상
平静(へいせい) 평정

□ 해석   그는 아무렇지도 않게 거짓말을 하기 때문에, 정말 신용할 수 없습니다.

65. 住所も電話番号もわからないのでは
連絡の ＿＿＿＿＿＿ がありません。

(A) 取り方   (B) 取りよう
(C) 取るはず   (D) 取るわけ

□ 포인트   알맞은 접속형태 찾기. '취할 방법이 없다' 라는 의미가 되어야 하므로 「取(と)りよう」가 정답이 된다. 「取り方(かた)」는 단순히 연락을 취하는 방법만을 나타내고 행위는 나타내지 않는다.

□ 어구   住所(じゅうしょ) 주소
連絡(れんらく)を取(と)る
　　 연락을 취하다

□ 해석   주소도 전화번호도 몰라서는 연락을 취할 방법이 없습니다.

66. お風呂に ＿＿＿＿＿＿ 時に電話がか
かってきました。

(A) 入って   (B) 入ろう
(C) 入ったり   (D) 入っている

□ 포인트   동작의 진행을 나타내는 표현. '목욕을 하고 있을 때' 라는 의미로, 진행되고 있는 상황을 나타낸다.

□ 어구   お風呂(ふろ)に入(はい)る
　　 목욕하다

□ 해석   목욕하고 있을 때 전화가 걸려왔습니다.

67. この薬は6時間 _____ 飲んでください。

(A) おきに　　　　(B) ずつ
(C) たびに　　　　(D) のように

□ 포인트	적절한 표현 찾기. 약은 '~시간 간격으로' 먹어야 한다. 따라서 정답은「おきに」가 된다. 비슷한 표현에 주의하자.
□ 어구	薬(くすり) 약　　~ずつ ~씩 ~たび(度)に ~때 마다
□ 해석	이 약은 6시간 간격으로 먹어 주십시오.

68. 昨日は一日中歩いたので、足が _____ になった。

(A) 棒　　　　(B) 石
(C) 板　　　　(D) 岩

□ 포인트	관용구에 대한 이해. 많이 걸어서 다리가 아픈 상태는「足(あし)が棒(ぼう)になる」라고 표현한다.
□ 어구	一日中(いちにちじゅう) 하루 종일
□ 해석	어제는 하루 종일 걸었기 때문에, 다리가 뻣뻣해졌었다.

69. 君が手伝ってくれたので、仕事が _____ はかどったよ。

(A) ぺこぺこ　　　(B) ぺらぺら
(C) どんどん　　　(D) むくむく

□ 포인트	'일이 척척 진행되는 모양'을 나타내는 의태어.「どんどん」이라고 표현한다.
□ 어구	ぺこぺこ 굽신굽신 ぺらぺら 술술, 능숙하게 むくむく 뭉게뭉게, 쑥
□ 해석	당신이 도와주었기 때문에, 일이 척척 진행되었어.

70. 何度も同じ話を聞かされて、もう _____ してしまいました。

(A) あやふや　　　(B) うんざり
(C) うきうき　　　(D) てきぱき

□ 포인트	'같은 이야기를 몇 번이나 들어서 질렸다' 라는 의미가 되어야 자연스럽다.
□ 어구	あやふや 애매한 모양 うきうき 기쁨으로 설레는 모양
□ 해석	몇 번이나 같은 이야기를 들어서 이제 질려 버렸습니다.

JPT 고득점으로 가는 열 고개

제발 맞춰 주세요

한자라고 너무 무시하지 마세요. 그래도 중요하답니다.

_{みさき} 岬 갑	_{のり} 糊 풀	_{わた} 綿 솜	_{なまり} 鉛 납
_{ぬま} 沼 늪	_{とびら} 扉 문	_{いね} 稲 벼	_{たましい} 魂 혼
_{いずみ} 泉 샘	_{たね} 種 씨	_{はたけ} 畑 밭	_{かべ} 壁 벽
_{あせ} 汗 땀	_{おく} 奥 안	_{おび} 帯 띠	_{しろ} 城 성
_{うつわ} 器 그릇	_{さかずき} 杯 술잔	_{えさ} 餌 먹이	_{たに} 谷 계곡
_{のき} 軒 처마	_{くれない} 紅 홍색	_{とうげ} 峠 고개	_{きし} 岸 물가
_{たき} 滝 폭포	_{はしら} 柱 기둥	_{たば} 束 다발	_{さかい} 境 경계
_{つばさ} 翼 날개	_{ひたい} 額 이마	_{なべ} 鍋 냄비	_{たな} 棚 선반
_{みき} 幹 줄기	_{むね} 旨 취지	_{はり} 針 바늘	_{ゆか} 床 마루
_{きのこ} 茸 버섯	_{わらべ} 童 아이	_{ふえ} 笛 피리	_{みぞ} 溝 도랑
_{みなと} 港 항구	_{どろ} 泥 진흙	_{つゆ} 露 이슬	_{はだか} 裸 알몸
_{あと} 跡 흔적	_{みずうみ} 湖 호수	_{すみ} 隅 구석	_{みやこ} 都 수도
_{かみなり} 雷 천둥	_{はやし} 林 수풀	_{もり} 森 심림	_{きり} 霧 안개
_{よめ} 嫁 신부	_{くせ} 癖 버릇	_{たび} 旅 여행	_{たまご} 卵 달걀
_{なみだ} 涙 눈물	_{なみ} 波 파도	_{むし} 虫 벌레	_{かた} 肩 어깨
_{うで} 腕 솜씨	_{はこ} 箱 상자	_{いのち} 命 생명	_{かわ} 皮 가죽
_{いわ} 岩 바위	_{えだ} 枝 가지	_{かたち} 形 형태	_{けむり} 煙 연기
_{こおり} 氷 얼음	_{こい} 恋 사랑	_{しお} 塩 소금	_{くも} 雲 구름
_{にじ} 虹 무지개	_{あらし} 嵐 폭풍우	_{くさり} 鎖 쇠사슬	_{わき} 脇 옆구리
_{あたい} 値 값어치	_{ひとみ} 瞳 눈동자	_{しずく} 滴 물방울	_{おき} 沖 앞바다

피 나는 발음연습을…

이런 발음일 줄 몰랐죠? 조심하셔야 됩니다.

すいとう 出納 출납	どぼく 土木 토목	ゆいいつ 唯一 유일	ゆうずう 融通 융통
いきさつ 経緯 경위	ひなた 日向 양지	へいぜい 平生 평소	ほっそく 発足 발족
きんもつ 禁物 금물	けいだい 境内 경내	しっぺい 疾病 질병	とうざい 東西 동서
たいじ 退治 퇴치	ねいろ 音色 음색	ほっさ 発作 발작	そし 阻止 저지
えんぜつ 演説 연설	たなばた 七夕 칠석	にょじつ 如実 여실	けつじょ 欠如 결여
ずつう 頭痛 두통	いしょう 衣装 의상	ふくそう 服装 복장	きれつ 亀裂 균열
やけ 自棄 자포자기	はなぞの 花園 화원	しじゅう 始終 시종	けびょう 仮病 꾀병
ひとじち 人質 인질	ざんだか 残高 잔고	がっぺい 合併 합병	ひんぱん 頻繁 빈번
げか 外科 외과	さしず 指図 지도	ぎょぎょう 漁業 어업	びょうどう 平等 평등
てんねん 天然 천연	そぼく 素朴 소박	かしゃく 呵責 가책	おうりょう 横領 횡령
せけん 世間 세간	りょうし 漁師 어부	はんのう 反応 반응	きゅうりょう 丘陵 구릉
すなお 素直 솔직	しょうこ 証拠 증거	せいき 世紀 세기	そうさ 操作 조작
だいじん 大臣 대신	のうにゅう 納入 납입	そしょう 訴訟 소송	じゅみょう 寿命 수명
てはい 手配 수배	くみたて 組立 조립	ほったん 発端 발단	みつゆ 密輸 밀수
なふだ 名札 명찰	しょうりゃく 省略 생략	おおがた 大型 대형	こがた 小型 소형
じゅよう 需要 수요	ふんべつ 分別 분별	さしえ 挿絵 삽화	すいたい 衰退 쇠퇴
こんきょ 根拠 근거	きぼ 規模 규모	でし 弟子 제자	しまい 姉妹 자매
こちょう 誇張 과장	だんぼう 暖房 난방	けいば 競馬 경마	そち 措置 조치
ようりょう 要領 요령	てあて 手当 수당	ぎょうれつ 行列 행렬	すうはい 崇拝 숭배
せっしょう 折衝 절충	うむ 有無 유무	ゆくえ 行方 행방	しらが 白髪 백발

티비(TV)에도 잘 안나오는 단어들^^*

한자 생김새와는 전혀 다른 의미입니다. 해석에 주의하시길!!

味方 (みかた) 아군	油断 (ゆだん) 방심	煙突 (えんとつ) 굴뚝	出前 (でまえ) 배달
手間 (てま) 수고	賄賂 (わいろ) 뇌물	屋根 (やね) 지붕	素人 (しろうと) 초보자, 아마추어
玄人 (くろうと) 프로	心地 (ここち) 기분	勘弁 (かんべん) 용서	勘定 (かんじょう) 계산
仲人 (なこうど) 중매쟁이	津波 (つなみ) 해일	都合 (つごう) 형편	工夫 (くふう) 궁리
苦手 (にがて) 못함	浜辺 (はまべ) 해변	目印 (めじるし) 안표, 표지	合間 (あいま) 겨를
女房 (にょうぼう) 아내	相違 (そうい) 차이	泥棒 (どろぼう) 도둑	皮肉 (ひにく) 비꼼
腕前 (うでまえ) 솜씨	坊主 (ぼうず) 스님	吐息 (といき) 한숨	体裁 (ていさい) 체면
素手 (すで) 빈손	音頭 (おんど) 선창	為替 (かわせ) 환율	受付 (うけつけ) 접수
目盛 (めもり) 눈금	長所 (ちょうしょ) 장점	用心 (ようじん) 주의	大筋 (おおすじ) 요점
駄目 (だめ) 안 됨	手元 (てもと) 생계	凸凹 (でこぼこ) 요철	彼方 (かなた) 저편
面影 (おもかげ) 모습	気配 (けはい) 기미, 낌새	支度 (したく) 준비	内緒 (ないしょ) 비밀
途方 (とほう) 방도	目処 (めど) 목적	辻褄 (つじつま) 사리	辛抱 (しんぼう) 인내
会得 (えとく) 터득	人手 (ひとで) 일손	間柄 (あいだがら) 관계	名残 (なごり) 흔적
献立 (こんだて) 메뉴	敗北 (はいぼく) 패배	得体 (えたい) 정체	日和 (ひより) 날씨
隙間 (すきま) 겨를	目方 (めかた) 무게	汚職 (おしょく) 부정	仕業 (しわざ) 소행
気立 (きだて) 마음씨	夕闇 (ゆうやみ) 땅거미	缶詰 (かんづめ) 통조림	水着 (みずぎ) 수영복
浮気 (うわき) 바람기	生身 (なまみ) 생고기	人気 (ひとけ) 인기척	床屋 (とこや) 이발소
肝心 (かんじん) 중요함	退屈 (たいくつ) 지루함	質屋 (しちや) 전당포	雪崩 (なだれ) 눈사태
目眩 (めまい) 현기증	狩人 (かりゅうど) 사냥꾼	厄介 (やっかい) 성가심	大手 (おおて) 대기업
羽目 (はめ) (곤란한)처지	留守 (るす) 부재중	獲物 (えもの) 사냥감	閉口 (へいこう) 항복함

고정관념을 버리세요!!

우리나라 한자어와 일본의 한자어가 똑같다구요? 천만의 말씀!!

韓国語	正しい日本語	正しくない日本語
첫인상	第一印象（だいいちいんしょう）	初印象
평생	一生（いっしょう）	平生
자신감	自信（じしん）	自信感
장점	長所（ちょうしょ）	長点
단점	短所（たんしょ），欠点（けってん）	短点
명예퇴직	リストラ	名誉退職
적금	積立て（つみたて）	積金
자기자신	自分自身（じぶんじしん）	自己自身
직장여성	OL（オーエル）	職場女性
약혼	婚約（こんやく）	約婚
여기 저기	あちらこちら（あっちこっち）	こちらあちら
왔다 갔다	行ったり来たり（いったりきたり）	来たり行ったり
당일여행	日帰り旅行（ひがえりりょこう）	当日旅行
부실공사	手抜き工事（てぬきこうじ）	不実工事
유부남	妻帯者（さいたいしゃ）	有婦男
애주가	酒飲み（さけのみ），酒好き（さけずき）	愛酒家
예매권	前売り券（まえうりけん）	予売券
비상금	へそくり	非常金
승차감	乗り心地（のりごこち）	乗車感
팔방미인	多芸多才（たげいたさい）	八方美人
환불	払戻し（はらいもどし）	還払
표절	盗作（とうさく）	表切
미팅	合同コンパ（ごうどうコンパ）	ミーティング
과외	家庭教師（かていきょうし）	課外
(영화의) 개봉	封切り（ふうきり）	開封
식사 준비	ご飯の支度（ごはんのしたく）	ご飯の準備
언론	マスコミ	言論
출입금지	立入禁止（たちいりきんし）	出入禁止

득점과 바로 연결되는 동사 낚기

가장 대표적인 동사만 모았습니다. 이 정도는 다 암기하세요.

似る 닮다	編む 짜다	祈る 빌다
植える 심다	掘る 파다	笑う 웃다
磨く 닦다	削る 깎다	腫れる 붓다
枯れる 시들다	刻む 새기다	拝む 절하다
塗る 바르다	挟む 끼우다	奪う 빼앗다
欺く 속이다	辿る 더듬다	響く 울리다
侮る 깔보다	練る 다듬다	生える 자라다
味わう 맛보다	赴く 향하다	診る 진찰하다
担う 짊어지다	疑う 의심하다	飾る 장식하다
背く 배반하다	敬う 공경하다	焦る 안달하다
断る 거절하다	頼る 의지하다	図る 도모하다
挑む 도전하다	省く 생략하다	雇う 고용하다
潜る 잠수하다	補う 보충하다	保つ 유지하다
慕う 연모하다	営む 경영하다	譲る 양보하다
凍える 얼어붙다	用いる 이용하다	倒れる 쓰러지다
外れる 벗어나다	背負う 짊어지다	設ける 설치하다
携わる 종사하다	率いる 인솔하다	承る 삼가 듣다
粘る 잘 달라붙다	凌ぐ 참고 견디다	呆れる 기가 막히다
寛ぐ 편안히 지내다	顧る 되돌아 보다	諦める 포기하다

점수를 마구마구 올려주는 속담

미처 다루지 못한 속담 모음입니다. 외우면 그냥 점수가 올라갑니다.

蛙の子は蛙 부전자전

掃き溜めに鶴 개천에서 용나다

光陰矢の如し 세월은 화살과 같다

蓼食う虫も好き好き 각양 각색이다

薮をつついて蛇を出す 긁어 부스럼

同じ穴の狢 언뜻 보기에는 달라도 실은 같다

弘法にも筆の誤り 원숭이도 나무에서 떨어진다

独活の大木 허우대는 멀쩡하나 아무 소용이 없다

触らぬ神に祟りなし 관계만 없으면 화를 입지 않는다

骨折り損のくたびれ儲け 고생만 하고 애쓴 보람이 없다

人の口に戸は立てられぬ 사람의 소문은 막을 수가 없다

悪銭身につかず 부정하게 모은 재물은 오래가지 못한다

鬼に鉄棒 강한 사람이 힘이 되는 것을 얻어 더욱 강해지다

亀の甲より年の功 사람의 오랜 경험이나 지혜는 가치가 있다

犬も歩けば棒に当たる 돌아다니면 뜻밖의 행운을 만날 수 있다

捕らぬ狸の皮算用 떡줄 사람은 생각도 않는데 김치국부터 마신다

能ある鷹は爪を隠す 실력이 있는 사람은 그것을 드러내지 않는다

背に腹はかえられぬ 큰 일을 위해서는 작은 일을 돌볼 여유가 없다

情けは人のためならず 인정을 베푸는 것은 결국 자신에게 도움이 된다

이 제는 틀리지 마세요! 관용구

泣きべそをかく 울상을 짓다

拍車をかける 박차를 가하다

星を挙げる 범인을 검거하다

反りが合わない 뜻이 맞지 않다

したつづみを打つ 입맛을 다시다

けじめを付ける 명확히 구분하다

さじを投げる 포기하다, 단념하다

焼き餅を焼く 질투하다, 시샘하다

辻褄が合わない 이치에 맞지 않다

見るに見かねる 차마 볼 수가 없다

笠に着る 남의 권력 등을 믿고 뻐기다

地団駄を踏む 분해서 발을 동동 구르다

隅に置けない 얕볼 수 없다, 여간 아니다

肩身が狭い 떳떳하지 못하다, 주눅이 들다

土壇場になる 막판에 이르다, 궁지에 몰리다

埒が開かない 결말이 나지 않다, 진척이 안 되다

けたが違う 차이가 심하게 나다, 단수가 틀리다

相好を崩す (엄한 얼굴 표정을 풀고) 싱글벙글하다

高飛車に出る 고자세로 나오다, 위압적으로 나오다

提灯を持つ 앞잡이 노릇을 하다, 남을 위해 선전하다

보고 또 봐야 하는 문법 표현들!!

문법 표현은 반드시 출제되는 부분입니다. 꼼꼼히 보세요.

～まみれ ～투성이	～ところを ～했을 것을
～なり～なり ～하든 ～하든	～のもとに ～의 이름하에
～にかけては ～에 있어서는	～(た)だけに ～한 만큼
～でさえ ～조차	～といっても ～라고는 해도
～つつある 계속 ～하다	～(た)ところ ～한 결과
～どころではない ～할 때가 아니다	～なんて ～라니, ～하다니
～しかない ～할 수 밖에 없다	～だらけ ～투성이
～として ～으로서	～について ～에 대해서
～てからでないと ～하고 나서가 아니면	～にかぎって ～에 한해서
～にして ～이기 때문에	～にかぎらず ～뿐만 아니라
～をもとにして ～을 근거로 해서	～かたがた ～하는 김에
～っぱなし ～인 채로	～とあいまって ～의 영향으로
～ばそれまでだ ～하면 그것으로 끝이다	～にかたくない ～할 수 있다
～にさきだって ～하기에 앞서	～つ～つ ～하거나 ～하거나
～からある ～이나 되는	～ことなしに ～하는 일없이
～なり ～하자마자	～ぬきに ～없이
～にあたらない ～할 필요는 없다	～にくわえて ～에 더하여
～っぽい ～인 경향이 있다	～わりには～에 비해서는
～てはばからない 자신있게 ～하다	～にとって ～에 있어서
～かなわない ～을 당해낼 수 없다	～なくてはならない ～해야만 한다
～にすれば ～로 한다면	～か～ないかのうちに ～하자마자
～きり ～한 채	～にかかわる ～와 관계된
～がてら ～하는 한편으로	～おそれがある ～일 우려가 있다
～しまつだ ～라는 결과이다	～にひきかえ ～와 반대로
～たびに ～할 때마다	～かわりに ～대신에
～っこない ～일 리가 없다	～であれ ～일지라도
～に相違ない ～임에 틀림없다	～を通じて ～을 통해서
～に基づいて ～에 근거해서	～や否や ～하자마자
～と共に ～와 함께	～に限る ～하는 것이 제일이다

인간의 신체에는 관용구가 널려 있다

인간의 신체에 관한 관용구가 얼마나 많을까요?

頭を捻る 여러 가지로 생각하다

目が利く 분별력이 있다

目に余る 눈꼴 사납다

目もくれない 거들떠 보지도 않는다

目を通す 대강 훑어보다

目を見張る 놀라서 눈을 크게 뜨다

鼻を鳴らす 콧소리로 아양 떨다

口が滑る 말을 잘못하다

口に乗る 감언이설에 속다

耳に障る 귀에 거슬리다

首が回らない 경제적 여유가 없다

肩を持つ 편들다

胸に刻む 가슴에 새겨두다

尻が重い 기민하게 행동하지 못하다

腕を振るう 솜씨를 발휘하다

手に余る 힘에 겹다

手を焼く 애먹다

足を引っ張る 원활한 진행을 방해하다

肝に銘じる 명심하다

身から出たさび 자업자득

眉に唾を塗る 속지 않도록 조심하다

目と鼻の間 엎어지면 코 닿을 데

目に障る 눈에 거슬리다

目を凝らす 응시하다

目を細める 웃음짓다

鼻に付く 싫어지다

口が重い 과묵하다

口が回る 말이 잘 나오다

口を挟む 말참견을 하다

耳に挟む 우연히 듣다

首になる 해고되다

胸が騒ぐ 마음이 안정되지 않다

腰が抜ける 기력이 없어지다

腕が上がる 솜씨가 늘다

顔が利く 얼굴이 잘 통하다

手に乗る 남의 꾀에 속다

足を洗う 나쁜 일에서 손을 떼다

肝が太い 대담하다

身が固まる 생활이 안정되다

身に付く 자기의 것이 되다

다시 한 번 정리하는 의성어·의태어

あたふた	당황하는 모양	いきいき	생생한 모양
いじいじ	주눅들은 모양	うかうか	아무 생각없이 행동하는 모양
うじうじ	결심을 하지 못하고 멈칫대는 모양	うずうず	좀이 쑤시는 모양
うつらうつら	꾸벅꾸벅 조는 모양	おずおず	머뭇머뭇하는 모양
おたおた	당황하여 어쩔 줄 모르는 모양	かさかさ	말라서 물기가 없는 모양
がたがた	심하게 떨리어 움직이는 모양	がらがら	텅텅 비어 있는 모양
がんがん	잔소리를 시끄럽게 하는 모양	ぎしぎし	무리하게 채워넣는 모양
げらげら	큰 소리로 웃는 모양	ごくごく	벌컥벌컥 마시는 모양
こそこそ	몰래 하는 모양	ごたごた	혼잡하고 어수선한 모양
さやさや	바스락 소리가 나는 모양	ざらざら	감촉이 거친 모양
すくすく	기운차게 잘 뻗는 모양	そわそわ	안절부절 못하는 모양
だぶだぶ	옷 따위가 헐렁한 모양	たらたら	액체가 방울져 떨어지는 모양
ちらほら	드문드문 보이는 모양	つるつる	표면이 매끈한 모양
どたばた	소란스러운 모양	とぼとぼ	힘없이 걷는 모양
どろどろ	진흙투성이가 된 모양	にやにや	히죽히죽 웃는 모양
ねばねば	끈적끈적한 모양	ぱたぱた	먼지 등을 가볍게 터는 모양
ぴかぴか	광택이 나는 모양	びしょびしょ	흠뻑 젖은 모양
ぶくぶく	부글부글 거품이 나는 모양	ぶるぶる	벌벌 떠는 모양
ぽかぽか	따뜻하게 느끼는 모양	ぼそぼそ	작은 소리로 말하는 모양
ぽちぽち	작은 것이 흩어져 있는 모양	ほやほや	따끈따끈한 모양
ぽりぽり	딱딱한 것을 씹는 모양	ぼろぼろ	물건이나 천이 너덜해진 모양
まごまご	망설이는 모양	まじまじ	계속 응시하는 모양
みしみし	삐걱거리는 모양	むかむか	속이 울컥거리는 모양
むずむず	좀이 쑤시는 모양	むらむら	감정이 솟구쳐 오르는 모양
めそめそ	소리없이 우는 모양	もぐもぐ	입을 벌리지 않고 씹는 모양
もたもた	행동이 확실하지 않은 모양	もやもや	개운치 못한 모양
もりもり	힘차게 먹는 모양	よろよろ	비틀거리는 모양
らくらく	편안한 모양	わんわん	개가 짖는 모양

제1장 정답을 콕콕 찍어 주는 문제

1. (C) 2. (A) 3. (C) 4. (D) 5. (D) 6. (C) 7. (A) 8. (B) 9. (B) 10. (B)

11. (D) 12. (C) 13. (D) 14. (D) 15. (B) 16. (C) 17. (D) 18. (C) 19. (B) 20. (C)

21. (D) 22. (B) 23. (B) 24. (D) 25. (D) 26. (C) 27. (C) 28. (B) 29. (A) 30. (B)

31. (D) 32. (B) 33. (B) 34. (D) 35. (B) 36. (C) 37. (B) 38. (A) 39. (C) 40. (D)

41. (D) 42. (B) 43. (D) 44. (A) 45. (A) 46. (C) 47. (A) 48. (B) 49. (B) 50. (C)

51. (A) 52. (A) 53. (B) 54. (C) 55. (B) 56. (A) 57. (B) 58. (B) 59. (A) 60. (C)

61. (D) 62. (A) 63. (D) 64. (A) 65. (C) 66. (B) 67. (B) 68. (C) 69. (A) 70. (D)

제2장 정답을 콕콕 찍어 주는 문제

1. (A) 2. (A) 3. (A) 4. (C) 5. (A) 6. (C) 7. (C) 8. (C) 9. (A) 10. (A)

11. (C) 12. (A) 13. (A) 14. (B) 15. (A) 16. (C) 17. (A) 18. (B) 19. (D) 20. (C)

21. (B) 22. (C) 23. (C) 24. (C) 25. (D) 26. (B) 27. (B) 28. (C) 29. (D) 30. (C)

31. (C) 32. (D) 33. (B) 34. (C) 35. (A) 36. (C) 37. (A) 38. (A) 39. (D) 40. (B)

41. (B) 42. (B) 43. (D) 44. (B) 45. (D) 46. (A) 47. (C) 48. (A) 49. (A) 50. (B)

51. (A) 52. (D) 53. (A) 54. (B) 55. (C) 56. (D) 57. (A) 58. (C) 59. (B) 60. (D)

61. (C) 62. (B) 63. (B) 64. (A) 65. (D) 66. (A) 67. (B) 68. (A) 69. (B) 70. (B)

제3장 정답을 콕콕 찍어 주는 문제

1. (A) 2. (B) 3. (B) 4. (D) 5. (A) 6. (C) 7. (A) 8. (C) 9. (B) 10. (B)

11. (C) 12. (A) 13. (B) 14. (A) 15. (B) 16. (A) 17. (B) 18. (D) 19. (C) 20. (D)

21. (D) 22. (A) 23. (D) 24. (D) 25. (B) 26. (B) 27. (A) 28. (D) 29. (A) 30. (C)

31. (D) 32. (D) 33. (C) 34. (A) 35. (D) 36. (D) 37. (D) 38. (D) 39. (C) 40. (C)

41. (D) 42. (B) 43. (C) 44. (D) 45. (D) 46. (A) 47. (B) 48. (A) 49. (D) 50. (B)

51. (C) 52. (B) 53. (A) 54. (D) 55. (B) 56. (B) 57. (A) 58. (A) 59. (C) 60. (B)

61. (B) 62. (D) 63. (C) 64. (C) 65. (B) 66. (D) 67. (A) 68. (A) 69. (C) 70. (B)

저자소개

서 경 원

1977. 12. 10 경상남도 합천군 출생
1996. 3 영남대학교 일어교육과 입학

E-maill kwhw1004@hanmail.net
http://cafe.daum.net/aisiau (한글로 '아이시아우')

주요경력

2000. 11. 4	부산 영사관 주최 제17회 일본어 변론대회 입상
2001. 10. 21	제1회 전국 관광통역경진대회 일본어 부문 장려상 수상
2002. 2. 19	제1회 전국 대학생 일본어 경시 대회 금상 수상
2002. 1.2~2.28	태일 정밀 본사에서 통역과 번역 아르바이트
2002. 10. 2	일본 나라(奈良) 교육대학 국비 유학
~2003. 9.15	
2003. 10. 2~	시사일본어학원 종로캠퍼스 JPT반 열혈강의中

'일본어를 사랑하는 남자!'

동기들이 붙여 준 저의 별명입니다. 제가 일본어를 처음 공부하게 된 것은 고등학교 때부터입니다. 당시 일본 애니메이션에 관심이 많아 비디오 테이프를 이것저것 모으게 되었는데, 자막이 없는 것은 전혀 내용을 이해할 수 없었습니다. 그 때부터 개인적인 필요(?)에 의해서 공부를 시작한 것이 어느새 9년이 되었습니다.

2000년 6월 군대를 제대한 후 본격적으로 JPT 시험에 응시하게 되었는데, 생각했던 것보다는 많이 어렵고 기존의 시험 문제와는 유형도 많이 달랐습니다. JPT 시험을 보면서 항상 느꼈던 점은 비슷한 유형이 나오는데도 틀린 문제는 또 틀린다는 것이었습니다. 그 때부터 시험을 보면 나왔던 문제를 항상 메모하는 습관이 생겼습니다. 그러던 중, 인터넷에 만든 카페를 통해 일본어 전공자는 물론 대학에서 근무하시는 회원님들과 일본어에 대한 교류를 하며 정말 많은 것을 배우게 되었습니다. 그러한 소중한 경험들을 바탕으로 아직 학생인 제가 이렇게 JPT 분석집을 출판하게 된 것입니다.

저는 일본어를 전공하고 있지만, 제가 가지고 있는 지식이라는 것은 아주 보잘 것 없는 양에 불과합니다. 하지만 일본어 관련 시험에 관해서라면 누구보다도 자신 있게 말할 수 있습니다. 저의 가장 소중한 보물은 일본어 사전입니다. 거의 형태를 알아 볼 수 없을 정도로 너덜너덜해졌지만, 저에게는 무엇보다도 소중한 물건입니다. 일본어 공부를 하면서 항상 느끼는 점은 '노력한 사람을 이길 수 없다'라는 것입니다. 일본어가 한국인에게 다소 쉽게 느껴질 수도 있지만, 역시 외국어이기 때문에 만만한 언어는 아니라고 생각합니다. 지금 힘들더라도 스스로를 믿고 끈기를 가지고 도전해 보십시오. 언젠가는 여러분들이 이루고자 하는 목표를 이룰 수 있을 것입니다.

JPT 점수를 확 올려주는
5가지 시험요령 & 30가지 급소포인트

초판발행	2003년 2월 28일
개정판발행	2005년 4월 30일
개정판19쇄	2023년 5월 20일

저자	서경원
책임편집	조은형, 김성은, 오은정, 무라야마토시오
펴낸이	엄태상
콘텐츠 제작	김선웅, 장형진
마케팅	이승욱, 왕성석, 노원준, 조성민, 이선민
경영기획	조성근, 최성훈, 김다미, 최수진, 오희연
물류	정종진, 윤덕현, 신승진, 구윤주

펴낸곳	시사일본어사(시사북스)
주소	서울시 종로구 자하문로 300 시사빌딩
주문 및 교재 문의	1588-1582
팩스	0502-989-9592
홈페이지	www.sisabooks.com
이메일	book_japanese@sisadream.com
등록일자	1977년 12월 24일
등록번호	제 300-2014-31호

ISBN 978-89-402-0575-4 13730